本书获河南大学特聘教授启动基金资助

汉语史论稿

HanYu Shi LunGao

杨永龙◎著

中国社会科学出版社

图书在版编目（CIP）数据

汉语史论稿/杨永龙著. —北京:中国社会科学出版社,
2009.2
ISBN 978-7-5004-7622-1

Ⅰ. 汉⋯　Ⅱ. 杨⋯　Ⅲ. 汉语史—文集　Ⅳ. H1-09

中国版本图书馆 CIP 数据核字（2009）第 022756 号

责任编辑　田　文
责任校对　韩天炜
封面设计　李尘工作室
技术编辑　李　建

出版发行　中国社会科学出版社
社　　址　北京鼓楼西大街甲 158 号　　邮　编　100720
电　　话　010—84029450（邮购）
网　　址　http://www.csspw.cn
经　　销　新华书店
印　　刷　北京奥隆印刷厂　　　　　　装　订　丰华装订厂
版　　次　2009 年 2 月第 1 版　　　　印　次　2009 年 2 月第 1 次印刷
开　　本　880×1230　1/32
印　　张　11.375　　　　　　　　　　插　页　2
字　　数　273 千字
定　　价　28.00 元

内容提要

本书主要收录了笔者2000年以来发表的汉语语法史方面的论文（其中一篇是江蓝生先生与笔者合著），同时也选收了几篇语音、文字、训诂方面的文章，希望借此机会一并得到方家指教。所收文章按内容大体可分为六组。

壹 副词

这部分有三篇文章，一篇描写《朱子语类》中"不成"的各种用法，另两篇分别探索了跨层结构的双音节副词"不成"、"已经"的词汇化和语法化过程。

《"已经"的初见时代及成词过程》通过语料分析显示，"已经"凝固成词肇始于宋，完成于元末明初。"已经"是在"已+经+V"格式中凝固成词，然后扩展到"已经+N"格式。在成词过程中，语义方面是"经"的逐渐虚化，经历了几个阶段；句法方面经过了"已+经+V"的重新分析。"已经"成词和发展的整个过程是：功能扩展→重新分析→功能扩展。

《〈朱子语类〉中"不成"的句法语义分析》对《朱子语类》中433例不同性质的"不成"用例进行了统计分析，从中可以看出：（1）《朱子语类》中副词"不成"分为两个：一个是否定副词，意义相当于不可能、不可以；另一个是反诘副词，意义相当于难道。后者可能来自前者。(2)《朱子语类》中未见有语气助词"不成"的用例,助词"不成"见于宋代的说法是一种误解。(3)《朱子语类》"V 不成"格式既可以表示结果,又可以表示可能;当宾语与补语同现时,通常使用"VO 不成"格式,同时又有极少数"V 不成 O"格式,该格式既表可能,也表状态。

《近代汉语反诘副词"不成"的来源及虚化过程》通过语料分析认为:(1)反诘副词"不成₂"来自表示评议的否定副词"不成₁","不成₁"是在"不 + 成 + V"格式中逐渐凝固的,而"不 + 成 + V"又是"不 + 成 + N"的扩展,"不 + 成 + N"的 N 是[+实现]义不及物动词"成"的使动宾语。(2)本无直接结构关系的"不"与"成"最终凝固成词("不成₁"),其间经历了一个重新分析的过程,同时又是"成"后 VP 复杂化和"不成"功能迁移的结果。(3)"不成₂"中否定义的消失有一个渐进过程,是在测度问句中实现的,即:不成₁ + 陈述句→不成₁ + 测度问句→不成₂ + 测度问句→不成₂ + 反诘问句。

贰 助词

这部分有五篇文章,都与时体有关,涉及持续体"定"及方言中相关的"牢"、"实"、"紧"、"稳"、"稳定",完成体"了",经历体"过",以及相当于"再说"的先时助词"着"。

《从稳紧义形容词到持续体助词》试图说明,虽然从跨语言研究的视角看,持续/进行体标记一般源于处所表达结构,但是汉语中存在着另外一条语法化路径。该文从历时文献入手考察了汉语史上持续体助词"定"的语法化过程,并联系吴方言、粤方言、客家话中的"牢"、"实"、"紧"、"稳"、"稳定"的共时变异,试图揭示一条由稳紧义形容词经由中间阶段演化为持续/

进行体助词的语法化路径，并对演变的动因和机制进行了探讨。

《不同的完成体构式与早期的"了"》认为，汉语史上存在着两种不同的完成体构式：A 式：V（＋O）＋X（X＝毕/竟/讫/已/了），B 式：V＋X（＋O）（X＝却/得/取/将/了）。两种构式在句法形态、语义语用，话语功能等方面均有不同表现。"了"先用于 A 式，后来用于 B 式。B 式"了"是从用作前景的 A 式经过中间阶段演化而来。该文在前贤研究的基础上对早期"了"的源流变化重新进行了梳理，认为"了"的虚化过程是一个从强焦点到弱焦点再到非焦点的焦点弱化过程，而与之结合的 VP 则经历了从旧信息到新信息的转变。

《〈朱子语类〉中"了"的语法化等级》按语法化程度把《朱子语类》的"了"分为五个次类：完毕义动词＞结果补语＞完成体标记＞起始体标记＞纯语气词。这五个次类构成一个语法化斜坡。与这一斜坡相关的有若干参项：（1）VP 的情状类型、事件类型、信息结构；（2）"VP 了"的否定形式；（3）说话人对事件的观察角度等。在斜坡的前段，最主要的参项是情状类型，情状类型的变化是功能扩展的结果。在斜坡的后段，"了"由〔＋体意义〕〔－语气意义〕，到〔＋体意义〕〔＋语气意义〕，再到〔－体意义〕〔＋语气意义〕，都与主观化有关。

《明代以前的"VO 过"例》考察了汉语史上的"VO 过"格式的使用和地域分布情况。

《汉语方言先时助词"着"的来源》通过方言资料和历史语料两方面的考察分析认为，汉语方言中表示先时、相当于"再说"的助词"着"不是源于"再说"的合音，而是由唐代以后表示祈使的"着"演化而来。"着"的演化过程是一个语境义的规约化过程：表祈使或愿望＞表祈使或愿望＋暂且先（VP）＞＋表祈使或愿望＋暂且先（VP）＋别的暂缓考虑（隐含义）。

叁 语气词

这部分有三篇文章，其中《也说"而已者也"不可连读》是篇争鸣的小文章，认为"而已者也"不在同一层次。更详细的论证其实是《先秦汉语语气词同现的结构层次》。

《先秦汉语语气词同现的结构层次》认为先秦汉语句尾语气词在句中可处于不同的结构层面，语气词同现时，虽然位置紧邻，但相互间并没有直接结构关系。文章进而对语气词同现的层次地位加以分析，归纳出四种结构类型。最后尝试从层次制约、语义制约、句类转换制约三个方面对语气词同现的位序给予解释。

《句尾语气词"吗"的语法化过程》探讨了"吗"的语法化过程，认为"吗"是在"VP 无"格式中语法化的，整个过程可以从两个方面观察：一方面是"无"语义泛化，与句法功能的扩展有关；另一方面是"VP 无"句式的主观化，与表达功能的扩展有关。

肆 句式

这部分有一篇文章：《句式省缩与相关的逆语法化倾向》。该文是江蓝生先生和笔者合写的，遵江先生嘱咐也收入了本书。该文以"S + 把 + 你这 NP"和"S + V + 补语标记"为例，论证了句式省缩的过程：从基础句式专化为特定句式，再从特定句式省去 VP 变为省缩句式。前一阶段形式总体不变，意义有别；后一阶段意义基本不变，形式有别。省缩的动因有高频使用、完形认知、会话原则等三个层面，是不同层面的动因交互作用的结果。省缩之后，通过回溯推理和重新分析，"把"和"补语标记"在一定程度上表现出由虚变实的逆语法化倾向。

伍　语音

本部分共三篇文章，有方言音系的具体描写，有语音变异的宏观推测，有对古代国名等专名读音问题的一管之见。

《河南商城（南司）方言音系》记录了商城（南司）话的声韵调系统，并列出了同音字汇。从中可以发现，地处河南南部的商城，语音上既接近中原官话，更具有西南官话和江淮官话的特点。

《古代国名、族名等专名的读音问题》从"特殊读音"的依据入手讨论古代专名的读音问题。认为：（1）"特殊读音"的依据不是现代语音而是古代的注音材料。（2）由于语音的发展和古代注音方法的局限，从古代注音材料折合的今音未必是语音发展的必然结果，也未必就是古音。（3）古代注音材料并不完全可靠：有些专名是古代音译词，注释者注明一种译名必须按另一种译名来读或前代译名必须按后代译名来读，这是不科学的；有些专名原本就有两读，注释者舍弃普通读法而坚持特殊读法实无必要；有些注音材料似乎保留了古音，实际并非如此。（4）就算"特殊读音"保留了古音，今天也没有必要仅仅为保留古音而保留古音。

《遵从心理在汉语音变过程中的作用》是由笔者硕士论文《汉语音变与语音遵从》缩写而成的。该文认为语音演变不应该只从语言内部找原因，应该是社会作用与内部系统相互作用的结果；认为遵从心理是引起语音变异的重要原因之一，决定了语音演变的方式、过程和结果。当时竟敢写这种"大"文章，可见"无知者无畏"。

陆　文字训诂

这部分收录文字训诂方面的四篇习作。

　　《试探形声字产生的根源及途径》是笔者发表的第一篇文章，本来是听赵天吏先生的文字学课时所交的作业，经赵先生推荐在学报增刊上发表。该文认为形声字产生的根源是为了反映字义变化、字音变化、字形变化，产生途径是增加义符、改换义符、减省义符。明显不足是举例以《说文》为主，较少涉及甲骨文、金文。

　　《〈宋元语言词典〉释义献疑》，对龙潜庵先生《宋元语言辞典》中的"木楂"、"气性"、"打火"、"短局促"、"生各支"、"活支沙"、"恶支沙"等词的解释提出了不同的看法。

　　《〈说文〉今方言考》是类似本字考一类的文章，不过是用方言证《说文》，涉及见于《说文》仍活在商城方言口语中的"挈"、"寽"、"豹"、"欷"、"论"、"袒"、"殺"等。

　　《〈说文解字·水部〉补校》通过《原本玉篇残卷》等清代乾嘉学者未及见到的资料，对大徐本《说文解字》水部"泓、滴、凄、瀑、潦、濩、潅、溓、溲、黎"等十个字在释文方面所存在的明显问题进行了补校。

目 录

壹　副词

"已经"的初见时代及成词过程[*]

通常认为"已经"初见于清代（太田辰夫 1958），甚至晚清（龚千炎 1995）；祝敏彻（1996），蒋冀骋、吴福祥（1997）则分别举有明代的例子（详见下文）。副词"已经"究竟产生于何时？要解决这一问题，除了语料的搜寻外，更关键的是要找到一个标志以资鉴别。与此相关的另一个问题是："已经"的成词过程如何？一般认为"已经"成词是"经"的"接尾词化"（太田辰夫），或云"意义丧失"（龚千炎）、"词尾化"（蒋冀骋、吴福祥 1997）的结果，也有一些辞书释"经"为"已"，那么"已经"也可能由"已""经"同义复合而来。对以上这些问题，以往的研究大都点到为止，未予展开。本文拟在前贤研究的基础上做进一步的探讨。

1 "已经"成词的标志和时代

历史语料中，"已""经"连用主要处于"已 + 经 + N"和"已 + 经 + V"两种格式，下面分别讨论。

---

* 该文是笔者博士论文的一部分，承蒙胡奇光、孙锡信先生指导，又幸得沈家煊、方梅、吴福祥等先生赐教，谨一并致以诚挚谢意。

1.1 "已+经+N"中的"已经"

一般认为"已+经+N"见于唐代，其实六朝已有许多用例。如：

> （1）薄冷，足下沉痼已经岁月，岂宜触此寒耶？（王献之《杂帖》，《淳化阁帖》卷9）｜太子不食，已经六日。（《撰集百缘经》卷9）｜悉达太子，出家学道，已经六年。（《杂宝藏经》卷10）｜自臣奉辞汉中，已经六年。（《三国志·蜀书》）｜进围武都，已经积日。（《魏书·皮豹子列传》）｜心丧已经十三月，大祥十五月。（《宋书·礼志》二）｜岁朔亟流，已经四载。（《南齐书·何昌寓列传》）｜已经一宿二日，备极冤楚。（《古小说钩沉·幽明录》）｜华曰："世传燕昭王墓前华表木已经千年。"（《搜神记》卷18）

在唐宋语料中这类例子更为常见，下面略举若干见于注疏、诗词、笔记小说、敦煌文献、禅宗语录中的用例：

> （2）无酒可饮，无荤可茹，箪瓢蔬素，已经数月。（《庄子·人世间》成玄英疏）｜已经百日窜荆棘，身上无有完肌肤。（杜甫《哀王孙》，《乐府诗集》卷91）｜火销灰复死，疏弃已经旬。（白居易《重向火》，《全唐诗》卷443）｜招庆云：某甲来去山门，已经二十八年。（《祖堂集》卷11）｜已经十月，耶输降下一男。（《变文集·太子成道经》）｜因送至家，如梦，死已经宿，向拓处数日青肿。（《酉阳杂俎》，《太平广记》卷108引）｜春已经旬，历方换岁。（郭应祥《踏莎行》，《全宋词》2232页）

上例中，"已"是时间副词，表示状态在说话时间或某一参照时间之前出现；"经"是动词，意思是"经过"；"经"后的名词，如"岁月、六日、六年、数月、宿、旬"等，都是表示时段的词或短语，在句中代表事件所经过的时量。从结构上看，“已”“经”虽然位置紧邻，彼此间却没有直接结构关系，更没有凝固成词。“已+经+时量”的结构层次是“已+（经+时量）”，“已”是加在“经+时量”之上的修饰成分。试比较：

（3）a. 父母逼迫，不免出嫁刘祥。经三年，忽忽不乐，常思道平，忿怨之深，悒悒而死。（《搜神记》卷15）

b. 父母强逼，乃出聘刘祥，已经三年，日夕忆君，结恨致死。（同上）

a与b叙述同一事情，一云“已经三年”，一云“经三年”，这是“已经”尚未成词的明证。下面是一些“经+时量”用例，也很能说明问题：

（4）求之其本，经旬必得；求之其末，劳而无功。（《吕氏春秋·孝行览》）| 合从连衡，经数十年，秦遂并兼四海。（《汉书·地理志》）| 又入水击蛟，蛟或浮或没，行数十里，处与之俱，经三日三夜。（《世说新语·自新》）| 不经旬日之间，便即夫人有孕。（《变文集·太子成道经》）| 师因此侍奉大愚，经十余年。（《祖堂集》卷19）

元代以后，直至现代汉语中，“已经”仍可以出现在这一格式中。如：

（5）自蒙泰山错受，将令爱嫁事小人，已经三载，不曾有半些儿差池。（《水浒传》8回）| 在路已经数日，回到大寨。（《水浒传》54回）

（6）亦且妻子随着别人已经多年，不知他心腹怎么样了。（《二刻》卷6）| 元来功父身子眠在床上，昏昏不知人事，叫问不应，饮食不进，不死不活，已经七昼夜了。（同上，卷20）

（7）所以她跟了他们已经二三年，就是曹家全家到别

处去也老带着她。(《骆驼祥子》)

不过，同样一个"已经三年"，宋元以前是"已｜经三年"，而现在是"已经｜三年"。这中间自然有一个变化过程，但如果仅仅从"已＋经＋时量"格式本身来考察这一过程，显然很难分清哪些是没有结构关系的连用，哪些已经凝固成词。因此，须要找到一个鉴别标志。

现代汉语中，"已经＋时间词"有两种类型：

　　　A. 已经＋时量（时段）　　　B. 已经＋时位（时点）

试比较：

　　(8) A. 已经三年｜已经十个月｜已经三小时｜已经一
　　　　　　小时二十分

　　　　　B. 已经三岁｜已经十月份｜已经三点钟｜已经一
　　　　　　点二十分

A、B 两类在句法功能和语义功能方面都有些区别：在句法功能方面，A 类可在句中充当时量宾语，B 类则不行：

　　(9) A. 走了已经三年了。｜走了已经三个小时。

　　　　　B. ＊走了已经三岁了。｜＊走了已经三点钟。

在语义功能方面，A 类表示时间延续的长度，可用于强调时间很长；B 类表示时间所处的位置，可用于强调时间很晚。

显然，A 类"已经"的语法意义与"经"的词汇意义有更直接的关系，如果不考虑节律因素，"已经三年"现在仍可勉强分析为"已｜经三年"；而 B 类的"已经"与"经"的词汇意义没有直接关系，即使不考虑节律因素"已经三岁"也不能分析为"已｜经三岁"。既然如此，那么，我们如果能在历时文献中找到"已经＋时点"用例，就可以证明这时的"已经"业已凝固成词。

前举六朝至宋元的例子都是"已经＋时量"，"已经＋时点"

用例在"三言"中才能见到①:

> (10) 不觉红莲已经十岁,清一见他生得清秀,诸事见便,藏匿在房里,出门锁了,入门关了,且是谨慎。(《古今小说》卷30,又见《清平山堂话本·五戒禅师私红莲记》)｜早生下儿子,已经两岁,生得眉清目秀,红的是唇,白的是齿,真个可爱。(《醒世恒言》卷37)

现存话本的写作时代难以确定,只能笼统地说是宋到明代的作品,不过我们可以确认,至迟到明代 B 类格式已经出现,"已经"业已凝固成词。

既然 B 类中的"已经"是词,那么同时代 A 类格式中的"已经"也有可能是词。我们可以据此反观上举各例。当然,因为同类成员之间的虚化程度会因语体、节律等原因而出现差异,所以还须联系相关问题加以具体分析。前举明代的例 (5) 属于浅近文言语体,时量的表示用"载"、"数日",其中的"已经"可能是沿袭旧有用法,不是词;例 (6) 白话程度高一些,"已经"可能是词。至于 B 类出现以前的 A 类用例,就无法据此推测了。

1.2 "已+经+V"中的"已经"

"已+经+V"例也已见于六朝文献。如:

> (11) 此中五人,三人已经来。(《周氏冥通记》卷2)｜前已经来者……(同上)｜尔已经三过上仙籍。(同上)

---

① 隋朝阇那崛多译《佛本行集经》卷51有如下例子:"今我太子,舍家出家,已经六岁。耶输陀罗,今生此子,何从而得?"此处"已经六岁"是指已经过了六年。"六岁"是时段而非时点。此外稗海本《搜神记》卷四有如下一例:"燕惠王墓上有狐狸,已经千余岁神变无比,世罕有之。"此例"千余岁"似为时点,但下文说到此狐狸时又云"千年之妖"故难以认定,姑录于此。

丨已经诣之。（同上，卷3）

（12）诸有不由阶级而权臣用命，无人臣之心，或发门下诏书，或由中书宣敕，擅相拜授者，已经恩宥，正可免其叨窃之罪。（《魏书·于栗磾列传》）丨去十五年中，在京百寮，尽已经考为三等。（《魏书·广陵王羽列传》）丨请自今为始，诸有勋簿已经奏赏者，即广下远近，云某处勋判，咸令知闻。（《魏书·卢同列传》）丨取视簿书，尽是奸人女名。已经奸者，乃以朱钩头。（《搜神后记》卷9）

例（11）引自汪维辉（2000），正如汪先生所云，"已经"在这里"还是两个词，是'已曾经'的意思"①。"经"单独作"曾经"讲在六朝至唐代文献中比较常见，因此这类"已""经"连用与副词"已经"的凝固成词关系不大。与之密切相关的是例（12）。但值得注意的是，例（12）出自《魏书》、《搜神后记》，两种语料都不甚可靠②，而且这类用例在唐五代的《变文集》、《祖堂集》等文献中均难以见到，宋代的《景德传灯录》、《五灯会元》中也没有，宋代其他语料中有一些，下面分五组列举如下：

---

① 这类例子唐代也偶能见到。如《汉书·高帝纪》"反国之王，难与守城"颜师古注："谓豹先已经畔汉。"其中"经"也是"曾经"的意思。因为魏豹叛汉事属过去，与当时无关。同一事件在《汉书·魏豹传》中也有记载，但《魏豹传》"反国之王"后颜注为："反国，言其尝叛也。""尝"字很能说明问题。此外《全唐诗》中有一例："堆案绕床君莫怪，已经愁思古时人。"（戴叔伦《酬骆侍御答诗》，《全唐诗》卷274）但据陈尚君（《〈全唐诗〉误收诗考》，《文史》二十四辑，中华书局1985年版）、佟培基（《全唐诗重出误收考》，陕西人民教育出版社1996年版）等考证，《全唐诗》所收戴叔伦诗多有后人伪作。录此存疑。

② 《魏书》为北齐魏收所撰，但宋代以前已有残缺，多有后人所补。宋人刘攽、刘恕等已作校勘，并标明补缺各卷（参见中华书局《魏书·出版说明》）。已标明补缺的各卷语料我们均未采用，但未标明的也未必完全可靠。《搜神后记》相传为陶渊明作，但许多学者均指出恐系伪托。

（13）a组：可以卓然当国家之用者，宜不为少，而其间虽有已经选用，不究才能，尝预荐闻，未蒙旌擢。（叶适《上执政荐士书》）｜枢密院具已经差使使臣及未经差使姓名，内一人姓樊。（《朱子语类》3043页）

　　b组：即除黄嵬大山一处已经定夺、不可改易外，其余虽悉许以分水岭为界，亦无所妨。（《乙卯入国奏请并别录》）｜朔州地分往前已经定夺，以黄嵬大山北脚为界。（同上）｜赦文但云："左降官已经量移者，宜与量移。"不言未量移者。（《资治通鉴》卷243）｜若论鲁，如《左传》所载，有许多不好事，只是恰不曾被人拆坏。恰似一间屋，鲁只如旧弊之屋，其规模只在；齐则已经拆坏了。（《朱子语类》828页）

　　c组：且如绍兴中作七十二子赞，只据唐爵号，不知后来已经加封矣。（《朱子语类》2294页）

　　d组：要之，当时史官收诗时，已各有编次，但到孔子时已经散失，故孔子重新整理一番，未见得删与不删。（《朱子语类》856页）

　　e组：已经轻瘦谁为共，魂绕徐熙□（梦）。（吕本中《宣州竹》，《全宋词》939页）

这些例子可以从语义关系和情状类型两个方面来观察。

第一，从语义关系看，上述例子可分为两类：a、b组一类，c、d、e组一类。在a、b类例中，作主语的名词是"经"后动词的受事，其施事在句中没有出现，但"经"之后可以补出，如"已经选用"是"已经［朝廷］选用"，"已经定夺"是"已经［两朝］定夺"。前举六朝的例（12）也属此类，如"已经恩宥"是"已经［朝廷］恩宥"。在唐宋语料中，偶还可以见到动词前出现施事的例子：

　　(14) 而说者便谓此赋已经史家刊剟，失其意矣。(《汉书·司马相如传》颜师古注) | 落叶已经寒烧尽，衡门犹对古城荒。(刘沧《深秋喜友人至》，《全唐诗》卷586) | 柳蹊未放金丝弄，梅径已经香雪冻。(石孝友《木兰花》，《全宋词》2051页)

　　这说明 a、b 类例中的"经"尽管词义已有所虚化，有的可理解为"遭到、得到"等，但总体上仍可按"经过"理解，此时"已"与"经"尚未凝固成词。正因为如此，在前举《魏书》中才可以见到与"已经恩宥"相应的"经恩宥"例，如(15)；在唐代语料中可以见到与"已经量移"相应的"经量移"例，如(16)；在《朱子语类》中可以见到与"已经 V"相应的"未经 V"例，如(17)。这些例子的主语也都是受事，其施事可以在"经"后补出。

　　(15) 景晖既经恩宥，何得议加横罪？(《魏书·刑法志》) | 虽经恩宥，犹有余责。(《魏书·高阳王雍列传》)

　　(16) 寻复贬南浦尉，经量移不愿之任，得还本贯。(颜真卿《文忠集》卷9)[①]

　　(17) 若他人则零散钱一堆，未经数，便把一条索与之，亦无由得串得。(《朱子语类》669页) | 向未经凿治时，龙门正道不甚泄……(同上2024页) | 若《孟子》，则未经修，为人传去印了，彼亦自悔。出仕后不曾看得文字，未及修《孟子》而卒。(同上2607页) | 则疑其方出于周公草定之本，而未经施行也。(同上1372页)

　　在 c、d、e 类例中，作主语的名词不是动词的受事，动词前也不能再补出施事。如(13c)，从下例来看"加封"的施事是

---

　　① 转引自《辞源》3154页，中华书局1983年版。

"本朝"，处于"已经"之前作主语，而不能补在"经"字之后：

（18）高宗御制七十二子赞，曾见他处所附封爵姓名，多用唐封官号。本朝已经两番加封，如何恁地？（《朱子语类》2294 页）

（13d）"散失"一词《朱子语类》中屡见，如"古礼散失"、"印散失"等，为不及物动词，其主语通常是受事性较强的［－人］名词。从配价的角度看，"散失"是单价的，只要求有一个强制性语义成分，所以"散失"之前很难再另外加上一个施事。（13e）"轻瘦"是形容词，用于描写梅花遭受寒风之后的状态，与"散失"一样，其前也无法另外补出施事。

显然，总体上看，c、d、e 类"经"的虚化程度要高于 a、b 类。

第二，从情状类型来看，上述例子可以先按［±动态］分为两类：a、b、c、d 的动词表现动态情状，e 是静态情状。就动态情状的而言，大体上又分为两类：a 组与 c 组一类，b 组与 d 组一类。a、c 类的动词表现可持续的延续性情状，b、d 类的动词表现不可持续的终结性情状。在时间结构上，延续性情状占据一定的时段，本身不具有自然终结点，如 a 组的"选用、差使"、c 组的"加封"。终结性情状占据一个时点，表示变化在瞬间完成，本身具有自然终结点，如 b 组的"定夺、量移、拆坏"，d 组的"散失"。两类动词的时间结构不同，其前"经"的虚化程度也有差异："经"处于终结性动词前比处于延续性动词前的虚化程度更高。就是到了现代汉语中也仍然存在这种情况，诚如沈家煊先生所指出的："'已经寻找'还可以分析为'已｜经寻找'，而'已经找到'则只能分析为'已经｜找到'，这是'寻找'和'找到'有时量和时点的差别：寻找了<u>一个月</u>

（时量）～在月底（时点）找到。"① 由此可知，"已经＋延续性动词"～"已经＋终结性动词"和"已经＋时量"～"已经＋时点"之间，就"已经"的虚化和凝固程度而言，是相互平行的。

如果把延续性动词记作 $V_段$，把终结性动词记作 $V_点$，再联系 V 与 N 的语义关系，可以得出一个粗略的组合序列（为便于说明，后面各举一个现代汉语的例子）：

甲式：$N_受$＋已经＋$V_段$　　问题已经讨论

乙式：$N_受$＋已经＋$V_点$　　申请已经批准

丙式：$N_施$＋已经＋$V_段$　　领导已经讨论

丁式：$N_施$＋已经＋$V_点$　　上级已经批准

甲式 V 前可添加施事（问题已经领导讨论），同时"已经"可替换为"已经过"（问题已经过讨论）；乙式 V 前也可添加施事（申请已经领导批准）；丙式 V 前不能另加施事，但"已经"可以换成"已经过"（领导已经过讨论）；丁式既不能在 V 前另加施事，也不能把"已经"换为"已经过"，其中的"已经"只能看作副词。可见，甲、乙、丙都是有歧义的，只有丁式才可以作为判定"已经"是否成词的标准。

以此检验上举各例，六朝时的例（12）属于甲、乙两式，"已经"尚未成词；宋代的 a、b、c、d 四组例子大体上与此处甲、乙、丙、丁四式相应，"已经"的凝固程度以 d 组为最高，可以认为业已凝固成词，但还没有像丁式那么典型：丁式能够满足两个条件：（一）"已经"前的 N 是 V 的施事；（二）V 是终结性动词。d 组能够满足条件（二），尚不能完全满足条件（一），因为"诗"还不是典型的施事，典型的施事应该是〔＋

---

① 引自沈家煊先生所惠书信。

人〕名词，并且与之相配的动词也不应该是一价的。

至于同静态情状结合的 e 组中的"已经"，则虚化程度更高，可以认为是从上面所说的典型的副词"已经"进一步发展而来。①

元明语料中，《关汉卿戏曲集》、《西厢记》、《孝经直解》、《老乞大》、《朴通事》、《元朝秘史》等北方语料里难以见到"已经＋V"用例，但《元典章》中比较常见；南方的白话小说中有一些。有的尚有歧解，有的则是典型的副词"已经"。尚有歧解的如：

> （19）罪已经断，迁徙辽阳。（《元典章·刑部》）｜设若一罪先发，已经断罢，余罪后发……（同上）｜已经赦宥，必然减罪。适间张社长也这般说了。（《水浒传》35回）｜已经赦宥，事了必当减罪。（同上，36回）｜已经明断，各赴良期。（《醒世恒言》卷8）｜况且丈夫已经正法，罪不及孥。（《警世通言》卷11）｜那韩信已经赚的来将他斩了。（元曲《赚蒯通》四折宾白）

《水浒传》的两例，蒋冀骋、吴福祥（1997）和祝敏彻（1996）分别作为时间副词举过。这些例中的"已经"既可以看作副词，也可以认为尚未凝固成词。因为它们与上述 b 组同类，作主语的 N 是 V 的受事，V 前还可以加进施事变成"已＋经＋N＋V"，如"已经〔朝廷〕赦宥、已经〔太守〕明断"；同时，《水浒传》中还可见到相应的"经＋V"例：

> （20）制使又是有罪的人，虽经赦宥，难复前职。（《水浒传》12回）｜今日再要勾当，虽经赦宥所犯罪名，难以委用。（《水浒传》12回）

---

① 在明代以前，这样的例子我们仅见到这一例。不知《全宋词》所收的这首词是否可靠。

典型的副词"已经"例有：

(21) 至元三十年，本道肃政廉访分司副使李朝列巡按到浦城县，已经具呈前事。(《元典章·刑部》) | 这件事下官已受了梁府虞候的状子，已经差缉捕的人跟捉贼人，未见踪迹。(《水浒传》17 回) | 哥啊，为人为彻，已经调动我这馋虫，再去弄个儿来，老猪细细的吃吃。(《西游记》24 回) | 还喜得唐僧脱了胎，成了道，若似前番，已经沉底。(《西游记》99 回) | 莫说老君已经显出化身，指引你去；便不是仙人，既劳他看脉一场，且又这等神验，也该去谢他。(《醒世恒言》卷 26) | 罪案已成，太爷昨日已经把你发放过了，今日只得复审一次，便可了事。(《拍案惊奇》卷 14)

(22) 扬州路府判罗天禄取受不公，比及事发，已经回付。(《元典章·刑部》) | 退叔久寓西川，平安无恙，如今已经辞别，取路东归。你此去怎么还遇得他着？(《醒世恒言》卷 25) | 那赵完父子因婺源县已经问结，自道没事，毫无畏惧，抱卷赴理。(《醒世恒言》卷 34)

(23) 今只将计就计，诈言我被火伤，已经身死。(《三国演义》12 回) | 见得李清平日有何行谊，怎地修行的，于某年月某日时已经身死，方好覆命。(《醒世恒言》卷 38) | 果然光阴似箭，日月如梭，转眼二十年。贾廉访已经身故，贾成之得了出身，现做粤西永宁横州通判。(《二刻拍案惊奇》卷 20)

(24) 那县令又奉承刺史，遣人到黄太学家致意。黄太学回道："已经受聘，不敢从命。"(《古今小说》卷 9)

这些例中的动词大都属于终结性情状。而句中作主语的名词通常是施事，所以"已经"后动词前不可能再加进另一个施事。

如（21）是施事作主语，受事作宾语（或作"把"的宾语），（22）施事作主语，受事省略或不必说出。这些"已经"都是典型的副词。例（23）动词前有"身"，但它不是施事，"身死""身故"已经很难拆开。（24）"受聘"前也不能另加施事，因为"受"的存在，再也难以把"经"理解为"经过"，因此"已经"也已凝固成词。

综上可见，副词"已经"宋代已经产生，元明时已经比较容易见到了。

2 "已经"凝固成词的过程及发展

2.1 "已经"成词过程中涉及两个方面的明显变化：意义方面，"经"的实义逐渐减弱，以至于失去原有的"经过"义；句法方面，"已"与"经"从没有直接结构关系到最终结合在一起。两个方面是互相关联的。"经"实义减弱的过程，也就是适用范围扩大、组合能力增强的过程。可大体划分为三个阶段。

第一阶段，"经"与"时间/处所名词"组合。"经"的本义按《说文》是"织也"，但作为"经过"义动词，与处所名词搭配，表示横贯某一空间范围的用例先秦已能见到。此时主语所代表的人或物通常会自己发生位移。如：

（25）若然者，其神经乎大山而无介，入乎渊泉而不濡，处卑细而不惫。（《庄子·田子方》）｜（江水）经丹徒，起波涛，舟杭一日不能济也。（《淮南子·人间训》）

从空间域再扩大到时间域，则构成"经 + 时量"，表示横贯某一时间范围，如前举例（1）。

第二阶段，"经"后成分进一步扩大到表示各种事情的名词。如：

（26）经危蹈险，不易其节。（《三国志·魏书》）已经
江海别，复与亲眷违。（鲍照《吴兴黄浦亭庾中郎别诗》）|
已经将相谁能尔，抛却丞郎争奈何。（刘禹锡《和乐天耳顺
吟兼寄敦诗》，《全唐诗》卷360）

事情有消极的，如"（经）危"，此时"经"含有"遭受"义；
也可以是积极的，如"（经）将相"，此时"经"含有"获得"
义。这些也可以看作广义的处所，"（已）经＋事情"可按"从
事情中经过"来理解，如"经危"，是说（管宁）从危险中经
过，但主语已不再有位移变化。

第三阶段，"经"后的组合成分再进一步扩大到表示事件的
谓词性成分。有两类：甲."已＋经＋N＋V"，乙."已＋经＋
V"。例已见前。在"经V"语境中，"经"的词汇意义更为泛
化，因为经过一个事件就预示着完成一个事件，于是"经"便
衍生出初步的表完成的体意义，当动词是终结情状时更是如
此。所以（15）"虽经恩宥"隐含有已经恩宥的意思。"经"前有
"已"时更是这样，只是被"已"的时体意义掩盖了。从这个角
度讲，说"经""接尾词化"、"意义丧失"或"词尾化"，都不
是十分恰当；而认为"经"本来具有"已经"义则有一定的道
理，但不能因此认为"已经"是"已""经"同义复合的结果。
结合1.2节的讨论，可以看到，"已经"的成词实际经历了一个
重新分析的过程：

在第一、第二阶段的"经＋N"格式中，"经"占据了动词
的典型位置，是句子的中心动词。在第三阶段的甲类中，"经"
处于"已＋经＋N＋V"格式，句中又增加了一个动词，随着动
词动态属性的增强，"经"的中心动词的地位逐渐动摇。进入乙
类之后，"已经"后面紧跟着一个动词，该动词动态属性很强，
并且与句首的主语具有表述关系。"受事＋动词"是汉语主谓结

构的基本语义类型之一，在这种情况下，人们很难在认知心理上
把"经"看作句子的中心动词，而相反却容易把与主语具有表
述关系的"经"后的动词看作中心动词，因此"已+经+V"
可以重新分析，既可分析为：已+（经+V），"经"是中心动
词，V是宾语，"已"与"经"没有直接结构关系；又可分析
为：（已+经）+V，V是中心动词，"已"与"经"组合在一
起，做V的修饰成分。

　　重新分析是"已经"成词的基础和必由之路，但并不意味
着成词过程的最后完成。此时的"已经"处于两个阶段的临界
点上，如果就此停止发展，也就只能是上一阶段的非典型形式而
已。① 只有当句首作主语的名词从受事扩展到施事、"已经"后
的动词从延续情状扩展到终结情状时，典型的副词"已经"才
真正产生，"已经"的成词过程才算最终完成。

　　2.2　"已经"的成词过程最终完成之后，仍在继续发展。
只有这样，才能够既有"已经+时点\终结情状"，又有"已
经+时量\延续情状"。如上举"问题已经讨论"，可以有两种
理解："（问题）已|经讨论"，"（问题）已经|讨论"。前一种
理解是过去用法的沉积，而后一种理解则是"已经"成词后新
一轮功能扩展的结果：句首作主语的名词又从施事扩展到其他各
种类型的参与者，"已经"后的动词又从终结情状扩展到其他各
种情状，包括静态情状。

　　"已经"新一轮的功能扩展，也促成了词汇兴替，即新出的
"已经"逐渐替代旧有的"已"。"已"在先秦就很多见，后来广

---

　　① 正如现代汉语的"已经经过"处于下例中一样："张三的事，我们已经经过
讨论，可是没有通过。"这里"经过"也具有一定的时体意义，但仍是动词，当然是
非典型动词。

泛运用，但到了现代汉语中，"已"基本上被"已经"替代。当然在替代过程中会受到诸如语体、方言、节律等多方面的制约。①

早在"已经"成词之前，汉语中就存在着"已＋时点/时量"格式。如：

（27）我有一儿，年已十七，颇晓书疏。（《颜氏家训·教子》）

在"已经"逐渐替代"已"的过程中，"已经＋时点/时量"也会替代"已＋时点/时量"，于是在一定时期内就出现了"已经＋时量"与和原有的"已＋（经＋时量）"同时并存的局面。如前举明代的例（5）（6）。随着"已经"优势地位的逐渐确立，"已＋（经＋时量）"便会渐渐退出历史舞台。因此，现代汉语的"已经＋时量"不是直接由"已＋（经＋时量）"演变而来，而是"已经"成词后新一轮功能扩展的结果。

综上可见，"经"的虚化过程也就是功能扩展的过程："经"后的组合成分由表处所和时间的体词到表其他事情的体词，再到表事件的谓词，动态属性由弱到强，从而构成一个渐变序列；与此相应，"经"前成分由自己移动到从动再到被动，也构成一个渐变序列；"经"的词义也随之由实到虚，最后初步具有时体意义，构成又一个渐变序列。重新分析之后，从非典型形式到典型形式，从"已经＋V"到"已经＋N"，也是功能扩展的结果。整个过程正好构成了一个链：功能扩展→重新分析→功能扩展。可图示为：

----

① 语体方面，文言色彩浓厚时多用"已"，反之多用"已经"；方言方面，从现有语料来看，有可能"已经"是在南方话中最早出现，然后扩散到北方话中；节律方面，直到现代汉语中，"已经"仍不能出现在单音节动词、形容词之前。如："＊已经走～已经走了～已经离开｜＊已经老～已经老了～已经苍老"，这大概主要是受节律因素的制约。

	功能扩展→	重新分析→	功能扩展
"已经"之前	自动者→从动者→	受动者→	施动者→施、受动者
"已经"之后	处所→时间→事情N→	事件V→	事件$V_点$→事件$V_{点、段}$ ↘时点→时段

主要参考文献

陈平:《论现代汉语时间系统的三元结构》,《中国语文》1988 年第 6 期。

邓守信:《汉语动词的时间结构》,《语言教学与研究》1985 年第 4 期。

龚千炎:《汉语的时相时制时态》,商务印书馆 1995 年版。

蒋冀骋、吴福祥:《近代汉语纲要》,湖南教育出版社 1997 年版。

刘坚、曹广顺、吴福祥:《论诱发汉语词汇语法化的若干因素》,《中国语文》1995 年第 3 期。

沈家煊:《"有界"与"无界"》,《中国语文》1995 年第 5 期。

孙朝奋:《〈虚化论〉评介》,《国外语言学》1994 年第 4 期。

太田辰夫:《中国语历史文法》,蒋绍愚、徐昌华译,北京大学出版社 1987 年版。

汪维辉:《〈周氏冥通记〉词汇研究》,载《中古近代汉语研究》第一辑,上海教育出版社 2000 年版。

杨永龙:《近代汉语反诘副词"不成"的来源及虚化过程》,《语言研究》2000 年第 1 期。

张伯江、方梅:《汉语功能语法研究》,江西教育出版社 1996 年版。

张国宪:《现代汉语的动态形容词》,《中国语文》1995 年第 3 期。

祝敏彻:《近代汉语句法史稿》,中州古籍出版社 1996 年版。

Bybee, J., R. Perkins & W. Pagliuca, 1994, *The Evolution of Grammar: Tense, Aspect, and Modality in the Languages of the World*, Chicago: The University of Chicago Press.

Hopper, P. J. & E. C. Traugott, 1993, *Grammaticalization*, Cambridge: Cambridge University Press.

Smith, C. S. , 1997, *The Parameter of Aspect* (*Second Edition*), Studies in Linguistics and Philosophy, Vol. 43, Dordrecht: Kluwer Academic Publishers.

主要引书目录

《庄子集解》，中华书局 1961 年版。《淮南子》，《诸子集成》河北人民出版社 1986 年版。《吕氏春秋》，同上。《汉书》，中华书局 1980 年版。《三国志》，同上 1964 年版。《魏书》，同上 1974 年版。《南齐书》，同上 1972 年版。《宋书》，同上 1974 年版。《撰集百缘经》，《大正藏》卷 4。《杂宝藏经》，同上。《佛本行集经》，同上卷 3。《世说新语校笺》，中华书局 1984 年版。《古小说钩沉》，人民文学出版社 1951 年版。《乐府诗集》，上海古籍出版社 1993 年版。《颜氏家训》，天津古籍出版社 1995 年版。《搜神记》，中华书局 1979 年版。《太平广记》，上海古籍出版社 1990 年版。《敦煌变文集》，人民文学出版社 1957 年版。《全唐诗》，中华书局 1960 年版。《祖堂集》，禅文化研究所 1994 年版。《景德传灯录》，同上 1993 年版。《五灯会元》，中华书局 1984 年版。《全宋词》，同上 1965 年版。《朱子语类》，同上 1986 年版。《乙卯入国奏请（并别录）》，刘坚、蒋绍愚主编：《近代汉语语法资料汇编》（宋代卷），商务印书馆 1992 年版。《三朝北盟会编》，同上。《元曲选》，中华书局 1979 年版。《关汉卿戏曲集》，中国戏剧出版社 1958 年版。《朴通事》，刘坚、蒋绍愚主编：《近代汉语语法资料汇编》（元代明卷），商务印书馆 1995 年版。《老乞大》，同上。《元朝秘史》，同上。《三国志通俗演义》，上海古籍出版社 1980 年版。《明容与堂刻水浒传》上海人民出版社 1975 年版。《西游记》，人民文学出版社 1980 年版。《醒世恒言》，上海古籍出版社 1987 年版。《警世通言》，同上 1987 年版。《古今小说》，同上 1987 年版。《二刻拍案惊奇》，上海古典文学出版社 1957 年版。

（原载《中国语文》2002 年第 1 期）

《朱子语类》中"不成"的句法语义分析[*]

0 引言

近代汉语反问句中，曾先后出现过两个"不成"：一为反诘副词，"犹云难道也"（张相 1953）；一为语气助词，"用于句末，表示反问语气"（吕叔湘等 1980）。太田辰夫（1958）、钟兆华（1991）、孙锡信（1992）、袁宾（1992）、向熹（1993）、徐时仪（1993）、祝敏彻（1996）、蒋冀骋和吴福祥（1997）等前修时贤均有论及，但仍有一些问题值得更进一步讨论，如：（一）反诘副词"不成"的来源是什么？（二）语气助词"不成"的初见年代，一般认为是元明之际，也有人认为北宋已有用例^①，更大范围的语言事实如何？此外，"V 不成"格式现代汉语表示可能，而近代汉语早期表示结果，那么，（三）南宋的语言实际怎样？要解决这些问题，均需要对宋代前后的重要语料进行扎扎实实的调查和全面系统的分析。

* 本文受河南省"九五"社科规划基金资助。
① 参见徐时仪（1993）。

本文试图全面分析《朱子语类》（以下简称《语类》）中"不成"的各种用例，希望对上述问题的解决能有所帮助。

《语类》是朱熹语录的汇集，记录人、早期刊刻者均与朱熹大体生活在同一时代，黎靖德最终合刊《语类大全》的时间（1270）距朱熹卒年（1200）也仅有七十年，尽管各门人所记也许未必是朱熹原话，但所反映的语言事实终究是朱熹时代的，所以仍可视为"同时资料"。加之《语类》口语程度较高，可以说是研究宋代汉语语法、词汇的最重要的语料之一。

1 "不成"作谓语

《语类》中"不成"作谓语共有 149 例，可出现于以下格式中：

A$_1$ （N）+不成

A$_2$ （N）+不成+N

A$_3$ （N）+不成+V/VP

1.1   A$_1$ 共有 31 例，"不成"后没带宾语。其中，22 例"不成"前面有体词性主语，如例（1）；9 例"不成"前面没有体词性主语，如（2）：

　　（1）阳气发处，金石亦动；精神一到，何事不成？（138）①

　　（2）若徒谋而不成，何益于事？（876）

这类例中，"成"是不及物动词，义为成功、能实现，"不成"是状心短语。

1.2　A$_2$ 式"不成"之后带有体词性宾语,《语类》中共 81例。如:

(3) 且如苏氏之学,却成个物事;若王氏之学,都不成物事,人却便要去学,这便是不依本分。(3101)

(4)(金人)赏罚如此分明,安得不成事?(3193)

这类带体词性宾语的"成"字大多义为"成其为、成为",如例(3);个别例子义为"使成功、使能够实现",如例(4)。从语义关系看,前者有两个强制性语义成分,如例(3)的"苏氏之学"和"物事";后者是 A$_1$ 类成功义的"成"的使动用法,它与后面的宾语构成一个表述,而与前面的主语没有直接的语义关系,如例(4)"成"只与宾语"事"构成一个表述,而不能与主语构成一个表述。但是从句法结构来看,二者都是及物动词,"不成 + N"的结构层次都是 [不 + (成 + N)],而不是 [(不 + 成) + N],例(3)有肯定形式"成个物事",这很能说明问题。所以这里的"不"与"成"并没有直接结构关系。

1.3　A$_3$ 式"不成"之后带有谓词性宾语,《语类》中共 37例。与 A$_2$ 一样,"成"的词义大多是"成为、成其为"(共 29例)。如:

(5) 公此问不成问。(2902)

(6) 不可谓孔孟不会说话,一向任己见说将去。若如此说孟子时,不成说孟子,只是说王子也。(433)

从"成"后所带宾语来看,有单个动词,如例(5),也有谓词性短语,如例(6)。"不"与"成"同样没有直接结构关系,"不成 + V/VP"的结构层次是 [不 + (成 + V/VP)]。

A$_3$ 中另有 8 例"成"意义是使"成"后谓词性成分所表示的动作行为能有结果、能实现。如:

（7）尝与储宰议起保伍……后来贼散，亦不成行。后来思之，若成行，亦有害。（1113）

（8）又读益公跋，先生曰："如益公说，则其事都不成做。"（3102）

（9）用兵之人，亦不得用兵；讲和之人，亦不成讲和。……是议和者亦无所成。（1853）

（10）曹操合下便知据河北可为取天下之资，既被袁绍先说了，他又不成出他下，故为大言以诳之。（3234）

例（7）"不成行"指未能得以施行，（8）"不成做"是说无法做成，（9）"不成讲和"指做不到讲和，（10）"不成出他下"指做不到出于袁绍之下。这里的"成"都还可看作中心动词，其后的动词或动词短语作宾语。从句法层次上看"不成 + V/VP"仍应分析为［不 +（成 + V/VP)］，例（7）"成行"与"不成行"对举充分说明了这一点。

但是值得注意的是，从语义关系来看，当"不成"前有体词性主语时，一方面，"成"的直接语义成分是其后动词或动词短语，而与主语没有表述关系；另一方面，"成"后动词或动词短语又与主语具有表述关系，主语可以充当其配价成分。如例（10）"他又不成出他下"，不是主语"他"不成，而是"出他下"不成，主语"他"与"成"没有表述关系，但主语却可以与"出他下"构成表述，充当其配价成分。所以此句可变换为："他出他下又不成"。同理，例（8）的"事"也正是"做"的配价成分，例（9）"讲和之人"是"不成"后的"讲"的配价成分。可见，如果从语义角度看，主语与"成"后成分关系更近，所以"成"尽管仍可看作中心动词作谓语，但处于这样一种语义环境之中，其中心词地位势必会让位于其后的动词或动词短语，因此这类句子可以重新分析，即可以把"成"分析为

"实现"义的动词作谓语，又可以把它分析为"能"、"会"义的能愿动词作状语。有意思的是，例（9）一方面"成"与"得"相对举，另一方面又与下文"所成"之动词"成"重出，可见"成"既可以分析为"使实现"义的动词，又可分析为类似于"得"的能愿动词。

2 "不成"作补语

"不成"充当补语共 56 例，可处于以下三种格式之中：

B₁　V + 不成

B₂　V + O + 不成

B₃　V + 不成 + O

2.1　B₁ 式共 27 例，"不成"构成偏正短语，在句中作补语，所修饰的动词集中于"做、学、作、解、种、安排"等有限的几个词（其中"做"出现频率最高，计19例），例如：

（11）后世子孙见他学周公孔子学不成，都冷淡了，故又取一时公卿大夫之显者缀缉附会以成之。(3256)

（12）当如此做，又被那要如彼底心牵惹，这便是不实，便都做不成。(327)

蒋绍愚（1994）指出："早期的一些'V 不 C'并不表示可能，而是表示某种结果没有达成。"《语类》中"V 不成"格式有 9 例表示结果没有达成，如例（11），再如：

（13）陈胜王凡六月，便只是他做不成，故人以为非；高帝做得成，故人以为符瑞。(2151)

（14）圣人年七八十岁，拳拳之心终做不成。(1101)

此类"V 不成"（姑且称作甲类）意义相当于"没 V 成"，都用于已然事件句中。例（13）"做不成"与"做得成"相对，都表结果而不是可能，"做不成"是说"没做成"，"做得成"是说"做成了"。

现代汉语中，"V 不成"格式主要表示可能。又有两种类型，一类相当于"不能 V 成"（姑且称作乙类），如：

　　（15）我看这门亲事说不成。

　　（16）如果没有老师的指导，我的这篇文章肯定写不成。

另一类"V 不成"相当于"不能 V"（姑且称作丙类），如：

　　（17）动物没有空气就活不成。

　　（18）雨下得太大，今天是走不成了。

《语类》中表可能的"V 不成"都可视为乙类，共 18 例，如例（12），再如：

　　（19）谓如一树，春荣夏敷，至秋乃成。虽曰成实，若未经冬，便种不成。（1729）

"种不成"是说不能种成。丙类未见典型用例。

同样是"V 不成"，甲类相当于"没 V 成"，乙类相当于"不能 V 成"，丙类相当于"不能 V"。从甲类到乙类再到丙类，"V 不成"格式（包括"V 得成"格式）的语法意义似乎存在着一个逐渐演化的过程。

2.2　B$_2$式共 26 例。"不成"处于述宾结构之后。如：

　　（20）（陈平、周勃）若诛诸吕不成，不知果能死节否？（923）

　　（21）才不静专，自家这心自做主不成，如何去接物？（1063）

　　（22）前说盖谓居肆方能做得事成，不居肆则做事不成。（1204）

　　（23）盖学者所以学为君子者，不知命则做君子不

成。……如何得成君子？（1217）

这几例在结构上都是"V＋O＋不成"，但"不成"的语义指向并不一致。前两例为一类，"不成"指向VO，是说VO这一行为"不成"；后两例为一类，"不成"指向O，其深层语义结构是"VO，O不成"或"VO，不成O"。

虽然可以把"做君子不成"从语义方面分析为"做君子，不成君子"，但就句法而言，我们却不能把例（23）标点为"不知命则做君子，不成"。试比较：

（24）学书不成，去；学剑，又不成。（《史记·项羽本纪》）

此例"学书"后可以点断，"不成"做谓语；《语类》B_2式"不成"前均不能点断，这说明"不成"与前面的VO关系较为紧密，同时《语类》中有这样的例子：

（25）魏问横渠言"十五年学'恭而安'不成"。明道曰："可知是学不成，有多少病在。"（905）

前面是"VO不成"，后面是"V不成"，可见这类"不成"已可看作补语。

但是，《语类》B_2式中"不成"还没有彻底补语化，前面虽不能点断，却可以加进副词或其他成分，如：

（26）怎地莫道做好人不成，便做恶人也不成。（750）

显然"做恶人也不成"是主谓结构，"不成"作谓语。那么把"做好人不成"分析为主谓结构亦未尝不可，这是又一个很好的重新分析的例子。

有论者认为，张载"十五年学'恭而安'不成"中，"不成"是表示反问的语气词，并进而认为语气词"不成"在北宋已见。《语类》中三次引到张子这句话，无论从结构和语义哪个方面看，"不成"都是动词短语，例（25）B_2式与B_1式对举更能说明问题。通观整部《语类》，未见"不成"用作句尾语气词的，不仅如此，宋代其他一些重要语料，如《景德传灯录》、《河南程氏遗书》、《五灯会元》、《全宋词》等，也未见"不成"用作句尾语气词例。"不成"作为句尾语气词，必须处于反问句尾，而且处于反问句尾的"不成"也未必都是语气词。如《现代汉语八百词》偶误一例：

(27) 难道让我们看一下都不成？

实际上这里的"不成"也不是语气词，因为语气词"不成"可以删除或换成同类的其他语气词，如"吗"，而不可能在前面出现一个副词"都"。

2.3 B$_3$式"不成"用于述宾结构之间，仅有3例：

(28) 如边头写不成字者，即是古之声律。(935)

(29) 如王荆公做得全似毛诗，甚好，其他有全做不成文章。(2346)

(30) 而今人多说章句之学为陋，某看见人多因章句看不成句，却坏了道理。(1327)

当补语与宾语同现时，现代汉语用"V 不成 O"格式而没有相应的"VO 不成"，《语类》中则主要是"VO 不成"格式，"V不成 O"只有上举3例。并且从"V 不成 O"所表示的语法意义来看，现代汉语中主要表可能，而上举3例仅有后一例是表可能的，其余2例则表示状态（或者也称作表结果），意义相当于"V 得不成 O"。例 (28)"写不成字"是说"写得不成字"，例(29)"做不成文章"是说"做得不成文章"。这里表可能和表状态从表面看都是"V 不成 O"，但结构层次并不相同：表可能的是"V 不成/O"，表状态的是"V/不成 O"。其来源亦当不同。

3 "不成"作状语

3.1　"不成"作状语共 225 例，可处于以下格式中：

C₁　不成 + VP

C₂　不成 + S

3.1.1　C₁ 式"不成"后跟谓词性短语，《语类》中共 165 例。其中 VP 是"说/道/是 + 状心短语/小句"有 53 例，如：

（31）因说《禹贡》，曰："此最难说，盖他本文自有谬误处……今又不成说他圣人之经不是，所以难说。"（2026）

（32）如将一贯已穿底钱与人，及将一贯散钱与人，只是一般，都用得。不成道那散底不是钱。（2829）

（33）遇事接物之间，各须一一去理会始得。不成是精底去理会，粗底又放过了，大底去理会，小底又不问了。（286）

这类"不成"业已凝固成词，在句中作修饰语，修饰由"说（道、说道、是）+ VP/S"组成的述宾结构。理由是：第一，我们在《语类》中已经找不到相应的"成 + 说/道/说道/是 + 状心短语/小句"格式。第二，尽管与 A₃ 式的一些用例一样，"不成"后所跟的也是述宾结构，如例（6）"不成说孟子，只是说王子也"，但 A₃ 式"不成说 O"的 O 是体词性成分，这里的 O 却是谓词性结构，而且大多是小句，所以从语感来看，A₃ 式"说 O"之间不能有停顿，而这里的"说 O"之间可以并且倾向于必须停顿。第三，这里的 O 实际上表述一个命题，"说（道、说道、是）"有引出该命题的功能，"不成"的辖域是"说（道、说道、是）"后的命题，整个句意是对该命题的否定，所以"说（道、说道、是）"可以删掉。

VP是"状心短语"有95例,如:

（34）且如阴阳之间,尽有次第,大寒后,不成便热,须是且做个春温,渐次到热田地;大热后,不成便寒,须是且做个秋凉,渐次到寒田地。(113)

（35）且如说当死于水火,不成便自赴水火而死?(1083)

这类例中,"不成"与动词之间被副词性成分隔开,显然它限制的是整个状心短语,"不成"已凝固成词,《语类》中也没有相应的"成+状心短语"格式。

另有17例VP是兼语式、连动式等其他谓词性短语,如:

（36）一之问:"存养多用静否?"曰:"不必然,孔子却都就用处教人做工夫,今虽说主静,然亦非弃事物以求静。既为人,自然用事君亲、交朋友、抚妻子、御童仆。不成捐弃了,只闭门静坐,事物之来,且曰'候我存养';又不可只茫茫随他事物中走。二者须有个思量倒断始得。"(218)

（37）亦不可如此说,且如有颜子资质的,不成叫他做子路也?(751)

3.1.2　C₂式"不成"后跟小句或小句群,《语类》中共60例。如:

（38）至穆王一例令出金以赎,便不是。不成杀人者亦止令出金而免?(2001)

（39）如未有君臣已先有君臣之理,未有父子已先有父子之理。不成元无此理,直待有君臣父子,却旋将道理入在这里?(2437)

前一例"不成"后接小句,后一例接小句群。"不成"的辖域为该后接小句或小句群,整个句意是对其后接成分加以否定。

3.1.3　"不成"作状语，前面一般不出现句子的主语，上举诸例大都如此。此时从语篇功能上看，"不成"兼具有连接作用，所以"不成"所在的句子都是后续句。"不成"前出现主语的仅22例，且基本上只见于 C_1 式，此时"不成"不具有连接功能。如：

(40) 人心不成都流，只是占得多，道心不成十全，亦是占得多。(2015)

(41) 如做一郡太守，一邑之宰，一尉之任，有盗贼之虞，这不成休了，便当以死守之，亦未为难。(1024)

这类"不成"前也很少再有别的修饰成分，《语类》主要是"终"，共30例，如：

(42) 圣人终不成哭了便骤去歌得，如四时，也须渐渐过去。(873)

钟兆华（1991）举有此例前一分句，以问号结句，认为"终不成""是在'不成'前面冠以'终'构成的表示推度反诘的词。'终'的作用在于加强语气，犹'总不至于'中的'总'，词的中心意思仍然是'不成'所具有的诘问口吻。……'终不成'总是作为一个整体在句子中使用，而不是分成两个部分去发挥自己的职能"。我们认为，说此例"终""犹'总不至于'中的'总'"是正确的，但"终不成"并非一个整体，而是分成两个部分各自发挥自己的职能。此处"不成"是否定副词（详下），"终"用在否定副词前，加强否定口气。《语类》里的"终不成"大都可以做这样的分析。钟文所举的其他例子有的很明显也属于这类，如：

(43) 你有钱钞将些来使用，无钱你自离了我家，等我女儿接些客人。终不成饿死了我一家罢？（《清平山堂话本·错忍尸》）

这是测度问句，句尾有语气词"罢"，"不成"只能是否定副词，"终"的意义有所发展，但仍是作为一个独立的词起作用。

3.2 C类"不成"的意义

如前所述，C类"不成"已经凝固成词，在句中作状语，修饰动词短语和小句，显然可定性为副词。但综观所有用例可以看出，副词"不成"又可分为两个：一个是否定副词（记作"不成$_1$"），主要用于陈述句中，表示否定性评议，具有情态意义，意思是"不可能、不可以"，如例（31）（32）（33）（34）（36）（40）（41）（42）；另一个是反诘副词（记作"不成$_2$"），用于反问句中，表示反问语气，相当于"难道"，如例（35）（37）（38）（39）。

"不成$_1$"有否定义，"不成$_2$"就词义而言并没有否定义，但它所在句子的句意也是对"不成"后命题加以否定，只是所用的否定手段是反问语气而非否定词而已。因此在语调不明的书面文献中，二者界限不容易划分清楚。以下方面大体上代表了一种倾向：

从句法结构看，"不成"前出现主语或别的修饰性成分时通常是"不成$_1$"，如（31）（40）（41）（42），而"不成"处于句首时既可能是"不成$_1$"也可能是"不成$_2$"；"不成＋说/道/是＋状心短语/小句"中多是"不成$_1$"，如（31）（33），而"不成＋小句/小句群"中多是"不成$_2$"，如（38）（39）。

从句类标记看，句尾有疑问语气词时是"不成$_2$"，但这类例很少。如：

（44）但克己工夫未到时，也须照管。不成道我工夫未道那田地，而迁怒、二过只听之耶？（267）

从语篇衔接看，如果"不成"所在句子的前承句或后续句是评议句（有"须""当"等表示评议的词语），则该"不成"多为"不成₁"，如例（34）（41）等；如果其前承句或后续句是反诘句，则该"不成"多为"不成₂"，如：

（45）曰："何故曾子既能随事精察，却不晓所以一处？"答云："曾子但能行其粗而未造其精。"曰："不然。圣人所以发用流行处，皆此一理，岂有精粗？政如水相似，田中也是此水，池中也是此水，海中也是此水。不成说海水是精，他处水是粗？岂有此理？"（686）

从语境来看，陈述性否定（"不成₁"）一般处于正面阐述的语境中，如例（31）（33）（36）等，例（36）前云"不成……"，接着说"又不可……"，可知"不成"相当于"不可"，是"不成₁"；而反诘性否定（"不成₂"）一般处于反驳、讥讽或表示强烈不满的语境中，如例（35）（37）等。

事实上，"不成₁"和"不成₂"也并非处于完全离散的类中，两者之间有相当密切的联系，这是因为共时平面的语言要素是历时要素的积淀，其中存在着不同的时间层次，而历时要素的演变又是渐进的，是一个连续统。显然，反诘副词"不成"是从否定副词"不成"发展演变而来，中间自然有一个渐变的过程。

4 "不成"作主语、宾语

《语类》433 例"不成"中，另有极个别作主语（2 例）和作宾语（1 例）的用例：

（46）成与不成，至与不至，则非我可必矣。（783）

（47）禹之行礼……顺而行之而已，鲧绩之不成，正为不顺耳。（1354）

（48）至于成败，天也，岂可豫忧其不成，遂辍不为

哉！（2653）

这里的"不成"都是谓词性短语，前两例作主语，后一例作宾语。

5 结语

以上笔者对《语类》中各类"不成"的用法和意义作了分析，从中可以看出：

第一，《语类》中副词"不成"分为两个：一个是否定副词，意思是不可能、不可以；一个是反诘副词，意思是难道。

第二，《语类》及许多宋代语料中未见有语气助词"不成"的用例，助词"不成"见于宋代的说法是一种误解。

第三，《语类》"V 不成"格式既可以表示结果，又可以表示可能；当宾语与补语同现时，《语类》中通常使用"VO 不成"格式，同时又有极少数"V 不成 O"格式，该格式既表可能，也表状态。

第四，通过分析《朱子语类》中各种用法的"不成"用例，大体上可以整理出"不成/V 不成"语法化的两条线索：一条线索是，"名词 + 不成 + 名词"（A_2）→ "名词 + 不成 + 动词/动词短语"（A_3）→ "不成 + 动词短语/小句"（C_1、C_2），"不成"由没有直接结构关系到凝固为否定副词，再由否定副词演变为反诘副词；另一条线索是，"名词 + 不成"（A_1）→ "动词短语 + 不成"（B_2）→ "动词 + 不成"（B_1），"不成"由作谓语渐变为作补语。每条线索都是一个连续发展的渐变过程，每个过程中，相邻的节点之间都存在着临界现象。这些问题此处无法展开，笔者拟专文详加讨论。

主要参考文献

蒋冀骋、吴福祥：《近代汉语纲要》，湖南教育出版社 1997 年版。

蒋绍愚：《近代汉语研究概况》，北京大学出版社 1994 年版。

蒋绍愚：《内部构拟法在近代汉语语法研究中的运用》，《中国语文》1995 年第 3 期。

孙锡信：《汉语历史语法要略》，复旦大学出版社 1992 年版。

太田辰夫：《中国语历史文法》；蒋绍愚、徐昌华译，北京大学出版社 1987 年版。

吴福祥：《试论现代汉语动补结构的来源》，首届汉语言学国际研讨会论文，上海，1998 年。

徐时仪：《也谈"不成"词性的转移》，《中国语文》1993 年第 5 期。

钟兆华：《"不成"词性的转移》，《中国语文》1991 年第 4 期。

（原载《中州学刊》2000 年第 2 期。发表时因篇幅所限而删掉的部分这里予以补齐）

近代汉语反诘副词"不成"的
来源及虚化过程

1 问题的提出

近代汉语中,反诘副词"不成"表示反问语气,相当于"难道",这一点早已为前修时贤所关注,但从语法史的角度探讨其来源和虚化过程的论著却并不多见。钟兆华(1991)在讨论"不成"由副词向助词的转移过程时,最先注意到副词"不成"的来源,认为"不"与"莫"义通,"莫成"是"不成"的早期形式;徐时仪(1993)提出另一种看法,认为"不成"唐代以前是表否定的词组,唐代凝固成词,有"未能"的意思,由于进一步强调"未能"的否定意思而采用反诘语气,于是产生"岂能""难道"义。钟说可称之为"语素替代说",徐说可称之为"凝固虚化说"。

我们曾对《朱子语类》(以下简称《朱子》)中各种类型的"不成"用例进行过初步的统计分析,[①] 从《朱子》中可以看到如下例子:

    A. 若似如此,宁可事不成,只为后世事欲苟成,功欲

---

① 参拙文《〈朱子语类〉中"不成"的句法语义分析》。

苟就，便有许多事。（《朱子语类》3236 页）

　　B. （金人）赏罚如此分明，安得不成事？（《朱子语类》3193 页）

　　C. 问："'明日遂行，在陈绝粮'，想见孔子都不计较，所以绝粮。"曰："若计较，则不成行矣。"（《朱子语类》1148 页）

　　D. 因说《禹贡》，曰："此最难说，盖他本文自有谬误处……今又不成说他圣人之经不是，所以难说。"（《朱子语类》2026 页）

　　E. 问："或云，忠恕只是无私己，不责人。"曰："……何尝说不责人？不成只取我好，别人不好，更不管他？"（《朱子语类》701 页）

　　以上五例分别代表了五种类型的"不 + 成"，它们同见于《朱子》中，当然是共时语言现象的反映，但是通过分析可以明显看到，就"不 + 成"而言，从 A 到 E 实际上构成了一个渐变序列：A 例中，"成"是不及物动词，在句中作谓语，义为"成功"，"不 + 成"为偏正短语。当这类"成"用为使动词时，意义是"使成功"，其后可带体词性宾语，这就变成了 B 类。B 类的"不"修饰述宾结构，"不"与"成"没有直接结构关系。把 B 类"成"后面的体词性宾语换为谓词性宾语就变成了 C 类，C 类的"不"与"成"之间也没有直接结构关系。当 C 类进一步发展，"不成"后出现复杂的谓词性短语时，"不成"最终凝固成词，这就是 D 类。D 类"不成"是否定副词（记作"不成$_1$"），义为不可能、不可以。D 类"不成"再进一步虚化，当失去否定义而仅仅用作反问标记时，就变成了 E 类"不成"。E 类"不成"是反诘副词（记作"不成$_2$"），相当于"难道"。

　　根据以上分析，我们认为"不成$_2$"来源的"凝固虚化说"

更接近语言事实，——虽然我们对具体问题的分析和解释与徐文有较大不同。当然，这仅仅是根据共时语料作出的推论，是否成立，尚需进一步证明和解释：（一）尽管共时语言现象是历时语言现象的积淀，通过共时语料分析可以推测出语言变异的时间层次，但是在进行历史语言研究时，最好能够将共时分析与历时语料的验证结合起来。（二）"不"与"成"原本没有直接结构关系，后来却凝固成词，产生了"不成₁"，这是一个质变，其过程需要加以解释。（三）"不成₁"演变为"不成₂"，就"不成"的词义而言，前者有否定义，而后者却失去了否定义，这是又一个质变，也需要加以解释。本文以下各节试就上述问题作一初步探讨。

2　共时序列的历时语料验证

2.1　先秦汉语中，"成"通常用于如下两种格式中（例见《左传》）：

> a. N＋成：事三旬而成｜礼成而不反｜政成而民听｜是宫也成，诸侯必叛｜今乱本成矣｜所欲必成
>
> b. (N)＋成＋N：成事也｜酒以成礼｜成其政也｜楚子成章华之台｜以成宋乱｜又不能成大勋｜只成恶名

a 式中的"成"是不及物动词，意义相当于"完成、完备、建成、形成、成功"等，随着主语的不同而小异。但它们有共同的语义特征，都是指事物经由一个从无到有、从未完备到完备的渐进过程之后，最终成为现实，可姑且用［＋实现］来加以概括。

当"成"前出现否定副词"不"时，也就是《朱子》A类例所处的句法格式：

A. N＋不＋成

A式是对［＋实现］的否定。如果把语用因素也考虑进去，那么，在已然事件句中，"不＋成"表述的是N没有实现，如例（1）；在未然事件句中表述的是N不能实现，如例（2）：

（1）子路欲杀卫君而事不成，身菹于卫东门之上。（《庄子·盗跖》）

（2）名不正，则言不顺；言不顺，则事不成。（《论语·子路》）

b式"成"后带有体词性宾语，"成"的基本意思还是［实现］，但从语义关系上看，这里的"成"并非像在a/A式中那样与主语构成一个表述，而是与宾语构成表述关系，如"楚子成章华之台"，不是楚子成，而是章华之台成。实际上，这类"成"可以看作a类"成"的使动用法，即，使宾语所表示的事物得以实现。如"成事"是使事成，"成礼"是使礼成等，其语义特征可概括为［＋使得以实现］。

在［使得以实现］的"成"前面加"不"就是《朱子》B类例所处的格式：

B.（N）＋不＋成＋N

先秦用例如：

（3）子曰："君子成人之美，不成人之恶；小人反是。"（《论语·颜渊》）

（4）孔子既祥，五日弹琴而不成声，十日而成笙歌。（《礼记·檀弓上》）

从语义上看，B式是对b式"成＋N"这一述宾短语所表语义加以否定，所以例（3）"不成人之恶"是说不使别人的

"恶"得以实现，例（4）是说未能使乐曲得以实现（产生），也就是弹不出乐曲。从句法结构上看，"不"所修饰的是"成＋N"而不仅仅是"成"，"不＋成＋N"的结构层次为［不＋（成＋N）］，"不"与"成"没有直接结构关系。

2.2 《朱子》C 类例的句法格式是：

C. N＋不＋成＋V

"成"的意义仍然可以认为是［使得以实现］，与 B 式的不同在于"成"后由体词性宾语换成了谓词性宾语。① 典型用例六朝文献中已能见到②，但不多。例如：

（5）愍度道人始欲过江，与一伧道人为侣，……既而此道人不成渡。（《世说新语·假谲》）

（6）敦曰："吾昨夜梦在石头城外江中扶犁而耕，占之。"璞曰："大江扶犁耕，亦自不成反。反亦无所成。"（葛洪《神仙传》，《太平广记》卷13引）

（7）若于此时而为祀者，不成祀法，如遣盗逐盗，则

---

① "成"后谓词性成分也可以是形容词，如鲍照《学刘公干体》："艳阳桃李节，皎洁不成妍。"此时"成"也是［使实现］之义。

② 《礼记·檀弓上》中有"竹不成用，瓦不成味，木不成斲"之例。"竹、瓦、木"指用于陪葬的器具。郑玄注："成，善也。竹不可善用，谓边无縢。味当作沫。"依郑注"用"为动词，可认为战国时已有"不成V"例。但孔疏云："沫，黑光也"、"斲，雕饰也"，似乎也可以把"用、味、斲"看作名词，把"用"解释为"有用"、"无用"之用，指使用价值。《论衡·物势篇》有"金不贼木，木不成用。火不烁金，金不成器"。这里"用"与"器"对举，也可以两解。这两例不甚典型，录以备考。

六朝译经中更有这样的例子："一比丘从拘萨罗来道中为贼所剥，彼比丘以亲里力而还夺贼衣钵，夺已，比丘便怀疑意：'我不成捐弃不受婆？'"（《鼻奈耶》）"捐弃不受"又译作"波罗移不受"，辛岛静志认为意思是"犯波罗夷法"（参见《佛典汉语三题·关于语气词"婆"》，《俗语言研究》第四期），他举的还有这样的例子："诸侍病比丘皆自疑：'我等不犯捐弃不受婆？'"我们以为这里"不成"与"不犯"同意，"捐弃不受"用作名词，大致指一种罪过。

不成使。（后秦佛陀耶舍共竺佛念译《佛说长阿含经·第三分究罗檀头经第四》）

例（5）"不成渡"意思是没渡成（没有实现渡江），例（6）"不成反"意思是反不成（不能实现谋反），例（7）"不成使"意思是派遣不成（不能实现派遣）。

唐代这类例子稍微多起来，如：

（8）汩汩避群盗，悠悠经十年。不成向南国，复作游西川。（杜甫《自阆州领妻子却赴蜀山行》诗）

（9）晓入朱扉启，昏归画角终。不成寻别业，未敢息微躬。（杜甫《遣闷奉呈严公二十韵》诗）

（10）黛眉双点不成描，留待玉郎归日画。（欧阳炯《玉楼春》词）

（11）开门不成出，麦色遍前坡。（项斯《边州客舍》诗）

（12）体性纷杂，则汝与我，并诸世间，不成安立。（般刺密帝译《大佛顶首楞严经》）

（13）外道邪魔所感业终，堕无间狱。声闻缘觉，不成增进。（同上）

（14）莲茎有刺不成折，尽日岸旁空看花。（孟迟《莲塘》诗）

（15）太后又谓潘妃曰："子亦不来，何也？"潘妃匿笑不禁，不成对。（牛僧孺《周秦行记》，《太平广记》卷489引）①

---

①　据考证《周秦行记》非牛僧孺所作，当出自韦瓘之手（参见上海古籍出版社1990年版《太平广记》所附邓嗣禹《太平广记引得》）。不过二人均为唐代人，谁人所作就语料而言，影响不大。

（16）不成穿圹入，终拟上书论。（李商隐《哭遂州萧侍郎二十四韵》诗）

例（8）（9）采自蒋绍愚（1980），又见徐时仪（1993），蒋、徐释作"未能"；例（11）（14）采自江蓝生、曹广顺（1997）①，江、曹释作"不能"。各位前贤的解释就各自所举例子的整个句意而言，无疑都非常恰当。不过我们觉得"未能"或"不能"都只是"不成 V"结构在不同语境中所体现出的语用义：大体上在已然事件句中，"不成 V"体现出"未能 V"的意思，如前三例；在未然事件句中，"不成 V"体现出"不能 V"的意思，如后五例。这在 A 式中已见端倪。但严格地说，"不成 V"只是对"使 V 所代表的动作行为得以实现"进行否定，并不强调事件的时间意义，所以一方面已然、未然难于区分，另一方面就是把两家的释义综合起来也不能完满解释所有用例。如（11），"不成出"的意思既不是"未能出"也不是"不能出"，而是对"使'出'成为现实"加以否定，整个句意是说，开门不出，就能看见遍布门前坡地里的青青麦苗。如果要强调时间意义，对已然事件加以否定，宋以前通常用"未"。"未"与"不"都表否定，但"未"有时间限制，专用于否定已然事件，而且一般具有较强的客观色彩；"不"没有时间限制，既可以否定已然事件，也可以否定未然事件，通常具有浓厚的主观色彩。②试比较：

（17）a. 夕殿萤飞思悄然，孤灯挑尽未成眠。（白居易《长恨歌》）

　　　 b. 烛笼两行照飞阁，珠帷怨卧不成眠。（李贺

---

① 例（11）"遍"字原引误作"偏"，今据《全唐诗》正。

② 参见戴耀晶（1997）。

《十二月乐辞·十月》诗)

　　c. 逡巡，闻房内语笑甚欢，不成寝，执弓矢于黑
　　处，以伺其出。(薛用弱《集异记》，《太平广
　　记》卷 456 引)

　　实现义的"成"从情状分类的角度看属于终结动词，能够造成一种结果。因此，"未成眠"当然是客观叙述没睡着这一已然结果，而"不成眠"、"不成寝"则既有可能表示没睡着这一客观结果，也有可能表示想睡却睡不着这一具有主观色彩的结果，这要看表达重心在哪里，——在结果，是前者；在主观愿望，是后者，与时间性并没有绝对的对应关系。

　　值得注意的是，此类"不成"并没有完全凝固成词，这一点从相应的肯定式"成 + V"用例中可以得到证明。"成 + V"用例文献中也不多，但先秦已偶有所见，以后也时或有之：

　　(18) 二三子有复于子墨子学射者，子墨子曰："不可，……今子非国士也，岂能成学又成射哉？"(《墨子·公孟》)

　　(19) 公曰："(袁)尚从大道来，当避之；若循西山来者，此成禽耳。"(《三国志·武帝纪》)

　　(20) 若分遣轻军，星行掩袭，许拔则操成禽。(《后汉书·袁绍传》)

　　(21) 庾征西大举征胡，既成行，止镇襄阳。(《世说新语·排调》)

　　(22) 世事茫茫难自料，春愁黯黯独成眠。(韦应物《寄李儋元锡》诗)

　　(23) 尝与储宰议起保伍……后来贼散，亦不成行。后来思之，若成行，亦有害。(《朱子语类》1113 页)

　　以上"成 V"的意思都是"使 V 所表示的动作行为得以实现"，"成"仍是中心动词，作谓语，其核心意义与在 b/B 式中

一样是［使得以实现］，具体意思可随语境的不同而不同。如例（18）"成学又成射"意思是既搞好学习又射好箭，例（19）（20）"禽"是"擒"的初文。"成禽"指"使（被）擒获成为现实"。例（22）"成眠"正与例（17b）"不成眠"相对，例（23）"成行"与"不成行"相对。所以我们认为，当"成V"前面出现否定副词"不"时，"不成V"的结构层次是"不/成V"，而不是"不成/V"，与B式中一样，"不"与"成"没有直接结构关系。

2.3 D类"不成"（"不成₁"）是否定副词，表示否定性评议，意义相当于"并非、不可能、不可以"。其前一般不出现主语，其后通常跟比较复杂的谓词性结构。① 主要处于以下句法格式中：

D₁ 不成₁ + 说/道/是 + VP/S

D₂ 不成₁ + 状心短语

D₃ 不成₁ + 小句

2.3.1 D₁式北宋已见用例：

（24）陈司败问"昭公知礼乎"，孔子对曰"知礼"，彼国人来问君知礼否，不成说不知礼也。如陈司败数昭公失礼之事而问之，则有所不答……（《二程集》178页）

（25）且如两军相向，必择地可攻之处攻之，右实则攻

---

① 这并不是说否定副词"不成"前面不能出现主语，或"不成"后不能跟别的谓词性短语，只是用例相对较少而已，如下面两例，或前有主语，或后跟别的成分，但也表示否定性评议。

（1）人心不成都流，只是占得多，道心不成十全，亦是占得多。（《朱子语类》2015页）

（2）既为人，自然用事君亲，交朋友，抚妻子，御僮仆，不成捐弃了，只闭门静坐，事物之来，且曰："候我存养！"又不可只茫茫随他事物中走，二者须有个思量倒断始得。（《朱子语类》218页）

左，左实则攻右，不成道我不用计也。（同上 217 页）

(26) 曰："荆公'勿使上知'之语，信乎?"曰："须看他当时因甚事说此话，且如作此事当如何更须详审，未要令上知之……若此类，不成是欺君也。凡事未见始末，更切子细，反复推究方可。"（同上 196 页）

从例中可以看出，"不成"处于正面陈述的语境中，在句中表示的是否定性评议，三例意义分别为"不可以、不可能、并非"。就结构而言，"不成"后的成分"说/道/是 + VP/S"是述宾短语，而其中的宾语又是动词短语或小句。句中的停顿之处，从语感上来体会，当在"说/道/是"之后而不能在"不成"之间。据此，似乎"不成"是合在一起对"说/道/是"加以否定，例 (24)（26）确实如此，因为这里的"说"、"是"都还有实义。但例 (25) 的"道"却没有言说之义，在句中仅具有引出命题的功能，"不成"的语义指向是"道"后的命题，即"我不用计"。如果删除这里的"道"，对句意没有任何影响。到南宋时的《朱子》中，"不成 + 说/道/说道/是 + VP/S"有五十多例，——当然不全是表否定的，有的表示反诘（参见 2.4.1），不管表否定还是表反诘，其中"说/道/说道/是"大都已经虚化，或无实义，或相当于"认为"，作用都是引出命题。如：

(27) 诚、敬、寡欲，不可以次序做工夫。数者虽则未尝不串，然其实各是一件事。不成道敬则欲自寡，却全不去做寡欲的工夫。（《朱子语类》214 页）

(28) 公虽年高，更著涵养工夫，如一粒菜子，中间含许多生意，亦须是培壅浇灌，方得成。不成说道有那种子在此，只待他自然生根生苗去。（《朱子语类》2882 页）

(29) 遇事接物之间，各须一一去理会始得，不成是精底去理会，粗底又放过了；大底去理会，小底又不问了。
（《朱子语类》268 页）

无论"说/道/说道/是"有无实义，文献中均见不到与 D_1 格式相对应的"成＋说/道/是＋VP/S"用例，可见这里的"不成"已经凝固成词。不仅如此，在"说/道/是"完全虚化的情况下，"不成＋说/道/是"也大有凝固之势。

2.3.2　D_2 式北宋也已见到一些用例，如：

（30）人只是一个习，今观儒臣自有一般气象，武臣自有一般气象，贵戚自有一般气象，不成生来便如此，只是习也。（《二程集》190 页）[①]

（31）问："用兵，掩其不备，出其不意之事，使王者之师，当如此否？"曰："固是。用兵须要胜，不成要败。既要胜，须求所以胜之道。"（同上 217 页）

（32）若只守一个敬，不知集义，却都无事也。且如欲为孝，不成只著一个孝字，须是知所以为孝之道，所以侍奉当如何，温清当如何，然后能尽孝道也。（同上 206 页）

这些"不成"所在的语境都是对论题加以评议。"不成"否定的是状心短语所表述的命题，其意义分别相当于并非、不可能、不可以。就结构而言，"不成"后跟状心短语，它与中心动词之间被副词或别的修饰成分隔开了，显然它既不是直接修饰中心动词也不是修饰动词前的状语，而是修饰整个状心短语。语音停顿可以在"不成"之后而不能在"不成"之间，并且文献中也难以见到与 D_2 式相对应的"成＋状心短语"用例。所以说这

----

① 钟兆华（1991）引有此例，但钟先生把这里的"不成"看作疑问副词，在"如此"后绝句，加感叹号。这里我们在前后多引了一些，可以看出，这段话是对"习"的重要性进行阐释，"如此"后语意未尽，应加逗号，"不成"表否定而非反诘。

类"不成"也已凝固成词。

宋代这类用例很常见，下面再举几例：

（33）臣括遂笑之曰："学士许多时在河东理办地界，却被萧琳雅了当却。学士须著且恁争辩，不成总无言也。"（《乙卯入国奏请并别录》）

（34）凡在天地之间，无非感应之理，造化与人事皆是。且如雨旸，雨不成只管雨，便感得个旸出来；旸不成只管旸，旸已是应处，又感得雨来。是"感则必有应，所应复为感"。寒暑昼夜，无非此理。如人夜睡，不成只管睡，至晓须著起来，一日运动，向晦亦须常息。（《朱子语类》1813页）

（35）且如阴阳之间，尽有次第，大寒后，不成便热，须是且做个春温，渐次到热田地；大热后，不成便寒，须是且做个秋凉，渐次到寒田地。（《朱子语类》113页）

例（33）辽臣梁颖被驳得自知理屈，便推说别有照证，沈括笑答，意思是，你不可能找不到借口。例（34）是举例说明"凡在天地之间，无非感应之理，造化与人事皆是"，"不成"三见，均表否定。例（35）太田辰夫（1958）举过，说"不成"这里"也是'难道'的意思"，但例中没用问号或感叹号，大概太田此处"难道"是用其"难以言说"之义。

2.3.3　"不成＋S"格式，南北宋之交偶有所见，但这种格式中"不成"大都表反诘（参见2.4.3），比较可靠的表否定的用例《朱子》中有一些。例如：

（36）禹治水时，想亦不曾遍历天下，如荆州及三苗之地，不成禹一一皆到，往往是使属官去彼相视其山川、具其图说以归，然后作此一书耳。（《朱子语类》2027页）

2.3.4　"不成"表否定之例，宋以后很难见到，《三国演义》、《水浒传》、《西游记》、《红楼梦》中都没有，"三言"中有 2 例①：

（37）浑家道："丈夫，你见甚么来？"吴教授是个养家人，不成说道我见锦儿恁地来，自己也认做眼花了，只得使个脱空瞒过。（《警世通言·一窟鬼癞道人除怪》）

（38）（王婆）道："覆夫人，这个是狗肉，贵人如何吃得？"夫人道："买市为名，不成要吃。"（《喻世明言·史宏肇龙虎君臣会》）

例（37）"说道"仍有实义，属于较早用法。不过，本篇题下小注云："宋人小说旧名《西山一窟鬼》"，所以"有可能初作于南宋"②，如此则不足为怪了。有意思的是，例（38）《史宏肇》也可能是初作于宋代的作品。③

2.4 E 类"不成"所处的句法格式与 D 类完全相同，但"不成"的功能发生了变化，在句中表示反问，意义相当于"难道"，所在句子的句类也变成了反问句。把 D 式的"不成$_1$"换作"不成$_2$"则为：

E$_1$ 不成$_2$ + 说/道/是 + VP/S

E$_2$ 不成$_2$ + 状心短语

E$_3$ 不成$_2$ + 小句

2.4.1 "不成 + 说/道/是 + VP/S"格式北宋只见 D$_1$ 式用例，未见 E$_1$ 式用例，就是南宋时该格式中的"不成"也主要是

---

① 因篇幅所限，本文不讨论"终不成"等相关形式，实际上，早期的"终不成"也不是反诘副词，而是"终 + 不成$_1$"，《朱子》"终不成"凡 30 见，基本如此。"三言"中还偶有用例，如："你有钱钞，将些出来使用，无钱你自离了我家，等我女儿接别个客人。终不成饿死了我一家罢？"（《警世通言·乔彦杰一妾破家》）这里"终 + 不成"与"罢"同现，当表否定。像这类例子未在统计之列。

② 参见刘坚：《近代汉语语法资料汇编·序》，商务印书馆 1990 年版。

③ 参见刘坚：《近代汉语读本》，上海教育出版社 1995 年版，第 184 页。

"不成₁"，E₁用例相对较少。E₁例如：

（39）侯师圣解中庸"鬼神之为德"，谓"鬼神为形而下者，鬼神之德为形而上者"。且如"中庸之为德"，不成说中庸为形而下者，中庸之德为形而上者？（《朱子语类》1551页）

（40）若不各自做一节功夫，不成说我意已诚矣，心将自正？（《朱子语类》306页）

（41）政如水相似，田中也是此水，池中也是此水，海中也是此水。不成说海水是精，他处水是粗？岂有此理？（《朱子语类》686页）

例（39）是朱熹用归谬法对侯师圣的解说加以反驳，其余与此类似。比较而言，反诘问句更具有感情色彩，句意中含有不满、反感甚至厌恶的成分，而"不成₁"所表示的否定则显得比较客观。

从来源上看，E₁当来自D₁。

2.4.2 综观所见语料，E式中E₂用得最多，且出现时代最早，北宋已有确凿的例子，此后的宋代史籍、诗词、语录中都比较常见，《朱子》中尤多。如：

（42）今后更有照证文字，只学士道错了，不成便休也？更理会个甚？（《乙卯入国奏请并别录》）

（43）至如阴阳卜筮择日之事，今人信者必惑，不信者亦是孟浪不信。如出行忌太白之类，太白在西，不可西行，有人在东方居，不成都不得西行？又却初行日忌，次日便不忌，次日不成不冲太白也？（《二程集》216页）

（44）西京是已了，割与贵朝，却言不要，不成刚强与得？（《三朝北盟会编·茅斋自叙》）

（45）若有疑处，且须自去思量，不要倚靠人，道待去

问他。若无人可问时，不成便休也？（《朱子语类》2748
页）

这类例子大都用于对话中，用反诘的语气对对方说法加以否
定；也有的用于叙事之中，对某种行为或观点予以批驳，如例
（43）是用归谬法对出行择日之类的做法加以批驳。

从来源上看，E_2 来自 D_2。

2.4.3　E_3 式用例见于南北宋之交，以后例子渐多。《朱子》
60 例"不成 + S"中，绝大多数可认为是 E_3。此举两例，前例
"不成"后跟单句形式，后例跟复句形式：

（46）归休去，去归休，不成人总要封侯？浮云出处元
无定，得似浮云也自由。（辛弃疾《鹧鸪天》词）

（47）问："'勤学好问为文'，谥之以'文'，莫是见
其躬行之实不足否？"曰："不要恁地说。不成文王便是不
能武，武王便是不能文？"（《朱子语类》729 页）

E_3 可以来自 D_3，也可以是 E_2 式的状心短语前加上主语的结
果。

2.4.4　宋元以后 E 式"不成"被"难道"所取代，不论哪
种格式的 E 类用例都很少见。《三国演义》、《金瓶梅》、《红楼
梦》未见用例，《水浒传》3 例，《西游记》1 例，"三言" 2
例。如：

（48）孙立叹一口气，说道："你众人既是如此行了，
我怎的推却得开？不成日后倒要替你们吃官司？"（《水浒
传》卷 49）

（49）八戒道："师父，他要和你分行李哩。跟着你做
了这几年和尚，不成空着手回去？"（《西游记》卷 28）

（50）我女儿嫁了你，一生也指望丰衣足食，不成只是
这等就罢了？（《醒世恒言·十五贯戏言成巧祸》）

3 "不成"凝固成词的机制和动因

B式C式中，"不"与"成"本来没有直接结构关系，但在
D式中却凝固成词了。这一质变的机制和动因是什么？我们认
为，这与C式的重新分析有密切关系，同时又是"成"后成分
的复杂化（功能扩展）和"不成"功能迁移的结果。

3.1　C式在汉语中是一种非典型句法格式，其中包括两个
动词："成"是动词，其宾语也是动词（或动词短语）。在这种
格式中，主、谓、宾三者之间具有一种比较复杂而又十分特殊的
语义关系：一方面，与B/b式一样，C式的主语和谓语没有表述
关系，而宾语和谓语却可以构成一个表述，如例（5）"此道人
不成渡"，不是"道人"不成，而是"渡"不成。另一方面，主
语与谓词性宾语可以构成一个表述。有的例中，主语是宾语的施
事，如例（5）"道人"是"渡"的施事；有的例中，主语是宾
语的受事，如例（14）"莲茎有刺不成折"，"莲茎"是"折"
的受事。

汉语句子的基本格局是主语充当中心动词（谓语）的施事
或受事，所以在以上语义关系中处于宾语位置的动词很容易在认
知心理上被当作中心动词。当该宾语由次要动词被当作中心动词
而提升为谓语时，它前面的前任中心动词就只能降为修饰成
分了。

由此可见，如果着眼于C式与B式的承继关系，则C式的
"成"仍是中心动词；如果着眼于主宾之间的特殊语义关系，则
可以把"成"后动词看作中心动词。所以C式可以重新分析：
既可以分析为N+［不+（成+V）］，又可以分析为N+［（不
+成）+V］。

3.2　C 式的语义关系只是为"不成"凝固成词提供一种可能，并非标志着副词"不成"的确立。"不成$_1$"的最终凝固成词，从结构上看是"不成"后句法成分复杂化的结果。

在 C 式中，"不成"后的谓词性成分大都是光杆动词，但也有少量谓词性短语，如例（16）"不成穿圹（墓穴）入"和例（8）"不成向南国"。动词短语是光杆动词的扩展，光杆动词添加前加成分可以扩展成状心短语，添加后加成分则可以扩展为动宾短语。

先看状心短语的扩展。例（16）"穿圹入"是 VOV，似乎可以把"入"看作该短语的中心词，从而把 VOV 分析为状心短语，但是把例（16）理解为"不成穿圹 + 不成入"，即把 VOV 看作连动式也未尝不可，可见此例也能重新分析。下面一个见于北宋的 C 式用例不存在这种歧义：

（51）双鸭戏，乱鸥飞，人家烟雨西。不成携手折芳菲，兰桡惆怅归。（晁补之《阮郎归》词）

本词写的就是兄弟出游，应该说已经实现了"携手"，只是做不到"折芳菲"。因此"不成携手折芳菲"不能理解为"不成携手 + 不成折芳菲"，"携手折芳菲"只能看作状心短语。前举大量的 D_2 例中，"不成"后的成分都是状心短语，通常前面有"只、便、不、未、都"等修饰成分，并且结构远比上例更为复杂。所以从结构上看，D_2 是 C 式"不成"后的 VP 进一步复杂化的结果。如果 VP 前再添上主语就会更进一步复杂化为 D_3。

再看动宾短语的扩展。例（8）"向南国"是动宾短语，D_1式的"说/道/是 + VP/S"也是动宾短语，不过前者宾语是名词，后者的宾语是小一个层级的动词短语或小句。显然，D_1 式的宾语已经复杂化了。在已经复杂化了的 D_1 式中，虽然"说/道/是"在结构上一开始仍是中心动词，但它们的词义却在逐渐虚化，后来仅具有引出命题的功能，以至于可以省略。在这种情况下，它们后面原本作宾语的动词短语和小句也就有机会提升为整个句子的主干部分了。与此同时，"成"的使实现之义也已经消失，终于和"不"结合在一起，共同表示否定。

既然 D_1 式的"说/道/是"可以省略，那么一旦省略，D_1 式也就会变成 D_2 式或 D_3 式。试看下面的例子：

（52）谓如封五百里国，这一段四面大山，如太行，却有六百里，不成是又挑出那百里外；加封四百里，这一段却有三百五十里，不成又去别处讨一段子五十里来添，都不如此杀定。（《朱子语类》1312 页）

例中两个"不成"，其后一有"是"，一没有。后者完全有可能是前者省略"是"的结果。可见，D_1 省略"说/道/是"是 D_2、D_3 产生的另一个重要途径。

3.3 虽然例（51）"不成"后的成分已经初步复杂化，但该例仍可看作 C 式的残留，因为这里的"成"仍具有较明显的［使实现］之义。可见不能仅仅着眼于形式。综观 C 式所有用例，可以看到，无论"成"后所跟的是光杆动词还是动词短语，"成 V"都更多地用于强调主观愿望，表示说话者或句中主语希望出现某种对其有利的结果。因此其否定式"不 + 成 V"表示的是：希望实现 V 所代表的动作行为，但客观的外在条件或自身能力不允许，已经阻碍或将要阻碍这一行为的实现。而 D 式"不成"的功能则是说话者根据自己的主观判断对命题的真实性、可能性、可行性提出否定性评议。

从 C 式到 D 式是一种功能的转移，这一转移具有认知基础。如果说"阻碍行为的实现"在认知心理上是客观域中有阻力，那么"对命题进行否定性评议"则是主观域中有阻力。从 C 式到 D 式正是客观域对主观域的投射。客观上条件不允许或自身能力有限，主观上就觉得不可能或不可以，这中间有着密切的联系。

这种客观域向主观域投射现象不仅存在于"不成"的语法化过程之中，汉语史上能愿动词"得、能、解、会"等也有类似之处。下面各举一个否定式的例子略加说明：

不得：a. 孺子怒，袭成，从者不得入，乃反。(《左传·哀公十四年》)

b. 比干曰："为人臣者，不得不以死争。"乃强谏纣。(《史记·殷本纪》)

不能：a. 丑父寝于轏中，蛇出于其下，以肱击之，伤而匿之，故不能推车而及。(《左传·成公二年》)

b. 公子与君，出有前后，车有附从，不能空行于途，明矣。(《论衡·书虚篇》)

不解：a. 世人解听不解赏，长飙空中自来往。(李颀《听安万善吹觱篥歌》)

b. 司马迁、班固、刘向父子、杜佑说都一同，不解都不是。(《朱子语类》27页)

不会：a. 我从生来不会说脱空。(《三朝北盟会编·燕云奉使录》)

b. 且如天地间人物草木禽兽，其生也，莫不有种，定不会无种子白地生出一个物事。(《朱子语类》3页)

以上各例，a 表示客观上条件不允许或自身能力有限，b 表示主观上觉得不可以或不可能。与"成"不同的是，"得"等是能愿动词，而"成"未及争得能愿动词的地位就退出了"成 V"格式，留下其否定形式"不成"自己凝固成词。"不得"后来又进一步发展，也凝固成词，专表禁止；"不解"在《朱子》中也大有凝固之势；"能、会"作为能愿动词，肯定否定相对，一直沿用至今。

3.4 "不成"后句法成分的复杂化把"不成"在句子里的位置挤得越来越靠前，而"不成"语义功能的转移又使"不成"前的主语无法说出或因为与后面命题的主语相同而不必说出，结果，在"不成"凝固成词的同时，"不成"的位置绝大多数也由句中移到了句首。① 当"不成"移到句首时，它的语篇功能也发生了变化，出现了明显的连接功能，所以"不成₁"所在的句子通常都是后续句，演变为"不成₂"后仍然如此。

4 否定义的消失与"不成₂"的出现

吕叔湘（1956）指出："反诘实在是一种否定的方式，反诘句里没有否定词，这句话的用意就在否定；反诘句里有否定词，这句话的用意就在肯定。"从前面的论述中可以看到，"不成₁"和"不成₂"所在句子的句意都是对"不成（说/道/是）"后VP/S 所述命题加以否定，但两者使用的否定手段不同，一个是凭借词汇手段，通过否定副词"不成₁"来否定；另一个是凭借语用手段，通过反诘问句来否定，其中的"不成₂"已经不再是否定词，而是像后来的"难道"一样虚化成了反问句的句类标记，词本身已经不具有否定义。现在的问题是，"不成₂"的否定义是怎么消失的？

"不成₂"否定义的消失一定不是陡然发生的，应该经历了

---

① 徐时仪（1993）认为，"不成"是"由句首经由句中而向句末助词的位置转移"，从本文论述中可以看到这样一个运动轨迹：句末（A 式）→ 句中（B、C 式）→句首（D、E 式）→ 句末（语气助词）。不过徐先生告诉笔者，关于这个问题，他已经改变了原来的看法。

一个过程。

4.1　我们知道，否定与肯定是两个相反的语义范畴，但在表推测的语境中，二者的界线会变得相当模糊。下面的句子从 a 到 e 否定程度逐渐降低，如果把 a 看作 100% 的否定，把 e 看作 100% 的肯定，那么这些句子可以构成一个渐进序列：

例句	否定	肯定
a. 张三不知道这事儿。	100%	0
b. 张三也许不知道这事儿。	75%	25%
c. 张三也许不知道这事儿，也许知道这事儿。	50%	50%
d. 张三也许知道这事儿。	25%	75%
e. 张三知道这事儿。	0	100%

这种用百分比来表示否定/肯定程度的做法并非真的那么精确，这样做只是为了便于更直观地说明问题而已。在上列句子中，a 是完全否定，b 是不完全否定。b 的否定程度之所以比 a 低是因为其中加进了表推测的词语"也许"。加进别的表推测的副词或能愿动词，效果相同，并且汉语从古至今都是如此。

汉语中除了可以用语词表示推测外，还可以通过测度问句的形式来表示。所以上面的序列中 b、d 可以换成 b′、d′：

b′. 张三不知道这事儿吧？

d′. 张三知道这事儿吧？

4.2　许多学者对现代汉语疑问句的疑问程度进行过研究，如吕叔湘（1956）、黄国营（1986）、邵敬敏（1996）等，吕先生把疑问语气分为询问、测度、反诘三类。从疑问程度来看，这三类可以构成一个序列：询问全疑，测度半疑，反诘无疑。如果换一个角度，从否定程度方面来看这三类，那么，反诘、测度、询问也同样构成一个否定/肯定序列：

例句	疑问程度	否定程度
a′. 反诘：难道张三知道这事儿?	无疑	完全否定
b′. 测度：张三不知道这事儿吧?	半疑	不完全否定
c′. 询问：张三知道这事儿吗? /张三知道这事儿吗?	全疑	肯定否定之间
d′. 测度：张三知道这事儿吧?	半疑	不完全肯定
e′. 反诘：难道张三不知道这事儿?	无疑	完全肯定

这一序列中的 b′、d′ 正是上面可出现于否定序列中的 b′、d′。可见，在 a−b′−a′ 中，测度问句 b′ 是架在否定句 a 和反诘问句 a′ 之间的桥梁。

4.3　从古代汉语的"岂"到现代汉语的"难道"，反诘副词主要用于表示反诘语气，但有时候也可以表示测度语气。例如①：

（53）曰："为肥甘不足于口与? 轻暖不足于体与? ……王之诸臣皆足以供之，而王岂为是哉?"曰："否，吾不为是也。"（《孟子·梁惠王上》）

（54）诸葛孔明者，卧龙也，将军岂愿见之乎?（《三国志·诸葛亮传》）

（55）岗楼里忽然传出一声蛮横的询问，李欣心想：

---

①　例（54）引自刘坚等（1992）第 244 页；例（55）引自曲阜师大《现代汉语常用虚词词典》，浙江教育出版社 1992 年版；例（56）引自邵敬敏（1996）第 186 页附注②。

"难道让敌人发觉了?"(《现代汉语常用虚词词典》)

(56) 难道你也是跟我求婚来么?(《曹禺选集》)

如果把 a′ 例放在一个有疑的语境之中,它也同样表测度:

a″. 李四感到十分不解,心想:"难道张三知道这事儿?不可能吧?"

可见,反诘副词表反诘时,它所在的句子是完全否定,但是当它用于测度问句时,却是不完全否定。于是,用反诘副词所表示的测度问句(a″)成了架在否定句 a 和反诘问句 a′ 之间的又一座桥梁。

4.4 b′ 这座桥梁中有否定副词,a″ 中则有反诘副词。把这两座桥接通则是:a – b′—a″ – a′。可概括为:

Ⅰ. 否定副词 + 陈述句　　(a) 完全否定

Ⅱ. 否定副词 + 测度问句　(b′) 不完全否定

Ⅲ. 反诘副词 + 测度问句　(a″) 不完全否定

Ⅳ. 反诘副词 + 反问句　　(a′) 完全否定

("+"这里表示用于)

从 Ⅰ 到 Ⅳ 构成了一个由否定到反诘的渐进序列,在这一序列的测度问句 Ⅱ、Ⅲ 中,否定副词与反诘副词的语法功能得到了统一。正因为如此,我们才有可能见到下面这类肯定形式与否定形式表示相同意思的例句(引自刘坚等 1992):

(57) 孩童虽生宫内,以世绝伦,莫非鬼魅妖神?莫是化生(菩萨)?(《敦煌变文集·太子成道经》)

我们据此可以推断,"不成"的否定义正是在这一序列中消失的。当"不成"用于 Ⅰ、Ⅱ 时是否定副词"不成₁",用于 Ⅲ、Ⅳ 时是反诘副词"不成₂"。二者在表示不完全否定的测度问句(Ⅱ、Ⅲ)中实现了转换。

这不仅仅是一种推论,语料中确实有一些例子可以确认是表示测度/不完全否定。如：

（58）算毕竟、沈吟未稳，不成又是教人恨？待倩杨花去问。（江开《杏花天》词）

（59）拥衾思旧约，无情风透幕。惟有梅花相伴，不成是、也吹落？（刘过《霜天晓角》词）

（60）问："横渠说内外宾主之辨。若以颜子为内为主，不成其他门人之所学便都只在外？"（《朱子语类》786页）

（61）王婆路上思量道："我先时不合空手去，吃他打来，如今须有这条金带，他不成又打我？"（《喻世明言·史宏肇龙虎君臣会》)

例（58）是说，因为怀疑可能又是让人遗憾，所以才打算让杨花去问。（59）是担心梅花被吹落。（60）是学生向朱熹提问，心中已经有倾向性，要求朱熹确认。（61）是一个稍晚而时代不太明确的用例，表示的是王婆的猜测。仔细体味，这些例子既不是全疑而询问，也不是无疑而反问，而是处于两者之间，或多或少带有疑的成分，都是属于不完全否定。

汉语史上有许多副词，从字面来看，最初都该是表否定，如"得无、无乃、莫、难道、终不得"等，而它们却用于表测度或反诘，有的既表测度又表反诘。从否定词变为测度副词，或者经由测度副词再演变为反诘副词，这似乎不是偶然现象，而是一个规律。当然这有待于更进一步的详细考察，然后才能认定。

主要参考文献

戴耀晶：《语义学》（讲义），1997 年。

范晓主编：《汉语的句子类型》，书海出版社 1998 年版。

黄国营：《"吗"字句初探》，《语言研究》1986 年第 2 期。

江蓝生、曹广顺：《唐五代语言词典》，上海教育出版社 1997 年版。

蒋冀骋、吴福祥：《近代汉语纲要》，湖南教育出版社 1997 年版。

蒋绍愚：《杜甫词语札记》，《语言学论丛》第 6 辑，商务印书馆 1980 年版。

刘坚、曹广顺、吴福祥：《论诱发汉语词汇语法化的若干因素》，《中国语文》1995 年第 3 期。

刘坚、江蓝生、白维国、曹广顺：《近代汉语虚词研究》，语文出版社 1992 年版。

吕叔湘：《中国文法要略》，商务印书馆 1982 年版。

屈承熹：《汉语副词的篇章功能》，《语言教学与研究》1991 年第 2 期。

邵敬敏：《现代汉语疑问句研究》，华东师范大学出版社 1996 年版。

沈家煊：《实词虚化的机制——〈演化而来的语法〉评介》，《当代语言学》1998 年第 3 期。

孙朝奋：《〈虚化论〉评介》，《国外语言学》1994 年第 4 期。

孙锡信：《汉语历史语法要略》，复旦大学出版社 1992 年版。

太田辰夫：《中国语历史文法》，蒋绍愚、徐昌华译，北京大学出版社 1987 年版。

徐时仪：《也谈"不成"词性的转移》，《中国语文》1993 年第 5 期。

钟兆华：《"不成"词性的转移》，《中国语文》1991 年第 4 期。

引用书目

《春秋左传注》，中华书局 1981 年版。《墨子校注》，中华书局 1993 年版。《论语译注》，中华书局 1980 年版。《孟子译注》，中华书局 1960 年版。《庄子今注今译》，中华书局 1983 年版。《礼记集解》，中华书局 1989 年版。《史记》，中华书局 1982 年版。《论衡校释》，中华书局 1990 年版。《三国志》，中华书局 1964 年版。《后汉书》，中华书局 1965 年版。《世说新语校笺》，中华书局 1984 年版。《佛说阿含经》，《大正藏》。《太平广记》，上海古籍出版社 1990 年版。《全唐诗》，中华书局 1960 年版。《全唐五代词》，上海古籍出版社 1986 年版。《大佛顶首楞严经》，《大正藏》。《二程集》，中华书局 1981 年版。《乙卯入国奏请》，《近代汉语语法资料汇编》，商务印书馆 1992 年版。《三朝北盟会编》，同上。《全宋词》，中华书局 1965 年版。《朱子语类》，中华书局 1986 年版。《三国志通俗演义》，上海古籍出版社 1980 年版。《明容与堂刻水浒传》上海人民出版社 1975 年版。《西游记》，人民文学出版社 1980 年版。《古今小说》，上海古籍出版社 1987 年版。《警世通言》，上海古籍出版社 1987 年版。《醒世恒言》，上海古籍出版社 1987 年版。《金瓶梅词话》，文学古籍刊行社 1957 年版。《红楼梦》，人民文学出版社 1987 年版。

（原载《语言研究》2000 年第 1 期）

贰 助词

从稳紧义形容词到持续体助词[*]

——试说"定"、"稳定"、"实"、"牢"、"稳"、"紧"的语法化

　　从跨语言研究看，持续体或进行体标记大多源于处所表达结构（参见 Bybee et al. 1994，Kuteva 2001，Heine & Kuteva 2002），用诸如 he is at working 之类的形式表达 he is working 之类的意思（Comrie 1976）。汉语中类似现象也很常见，如近代汉语句尾的"在"、"里"、"在里"（吕叔湘 1941），普通话动词前的"在"、"正在"[②]，苏州话动词前后和句尾的"勒海"（源于"在里"，石汝杰 1996），温州话动词前后的"着搭/搭"（源义相当于"在那里/那里"，潘悟云 1996），等等。也有的语言来自位移动词或站立义动词，如意大利语 Sto cantando（我在唱歌），原意是"我 站 唱歌"（I-stand singing）（Comrie 1976）。这类词虽然不直接表示处所，但也与处所密切相关。

　　* 本文是在香港科技大学中国语言学中心访学期间完成的，感谢丁邦新、张洪年等先生的指导和帮助；本文初稿曾在香港科大人文社科学院（2004.6）、第五届国际古汉语语法研讨会（台北，2004.8）等场合宣读，有幸得到许多学者指教，更承蒙张洪年、刘丹青、刘纶鑫、彭小川、项梦冰、吴和得等先生惠示相关方言材料，谨一并致谢。

　　② Comrie（1976：101—2）提到普通话的 zài '（be）in'，zhèng 'just, precisely'，zhù 'live, reside'，zhùzài 'live at'，即"在"、"正"、"住"、"住在"。不过普通话里"住"、"住在"并不用作体标记。

本文将以汉语史上的"定"为例，联系汉语方言中的"稳定"、"牢"、"实"、"稳"、"紧"等，探索另外一种类型的语法化路径：由稳紧义形容词演化为持续体助词。

1 汉语史上表持续的助词"定"

1.1 张相《诗词曲语词汇释》（卷3）最早注意到表持续的"定"："定，语助辞，犹了也，得也，着也，住也。用于动词之后。"他举的"X定，犹云X着也"共11例，如：

（1）人情不似春情薄，守定花枝，不放花零落。（管鉴《醉落魄》）

例中的"定"一方面已经明显虚化，"守定花枝"不是说明施事"［我］"或受事"花枝""定"，而是说明"［我］守花枝"这一状态之"定"，其语义是指向动作本身。另一方面，"定"多少还有"紧"的意思，"守定花枝"还可以理解为紧守花枝，虽然含有持续意，但"定"并非专表持续，还算不上典型的体助词。那么文献中有没有更典型的用例？

1.2 为避免仅从语感出发，我们将尽量从以下几个方面来判别助词"定"：（一）"V定"后没有紧跟别的助词；（二）看"定"前动词的语义类型：如果是能够造成稳定类结果的动词，其后的"定"可能是持续体助词，也可能是结果补语，但如果是不易造成稳定类结果的动词，而且表述延续性事件，那么"定"应该是表持续的助词，如下面例（9）；（三）与"着"互文的"定"可以看作助词，——无论前面的动词是否可以造成稳定类结果，如例（12）；（四）介词后的"定"应该是典型的助词，并且正趋向词缀化，如例（21）。据此可以在文献中找到大量更为典型的例子。如：

（2）五湖自有深期，曾指定灯花细说。（吕渭老《柳梢青》，《全宋词》）

（3）值唐末，荒荒起塞烟，老母遂将定俺两个弟兄，离了仙原。（《刘知远诸宫调》卷1）

（4）闷抵着牙儿，空守定妆台。眼也倦开，泪漫漫地盈腮。（《董西厢》卷7）

（5）相逐着古道狂风走，赶定长江雪浪流。（元刊《西蜀梦》4折）

（6）脚踏着跳板，手执定竹竿，不住的把船攀。（元刊《追韩信》4折）

（7）皆因老夫年纪高大，鞍马劳困之故，待我搭伏定书案，歇息些儿咱。（《窦娥冤》4折，《元曲选》）

（8）俺这里雾锁着青山秀，烟罩定绿杨洲。（《李逵负荆》1折，《元曲选》）

（9）则这新染来的头钱不甚昏，可不算先道的准，手心里明明白白摆定一文文。（《燕青博鱼》2折，《元曲选》）

（10）我则见两个乔人，引定个红裙，蓦入堂门。（《东堂老》4折，《元曲选》）

（11）儿扯定老父悲，父对着孩儿告。（《黄粱梦》3折，《元曲选》）

（12）红裙舞女，尽随着象板鸾箫；翠袖歌姬，簇捧定龙笙凤管。（《水浒传》2回）

（13）缨枪对对，围遮定吃人心肝的小魔王；梢棒双双，簇捧着不养爹娘的真太岁。（同上5回）

（14）祖师闻言，咄的一声，跳下高台，手持戒尺，指定悟空道：……（《西游记》2回）

（15）小厮道："既是与五娘烧纸，老刘你领进去，仔

细看狗！"这婆子领定径到潘金莲卧房明间内。(《金瓶梅词话》12 回)

（16）须臾，安排酒菜上来，桌上无非是些鸡鸭鱼肉嘎饭点心之类，妇人陪定，把酒来斟。(同上 38 回)

（17）只见此楼也是八面，朱窗玲珑，周围玉石栅栏，前面丹墀之上，一边一个石像，驮定宝瓶。(《七侠五义》102 回)

（18）少时只见李才领定三位公子进来，包公一见，满心欢喜。(《七侠五义》47 回)

（19）又见桌上堆定八封银子，俱是西纸包妥，上面影影绰绰有花押。(《七侠五义》29 回)

（20）这位寨主外面挂定招贤榜，榜上的言语可倒不错……外面挂着招贤榜，里头又有豹貔庭，大大的不符。(《小五义》20 回)

上述例子，从《全宋词》到晚清的《小五义》，"定"主要见于北方官话。在《元典章》、《元朝秘史》、《老乞大》、《朴通事》等略受阿勒泰语影响的语料中没有见到典型的例子；多少含有南方方言特点的《朱子语类》、"三言"中也没有典型用例。

1.3　从"定"所在句式看，它可以出现在以下格式中：

a 式："（S）＋V 定＋O"。"V 定"用于叙述前景事件，如例（4）（5）。

b 式："V 定（O）＋VP"。"V 定"用于叙述背景事件，表示方式、状态，如例（2）（3）。

c 式："NL＋V 定＋N"。"V 定"用于存现句，就所在句子而言是叙述前景事件，就更大的话语单位而言是叙述背景事件，如例（19）（20）。

d 式："定"用在介词之后。如：

（21）且说丁氏兄弟同定展爷来至庄中，赏了削去四指的渔户十两银子，叫他调养伤痕。（《七侠五义》32 回）

（22）包公便叫李才同定包旺在外立等，三位公子到了，急刻领来。（《七侠五义》47 回）

（23）蒋爷侧耳留神，隐隐闻得西北上犬声乱吠，必有村庄。连忙下了山峰，按定方向奔去，果是小小村庄。（《七侠五义》51 回）

（24）张爷手疾眼快，斜刺里就是一腿。道人将身躲过，一刀照定张龙面门削来。（《七侠五义》8 回）

汉语的"介词 + 助词"往往可以进一步词汇化（参见董秀芳2003），如"为着"、"顺着"、"沿着"、"朝着"、"照着"、"为了"、"除了"等。于是其中的助词就进而从相对自由的句法成分（助词）变成附着性更强的构词成分（词缀）。这种词汇化有一个基本前提，即相应助词先已存在。上面介词后的"定"也在一定程度上具有词缀化倾向，其中（21）"同"还有一定的动词性，"定"的词缀化程度相对较低，而（22）"同定"近于连词，"定"的词缀化程度明显提高。

1.4 与"着"相比，"定"的使用有两个明显特点：

第一，出现频率不高。宋金以后，持续助词"着"已经产生并迅速在通语中取得正统地位，在白话程度较高的文献中十分常见；而典型的持续助词"定"则比较少见。而且没有哪一部文献表持续只用"定"不用"着"，但是反过来只用"着"不用"定"则很正常。

第二，组合能力受限。"定"主要用在能够造成稳紧结果的动词（如"守、执、扯、罩、抱、围遮、握"等）之后，用在不能造成稳紧结果的动词（如"赶、摆、指、引、领、陪、驮、

堆、挂"等）之后的例子相对较少。此外，"着"可以置于有些
形容词之后表持续，如"红着脸"，但却没有见到"红定脸"之
类的用例。

这表明，"定"的抽象化程度不高，语义滞留明显，作为持
续体助词不如"着"典型。① 不过这并不影响我们的考察，反而
在某种程度上更便于我们对演变过程的观察。

2 "定"的语法化过程

2.1 《说文》："定，安也。"大约从西汉开始，出现了类
似于动结式的"V定"例，如：

（25）荆轲遂见太子……荆轲坐定，太子避席顿首
曰……（《史记·刺客列传》）

（26）皇帝就酒东厢，坐定，奏《永安》之乐，美礼已
成也。（《汉书·礼乐志》）

与"定"组合的动词主要见于"坐"，此时的"定"是形容词，
意思是安稳，近似于结果补语。但后世典型的结果补语语义指向

---

① 在普通话中持续助词"定"已经消失，现代方言中是否仍有遗留甚或另有
发展，还须要进一步考察。据林伦伦（1996：246），澄海话中"'定'常用来附着
在动词的后面，表示动作行为的持续和深入。"如"睇定正知是家己人"。（仔细看
才认出是自己人）但"定"还有比较实在的词汇意义，不很典型。澄海话属于闽南
方言潮汕片，在蔡俊明《潮州方言词汇》（香港中文大学中国文化研究所吴多泰中国
语文研究中心，1991 年）514 页有个与"定"声韵相同的"□tia"表示持续：

（1）你企~，孬坐落去。（你站着，不可坐下去）

（2）少件事且架浮~，等闲下正打理。（这件事且搁置着，等得空时才打理）

这个"□tia"应该是典型的持续体助词。但"定"是阳去，而潮州的"□tia"
读阴去，所以其间关系还需进一步论证。此外，侯精一（2002：170）指出，福建长
汀客家话进行体也可以用"动词＋'定（嚟）'"表示。侯精一先生惠告笔者，晋语
中也有表持续的"定"的存在。

施事或受事,如"我吃饱了"是"我"饱,"打碎了瓶子"是"瓶子"碎。"荆轲坐定"虽然也能理解为"荆轲"定,即认为"定"的语义指向是施事,但它同时也是指向动作的,是对动作加以表述,对"坐"的状态加以描写。其相应的否定形式是"坐未定",这也说明"定"有较强表述性:

(27)坐未定,上曰:"愿谒主人翁。"(《汉书·东方朔传》)

(28)除书旦出,暮往诣回,坐未定,谓回曰……(《魏书·封懿列传》)

六朝以后,"V定"例渐为常见,"定"的组合范围逐渐扩大,词汇意义也渐次泛化。如:

(29)众僧澡讫,以次坐定。(康僧会译《旧杂譬喻经》卷下,《大正藏》卷4,No. 206)

(30)太祝帅斋郎捧祝版立于馔东,立定,礼生乃引太尉、司徒以下入就位。(杜佑《通典》卷87,《四库全书·史部》)

(31)安置父母卧高堂,睡定然乃抽身出。(敦煌卷子《白侍郎作十二时行孝文》,《敦煌诗集残卷辑考》)

(32)画金刚界九会曼荼罗功钱商量定,除画绢外,六千文。(圆仁《入唐求法巡礼行记》卷3)

(33)此人歇定,乃言此贼负心之状。(《原化记》,《太平广记》卷195引)

各例的"定"充当结果补语,多少都有安稳的意思,是所在VP的表达中心,如例(30)前文已出现"立",而"立定"突出的是"定"这一结果而不是旧信息"立"。可见"定"是表示动作结果的补语。

2.2 唐五代时期,出现了少量更为虚化的用例。如:

(34) 长门闭定不求生，烧却头花卸却筝。（王建《长门》，《全唐诗》）

(35) 黑色气，守定斗口边。……灾害四方传。（易静《兵要望江南》，《全唐诗补编》）

(36) 肩挑日月横街去，把定乾坤莫放渠。（《布袋和尚偈》，《全唐诗补编》）

这类"定"虽然还可以按实义理解为稳定、严实，但从上下文看，稳不稳、紧不紧很难说是表达的重心，因此也可以理解为表示动作有结果的"住"，如"长门闭定"相当于"长门关住"。不过，唐五代时期这类用例很少，而且上举后两例的年代未必十分可靠。到了宋金时期，类似用例大量涌现，广泛见于谈判实录、宋儒语录、禅宗语录、宋词等不同文献类型中。如：

(37) 十四日天欲明，译者令某等出天长南门，过城壕，于道边立马有三百余骑，围定某等。（《绍兴甲寅通和录》，《三朝北盟会编》）

(38) 观诗之法，且虚心熟读寻绎之，不要被旧说粘定，看得不活。（《朱子语类·训门人》）

(39) 百草头上指出涅盘妙心，干戈丛里点定衲僧命脉。（《碧岩录》59则，《大正藏》卷48，No. 2003）

(40) 万斛愁生，更作征人去。留定征鞍君且住，人间岂有无愁处。（谢薖《蝶恋花》，《全宋词》）

(41) 新荷小小……待得圆时，罩定鸳鸯一对儿。（石孝友《减字木兰花》，《全宋词》）

(42) 只如每日听先生说话，也各以其所偏为主。如十句有一句合他意，便硬执定这一句。（《朱子语类·训门人》）

（43）恐贵朝军马入燕地，把定关隘，本朝借路时要得分辨。（《茅斋自叙》，《三朝北盟会编》）

（44）折还惜，留花伴月，占定可怜春。（毛滂《满庭芳》，《全宋词》）

（45）瑞云香雾虽难觅，蓦地有时逢。不妨守定，从他人笑，老入花丛。（朱敦儒《眼儿媚》，《全宋词》）

例中"定"都不再是陈述的焦点，很难看作结果补语，也不再是典型的形容词。究其语法功能，主要在于表示动作的达成、实现、有结果，类似于普通话中表示动作有结果的"住（逮住）"、"着（逮着）"等。这类词赵元任从句子成分角度称作"动相补语"（phase complement）①，刘丹青（1994）从词类角度称作"唯补词"。上述"定"正属于充当动相补语的唯补词。

2.3　唯补词既可以处于延续性语境中，也可以处于终结性语境中。在前一语境中，往往给人以表示持续的感觉，这正是它发展为持续体标记的语用基础；在后一语境中则可能演变为完成体助词，而不大可能发展为持续体标记。为便于说明，姑且以普通话的"住"为例：

（46）a. 突然抓住（了）李四的手　b. 一直抓住（＊了）李四的手

（47）a. 按住李四　b. 按住李四狠狠地打

上述"V住"本来是同一的，但是（46a）"突然"是时点副词，这种语境与持续体相矛盾，而与完成体兼容，所以后面可

---

①　赵元任在 A Grammar of Spoken Chinese（Berkeley：University of California Press，1968）中把"着"（"逮着"）等称作 phase complement，吕叔湘《汉语口语语法》（商务印书馆1979年版）译作"表'相'补语"、"动相补语"，近年吴福祥在多篇文章中用"动相补语"；丁邦新《中国话的文法》（香港中文大学出版社1980年版）译作"状态补语"，张洪年（1972）也用"状态补语"。

以加"了";而（46b）"一直"是时段副词，在这种语境中"抓住李四的手"就有了持续的意思，所以后面不能加"了"。再看（47），Hopper（1979）注意到，包括持续体在内的非完整体（imperfective）在话语中以表述背景事件为常，而完整体（perfective）则往往用于叙述事件的进程。因此"按住李四"在没有上下文时（47a）不大容易往持续义理解，但是当它用作叙述背景，表示动作的方式状态时（47b），就有了持续的意思。下面一例有两个"定"：

　　　　（48）洪义手持定荒桑棒，展臂一手捽定刘知远衣服。
（《刘知远诸宫调》卷1）

从"定"前动词看，"持"和"捽"同义（捽，《说文》"持头发也"，引申为"抓"、"揪"），都可以表示延续性情状，但是，后一小句是前景句，而且与表示终结情状的"一手"共现①，所以是非延续性语境；而前一小句是背景句，易于理解为延续性语境。"定"正是在延续性语境中由动相补语重新分析为持续体助词的。

　　重新分析是"定"语法化的机制，而其动因则是语用推理（pragmatic inference），即从观察到的结果（在延续性语境中，"VP定"具有表示持续的语法意义）出发，援引事理法则（汉语的语法意义通常是由虚词表示的），作出可能的推断（"定"是这个表持续的虚词）。这种推断在逻辑上既非演绎也非归纳，而是一种"估推"（abduction）。估推的结论未必为真，但在语言演变中，一定语境中的会话隐涵义往往是通过估推而固化为某一虚词的规约意义的。也正是通过估推，使得本为一定语境中隐

---

　　① 包括"一手"在内的"一 + 量词/准量词"结构一般表示终结情状，而且许多含有突然的意思。如"一下（子）（来了很多人）"、"一脚（踢开）"、"一口（喝完）"、"（大喊）一声"等。

涵的持续体意义规约化为"定"的语法意义。

2.4　综上可见，持续体助词"定"来源于稳紧义形容词
"定"。其语法化路径是：

**A 稳紧义形容词（结果补语）＞B 唯补词（动相补语）＞C
持续体助词**

在语法化过程中，一个形式的新功能产生以后，旧功能并不
一定立即消失，新老功能往往同时并存相当长一段时间。因此在
某一特定时间里，代表不同时间层次、不同语法化等级的功能可
能同时出现。如《刘知远诸宫调》卷一：

　　A. 认是一个小蛇儿迭七寸，直入西房。门户不曾关定。
　　B. 知远惊来魂魄俱离壳，前来扯定告娇娥。
　　C. （李三）传指定新来少年郎："此人也家豪大富。"

下表是六朝以后常用语料中不同功能的"定"的分布情况：

	A	B	C		A	B	C
《三国志》	+	−	−	《刘知远诸宫调》	+	+	+
《世说新语》	+	−	−	《西厢记诸宫调》	+	+	+
《入唐求法巡礼行记》	+	−	−	《新校元刊杂剧三十种》	+	+	+
《全唐诗》	+	+	−	《古本老乞大》	+	+	−
《全唐诗补编》	+	+	−	《元曲选》	+	+	+
《祖堂集》	−	+	−	《元朝秘史》	+	+	−
《敦煌变文校注》	+	+	−	《三国演义》	+	+	+
《太平广记》	+	+	−	《水浒传》	+	+	+
《三朝北盟会编》	+	+	−	《西游记》	+	+	+
《碧岩录》	+	+	−	《金瓶梅词话》	+	+	+
《朱子语类》	+	+	−	《红楼梦》	+	−	+
《张协状元》	+	−	−	《海上花列传》	+	+	+
《全宋词》	+	+	+	《七侠五义》	+	+	+

从上表可以看出，就每一种语料而言，有后一功能也会有前一功能。即：若有持续助词（C）的用法，也会有动相补语（B）的用法；若有动相补语的用法，也会有结果补语（A）的用法。这种蕴涵共性（implicational universals）正是持续助词"定"语法化过程的体现。

3　汉语方言中稳紧义形容词兼用作持续体助词现象

上面根据历时文献考察了"定"从稳紧义形容词经由中间阶段演化为持续体助词的过程，如果仅此一例，那么这一演变也许只是一个特例，并不具有代表性，更难以据此确立一个语义演变的类型。但是如果在汉语方言中也存在若干类似的稳紧义形容词兼用作持续助词现象，而且可以找到中间状态，那就不能说是偶然巧合，而是有共同的动因和机制在起作用。从语法化和共时类型学的动态化（dynamicization of synchronic typology）的角度看，共时语言的不同状态（states）可以分析为语言演变过程中的不同阶段（stages）（Croft 1990）。通过共时语料的考察分析，同样可以发现语义演变的模式，找到语法化的路径。

3.1　连城客家话的"稳定"、苏州吴语的"牢"、香港粤语的"实"都有（A）稳紧义形容词用作结果补语、（B）唯补词用作动相补语、（C）持续体助词三种用法。

连城客家话的"稳定"（项梦冰 1996、1997，A 例蒙项梦冰先生惠示）：

A. 还要再系稳定一惜＊（还要再系紧些）｜ 用棍撑稳定来（用棍子撑稳）

B. 拆＊稳定呃（［把它］绑住了）｜ 扶稳定来（［把

它］扶住喽）

C.（有）一张画得壁上挂稳定（有一幅画在墙上挂着）｜渠一个人争稳定三个位置（他一个人占着三个位子）｜佢侪手拖稳定手，一边行一边唱（他们手拉着手，一边走一边唱）

苏州吴语的"牢"（刘丹青1996，A例蒙刘丹青先生惠示）：

A. 凳子有点晃，要拿（把）凳脚钉牢点｜纸头别别牢（把纸别牢）

B. 捉牢一个贼骨头（抓住一个小偷）｜我跑到第三圈追牢俚哉（我跑到第三圈追上他了）

C. 太阳正好照牢我辬眼睛（太阳正好照着我的眼睛）｜张家搭李家门对牢门（张家和李家门对着门）

在南部吴语温州话中，"牢"也可以用作动相补语和持续体标记（引自郑张尚芳1996）：

B. 忍牢（忍住）｜捉牢（捉住）｜逮渠叫牢（喊住他）｜会牢罢（见上面了）

C. 细儿驮牢寻细儿（抱着孩子找孩子）｜门锁牢（门锁着）｜接牢讲（接着讲）

香港粤语的"实"。张洪年（1972）指出，香港粤语的"实"可以表持续，"已经由实转虚"，有时与"住"意思完全一样；同时"许多用'实'的地方似乎还有点'紧牢'的意思，不像'住'那样纯粹是个虚词尾"。我们以此为线索，注意到"实"也有A、B、C三种用法（A例蒙张洪年先生惠示；C例前者见张洪年1972，后者蒙吴和得先生惠示）：

A. 冇拧实，啲嘢跌咗落地。（没拿稳，东西掉在地上）

B.［黑熊］捉住佢！……［黑熊］（打咗乙一巴）捉实佢！（粤语剧本《破坏之王》）｜中田英寿凌空一脚，被

保方接实。……林武治禁区怒射，保方接住（香港网上文章）

　　C. 担实口烟（叼着一根烟）｜ 你睇实我（你看着我），我发誓我有讲大话

上述"稳定"是双音词，"牢"、"实"是单音词，三者意思相近，变异模式相同；各自的 A、B、C 三种状态语音形式相同，语义相承，句法功能相关，是各自三个演变阶段的共时体现。根据语法化程度的不同，它们的语法化路径可重建为：A > B > C。

　　3.2　江西上犹客家话的"稳"，广州、香港粤语的"紧"既是稳紧义形容词（A），又可以用作进行体助词（记作 D）。那么相应的 A 和 D 是偶然同音还是有源流关系？

　　3.2.1　据刘纶鑫（2000：686），江西上犹客家话的"稳"有三种用法："（1）作形容词用，意为不松动，如'坐稳，唔要跌跤'，记作稳$_0$。（2）作持续体标记，由形容词虚化而来，记作稳$_1$。（3）作进行体标记，记作稳$_2$。"所举"稳$_1$"和"稳$_2$"例如：

　　　　稳$_1$：钳稳该跟铁线子｜ 霸稳茅茨呃屙屎
　　　　稳$_2$：渠两个人话稳事，小张来哩｜ 话稳话稳，渠就来哩（我们正说着他，他就来了）

虽然未见"稳"用作动相补语的报告，但上犹的"稳$_1$"前面限于与"稳"语义相宜的"保持不松动"义动词，其他动词后要用另一个持续体助词"倒"。这表明"稳$_1$"确实是"由形容词虚化而来"，同时也说明上犹的"稳$_1$"还不是典型的持续体助词。

　　但是在另外一些客家方言点中，表持续的"稳"语法化程度比上犹的高，前面不限于"保持不松动"义动词，是更为典

型的持续体助词（C），而且同时也可以兼表进行（D）。例如
（新丰话据周日键 1990，其余引自李如龙、张双庆 1992）：

新丰：C. 坐稳食好过企稳食（坐着吃比站着吃好）

　　　D. 亚松咧？其在捞（跟）人家讲稳话咧

河源：C. 坐稳来食（坐着吃）

　　　D. 门口落稳水（外面下着雨）

陆川：C. 坐稳食（坐着吃）

　　　D. 外头落稳水（外面下着雨）

汉语的持续和进行密切相关，二者都是把事件加以分解，从内部进行观察，但是持续体不直接与当时（说话时间或某一情境的当时）相联系，更常用于背景事件；而进行体把事件与当时联系起来，更常用于前景事件。联系当时是主观性（subjectivity）的表现（参见沈家煊 2001），其语法化程度高于不联系当时者。因此，表进行的"稳"语法化程度高于表持续的"稳"，是后者主观化的结果。可见，客家话进行体助词"稳"与形容词"稳"并非偶然同音，而是经由表持续的阶段从形容词一步步语法化而来。

3.2.2　广州、香港粤语"紧"的 A、D 用法如（引自李荣 2002、张洪年 1972、彭小川 2001）：

　　A. 绑紧裤头带丨揸紧啲嘢，咪跌咗佢呀（拿紧那东西，别丢了）

　　D. 佢食紧饭，你就来到丨我入去嗰时，佢戴紧帽（我进去的时候，她在戴帽子）

单就广州、香港话来看，由于缺少中间环节，很难断定 A 和 D 是否有源流关系，但是如果在周边粤语中能找到中间环节，那么 A 和 D 之间的联系就可以建立起来。

据黄伯荣（1990），广州阳江话的"紧"可以表示持续，相

当于北京话的"着"：

C. 有一个夫娘邓仔去村，孖紧其个仔，担紧一担衣粽，回到半路遇紧落大水（有一个妇人带儿子走娘家，背着儿子，挑着一担粽子，走到半路遇着下大雨）｜墙上高挂紧一个篮（墙上挂着一个篮子）

黄先生同时指出，"紧"还可以是形容词，用作"结果补语"。如：

A. ［那个龟］至卑那个㛫柴佬捉紧放入布袋乃（［那个龟］就给那个打柴的捉住放进布袋里）｜其无拈得紧（他拿不住）

不过，这两例"紧"已经有所虚化：后一个处于"V 得 C"格式中，前一例近于动相补语。而在黄先生论述其他问题的举例中，可以看到更为典型的动相补语例：

B. 其㩒刀去斩（柴），斩下斩，斩紧手指（他拿刀砍柴，砍着砍着，砍着手指头）｜牛仔行下行，撞紧个羊孖（小牛走着走着，碰着个小羊羔儿）

可见，阳江话的"紧"有 ABC 三种用法，与前述"牢"、"实"、"稳定"类似。

广东信宜、怀集话的"紧"也可以兼用作动相补语、持续体助词（据詹伯慧 2002，詹伯慧、张日升 1998 整理）：

	B		C	
北京	捂住	记着（不要忘）	扶着	站着
信宜	㩒紧 ŋem^{13} ken^{24}	记紧 kei^{33} ken^{24}	扶紧 fu^{13} ken^{24}	企紧 k'ei^{13} ken^{24}
怀集	㩒紧 ŋem^{53} ken^{53}	记紧 ki^{33} ken^{53}	口紧 jy^{33} ken^{53}	企紧 k'i^{33} ken^{53}

同时，信宜的"紧"还可以表进行（罗康宁 1987）：

D. 亚刘讲紧话（老刘正在讲话）｜ 寻物黑我去佢屋
己，见佢写紧嘢（昨晚到他家去，见他正在写东西）

此外，有些客家方言点也用"紧"来兼表持续和进行。如
广州新丰客家话（周日键 1990）：

C. 坐紧（着）来食比企（站）紧来食较好｜ 带头介
四只人拿紧（着）浪篙看到黄蜂斗（窝）就打

D. 四哥嘞？其（他）同一只伙记（伙计）在口（那
儿）讲紧（着）话

综上可见，在广州周边地区，"紧"可兼用作 ABC、BC、
BCD、CD。据此我们很容易推导出，在"紧"的语法化过程中，
存在着这样一条路径：A > B > C > D。即：

**稳紧义形容词（结果补语）> 唯补词（动相补语）> 持续
体助词 > 进行体助词**

因此我们认为，广州、香港表进行的"紧"也应该源于形
容词"紧"。①

4 小结

上面的讨论表明，从稳紧义形容词经由中间阶段演化为持
续体助词，或进而演化为进行体助词，这是一种语义演变类
型，也是产生持续/进行体标记的一条语法化路径。它与世界
语言普遍存在的持续/进行体标记源于处所表达结构的路径属
于不同类型。源于处所结构很容易从认知角度加以解释：是把

---

① 至于"紧"是广州、香港本土自产还是外方引进，它与"住"分别表示进
行和持续的局面是如何形成的，各自代表了怎样的时间层次，这些还需要进一步探
讨。

过程看作空间加以类推的结果（Comrie1976），反映了人类认知中的时空联系（空间域向时间域的投射）。而源于稳紧义形容词虽然与此不同，但也有迹可寻，顺理成章，以下各个方面都与之密切相关：

（1）句法位置。稳紧义形容词是在动结式的结果补语位置逐步语法化的。据曹广顺（1995、1999），在汉语史上存在着一个"连动式＞动补式＞动词＋助词"的语法化链，"得"、"取"、"将"、"却"等动态助词都是经由这一过程演变而来，而且大都经历了表示动作的实现或达成这一阶段，又都在一定语境中具有表示动作持续的语法功能。在现代汉语方言中，也可以见到从结果补语演变为持续体助词现象，如苏州话中，相当于"完成"的动词"好"在补语位置经由唯补词阶段发展为持续体助词（参见刘丹青1996）。稳紧义形容词与动词"得"、"好"等一样，都是在结果补语位置上语法化的。其相同的句法基础是汉语中有动结式的存在，而且它们能够处于结果补语位置。

（2）词汇意义。同样是形容词，同样能够处于结果补语位置，"红"、"白"、"大"、"小"等未见类似演变，这说明除句法因素外还与语义有关。"定"、"实"、"牢"、"稳"、"稳定"、"紧"都含有稳定不动的意思，作为动作的结果自然是一种静止延续的状态，而且这类词本身就含有对动作状态加以描述的意味，作修饰语时，倾向于作状语（不大倾向于作定语），甚至进一步演变为副词；作补语时语义主要指向动作而不是施事受事。前述"定"如此，"稳"、"紧"、"实"等也如此，如"站稳脚跟"不等于"脚跟"稳，"揸实黎生嘅脚"不等于"脚"实。而"红"、"白"、"大"、"小"等是对事物的性质加以描写，作修饰语时，倾向于作定语（不大倾向于作状语）；作补语时语义主要指向施事受事，如"羞红了脸"是"脸"红，"衣服洗白了"是"衣服"白。可见，稳紧义形容词的词汇意义和指动性，是它们能够虚化为持续体助词的语义基础。

（3）语境。汉语动态助词产生过程中的一个重要中间环节是唯补词/动相补语，从这里既可能演化出持续体助词，也可能演化出完成体助词。此时语境就成了决定演变方向的重要因素之一：持续体助词只可能产生于延续性情状的语境中，而不大可能产生于终结性情状的语境中；完成体助词的产生语境正好与此相反。

（4）语用推理。从一定语境中的会话隐含义变成"定"、"牢"等的规约意义，是语用推理的结果，更具体地说是由"估推"造成的。

（5）重新分析。从"V + 结果补语"到"V + 动相补语"，再到"V + 助词"，表层形式不变，而底层句法关系发生了变化，其中涉及重新分析。

（6）主观化。"稳"、"紧"从表持续到表进行的发展，是说话人把事件与说话时间或情境的当时联系起来的结果，是一种主观化。

这几方面中，句法位置、词汇意义、语境是语法化的前提和基础，语用推理、重新分析、主观化是语法化的动因和机制。

主要参考文献

曹广顺：《近代汉语助词》，语文出版社 1995 年版。

曹广顺：《试论汉语动态助词的形成过程》，Linguistic Essays in Honor of Mei Tsu-lin，巴黎，1999 年。

侯精一：《现代汉语方言概论》，上海教育出版社 2002 年版。

胡明扬：《汉语方言体貌论文集》，江苏教育出版社 1996 年版。

黄伯荣：《阳江话动词的动态》，载詹伯慧主编《第二届国际粤方言研讨会论文集》，暨南大学出版社 1990 年版。

江蓝生：《吴语助词"来""得来"溯源》，《中国语言学报》1995 年第 5 期。

李荣：《现代汉语方言大词典》，江苏教育出版社 2002 年版。

李如龙、张双庆：《客赣方言调查报告》，厦门大学出版社 1992 年版。

林伦伦：《澄海方言研究》，汕头大学出版社 1996 年版。

刘丹青：《"唯补词"初探》，《汉语学习》1994 年第 3 期。

刘丹青：《苏州方言的体貌范畴系统与半虚化体标记》，载胡明扬主编《汉语方言体貌论文集》，江苏教育出版社 1996 年版。

刘纶鑫：《客赣方言比较研究》，中国社会科学出版社 2000 年版。

吕叔湘：《释〈景德传灯录〉中"在""着"二助词》，《汉语语法论文集》（增订本），商务印书馆 1984 年版。

罗康宁：《信宜方言志》，中山大学出版社 1987 年版。

罗自群：《现代汉语方言持续标记的比较研究》，中国社会科学院研究生院博士学位论文，2003 年。

潘悟云：《温州方言的体和貌》，载张双庆《动词的体》，香港中文大学中国文化研究所吴多泰中国语文研究中心，1996 年。

彭小川：《广州话表示"进行体"的动态助词"紧"》，《语言研究》特刊，2001 年。

沈家煊：《语言的"主观性"和"主观化"》，《外语教学与研究》2001 年第 4 期。

沈家煊：《"有界"与"无界"》，《中国语文》1995 年第 5 期。

石汝杰：《苏州方言的体》，载张双庆《动词的体》，香港中文大学中国文化研究所吴多泰中国语文研究中心，1996 年。

吴福祥：《南方方言几个状态补语标记的来源》（一），《方言》2001 年第 4 期。

吴福祥：《南方方言几个状态补语标记的来源》（二），《方言》2002

年第 1 期。

项梦冰:《连城（新泉）方言的体》,载张双庆《动词的体》,香港中文大学中国文化研究所吴多泰中国语文研究中心,1996 年。

项梦冰:《连城客家话语法研究》,语文出版社 1997 年版。

詹伯慧:《广东粤方言概要》,暨南大学出版社 2002 年版。

詹伯慧、张日升:《粤西十县市粤方言调查报告》,暨南大学出版社 1998 年版。

张敏:《汉语语法化研究的类型学与认知语言学视点》,Proceedings of the 23rd International Conference of Chinese Studies, Seoul: Hanyang University, pp. 493—516。

张洪年:《香港粤语语法的研究》,香港中文大学出版社 1972 年版。

张双庆:《动词的体》,香港中文大学中国文化研究所吴多泰中国语文研究中心,1996 年。

郑张尚芳:《温州话中相当于"着""了"的动态接尾助词及其他》,载胡明扬主编《汉语方言体貌论文集》,江苏教育出版社 1996 年版。

周日键:《新丰方言志》,广东高等教育出版社 1990 年版。

Bybee, Joan L., Revere D. Perkins, and William Pagliuca, 1994, *The Evolution of Grammar: Tense, Aspect and Modality in the Languages of the World*, Chicago: University of Chicago Press.

Comrie, Bernard, 1976, *Aspect*, Cambridge: Cambridge University Press.

Croft, William, 1990, *Typology and Universals*, Cambridge: Cambridge University Press.

Heine, Bernd and Tania Kuteva, 2002, *World Lexicon of Grammaticalization*, Cambridge: Cambridge University Press.

Hopper, Paul J. and Elizabeth C. Traugott, 1993, *Grammaticalization.* Cambridge: Cambridge University Press.

Hopper, Paul J., 1979, "Aspect and foregrounding in discourse", In Talmy Givón, eds., *Discourse and Syntax*, New York: Academic Press.

Hopper, Paul J., 1991, "On some principles of grammaticalization", In

E. C. Traugott and B. Heine, eds. , *Approaches to Grammaticalization*, *Volume* 1, Amsterdam/Philadelphia: John Benjamins.

Kuteva, Tania, 2001, *Auxiliation: An Enquiry into the Nature of Grammaticalization*, Oxford: Oxford University Press.

Traugott, Elizabeth C. and Richard B. Dasher, 2002, *Regularity in Semantics Change*, Cambridge: Cambridge University Press.

（原载《中国语文》2005 年第 5 期）

不同的完成体构式
与早期的"了"*

1 引言

    王力（1958）、太田辰夫（1958）最早注意到助词"了"源于动词"了"，动词"了"可用在动词或动宾之后构成"V（+O）（+副）+了"，出现于汉魏；助词"了"紧贴动词且在宾语之前构成"V+了+O"，出现于晚唐五代。梅祖麟（1980、1999）对此进行了更为深入的论证和解释，指出"V（+O）+了"的前身是"V（+O）+完成动词"，完成动词有"毕、竟、讫、已"，始见于战国末期，六朝至唐五代常见。从"V（+O）+毕/竟/讫/已"到"V（+O）+了"是词汇兴替，从"V+O+了"到"V+了+O"是结构变化，这一结构变化是受动补结构影响的结果。曹广顺（1986、1995、1999）更进一步发现：在"V+了+O"出现之前，已经存在表完成的"V+却/将/得/取（+O）"，其中"却、将、得、取"原来是及物动词，在连动式

    * 本文曾在第二十届东亚语言学国际研讨会（巴黎，2006年6月）、第六届国际古汉语语法研讨会暨第五届海峡两岸汉语语法史研讨会（西安，2007年8月）宣读，承蒙江蓝生、蒋绍愚、曹广顺、宋邵年、洪波、赵长才等先生提出很好的意见或建议，谨致谢忱。谨以此文庆祝江蓝生先生65岁寿辰。

V_2 的位置虚化为补语，唐代进一步虚化为动态助词；这种"V+却+O"格式为助词"了"创造了一个位置，从而使"V+O+了"的"了"可以从宾语之后移到动宾之间。至此，"了"的来源和演变脉络已经相当清晰。

然而仍有一些问题还需要进一步解释，正如蒋绍愚（2005：143）所说："'却'的语法功能和意义与'了'并不完全一样，这两者之间的异同还可以继续研究。"而且进一步观察还可以发现，梅文和曹文所揭示的是完全不同的两种完成体构式：

（1）A 式：V（+O）+X（X=毕／竟／讫／已／了）①

B 式：V+X（+O）（X=却／得／取／将／了）

"了"既可以出现于 A 式，又可以出现在 B 式。那么，A、B 两式有些什么样的联系和区别？唐宋时期"了"在两式中的表现及其发展如何？是不是经历过（2）这类从 A 式到 B 式的演变过程？

（2）V+O+了（A 式）> V+了+O（B 式）

本文将在前贤研究的基础上对这些问题进行一下梳理。

2 不同的完成体构式

A、B 两式虽然都与完成体有关，但在句法结构、信息结构以及构式意义等方面均有不同表现。这些不同有的前贤已经注意到了，这里将系统地加以比较。为避免混乱，也为了给下面讨论"了"建立一个参照系统，本节先撇开"了"。

---

① 杨永龙（2001）把《朱子语类》中"了"所在的句法格式分为 A、B、C、D 等小类，与这里 A 式、B 式不同。

2.1 句法结构之别

句法结构方面最外显的区别在小句内部：当小句内出现副词时，通常 A 式副词在 X 之前，B 式副词在动词之前；当小句内出现宾语时，通常 A 式的 X（毕/竟/讫/已）在宾语之后，B 式的 X（却/将/得/取）在动宾之间。即，典型完具的小句形式，A 式是"V + O + 副 + X"，B 式是"副 + V + X + O"。试比较：

(3) A. 叙情既毕，便深自陈结。（《世说新语》，引自梅祖麟 1980）

B. 两瓶箸下新开得，一曲霓裳初教成。（白居易诗，引自曹广顺 1995）

(4) A. 谢公与人围棋，俄而谢玄淮上信至，看书竟，默然无言。（《世说新语》，引自梅祖麟 1980）

B. 君看渡口淘沙处，渡却人间多少人。（刘禹锡《浪淘沙》，引自曹广顺 1995）

当小句内没有出现宾语或副词时，A、B 两式都是"V + X"，表面相同，难以区别，如：

(5) A. 羊不大应对之，而盛进食，食毕便退。（《世说新语·政事》）

B. 妻曰："百丈井底埋却，大石礌之，以土填却，岂有活理？"（《敦煌变文校注·舜子变》）

但是，从大于小句的层面看，A 式一般处于连续事件句的前一小句，后面另有动词或小句与之紧密相接，或用语音停顿隔开，如（5A）以及（3A）、（4A）；B 式则没有这种限制，如（5B）以及（3B）、（4B）。换句话说，A 式是黏着的，B 式是自由的。无论有无宾语，有无副词修饰，都有这种倾向。

不过蒋绍愚先生（2001）曾经指出："毕、竟、讫"可以用在一个句子的终了，后面不再接另一小句，"已"后面必须再接另一小句，或再跟一个动词短语。这表明相对于"V（＋O）＋竟/讫/毕"来说，"V（＋O）＋已"的黏着程度更高。但是，相对于"V＋却/得/取（＋O）"来说，"V（＋O）＋毕/竟/讫"的黏着程度其实也很高，如《世说新语》中处于"V（＋O）＋X"格式的"毕"、"竟"、"讫"分别为21次、15次、5次（蒋绍愚2001），共41例，经检查，仅1例可以结句，即（6A），且不甚典型；其余都是黏着的，后面另有叙述主要事件的VP，如（6B）：

(6) A. 支道林先通，作七百许语，叙致精丽，才藻奇拔，众咸称善。于是四坐各<u>言</u>怀<u>毕</u>。谢问曰："卿等尽不？"（文学）

B. 语云："白事甚好，待我<u>食毕</u>作教。"<u>食竟</u>，取笔题白事后云……（政事）｜崇<u>视讫</u>，以铁如意击之，应手而碎。（汰侈）

A式与B式在句法上的黏着与自由的不同，与其语篇功能上前景与背景的差别有关。因为表示背景事件的语言形式在话语中倾向于黏着，而表示前景事件的语言形式倾向于自由。

2.2　前景背景之别

"前景"与"背景"本来是篇章语法的概念，Hopper（1979）指出，在叙事语篇中，叙述故事主线、构成语篇骨架的部分是前景（foreground）；自身并不叙述主要事件而是对叙述加以补充或评论，属于从属或支持性的部分为背景（background）。在有些语言中，前景和背景存在明显的形式标记，如Swahili语，表示前景事件的动词用前缀ka-标记，表示背景事件则以ki-标记。Hopper还发现，背景和前景的区别在许多方面均有表现，如：（甲）信息结构不同：背景中，新信息在谓语前面；前景中，新信息在动词本身及其补足语。（乙）动词情状不同：背景中，往往是延续（durative）、静态（stative）、反复（iterative）动词；前景中，往往是终结或点状（punctual）动词。（丙）体貌类型不同：背景与非完整体（imperfective）大体对应；前景与完整体（perfective）大体对应。[①]

Hopper 这里所揭示的背景和前景的区别，与此前他所揭示的非完整体和完整体的区别、其后他和 Thompson 揭示的低及物性和高及物性的区别大体都是平行的，不仅体现在语篇层面，也体现在句子层面。正如方梅（2006）所言：在复句中，通常从句为背景，表达时间、条件、伴随状态等，主句为前景，表达事件过程；在连动结构中，通常背景在前，前景在后。前述 A 式与 B 式黏着与自由的不同正是篇章上背景与前景之别在句法方面的具体表现之一：A 式大多用于说明后一事件的时间背景，因而是黏着的；B 式大多用于陈述事件的主要进程，因而是自由的。[②] 虽然不能说背景与前景之别完全适用于解释 A、B 两式之别，但这两方面确实具有不少平行之处，除前述句法表现外，在信息结构、情状类型和体貌特征上也有迹可寻。

（一）从信息结构看，A 式"V（＋O）"所表示的事件往往是旧信息或可预知信息；B 式"V（＋O）"所表示的事件是新信息或不可预知信息。以往在讨论信息结构时多关注名词性成分，其实动词同样是信息的载体，更准确地说，由动词及其连带

①　国外一些学者如 Comrie（1976）等根据人们对事件的观察角度把"体"分为完整体（perfective）和非完整体（imperfective）。前者是对事件不加分解，看作一个整体从外部加以观察；后者是把事件加以分解，从内部加以观察。完成体（perfect）属于典型的完整体，进行体（progressive）属于典型的非完整体。

②　值得注意的是，"前景"不等于"结句"，"背景"不等于"不结句"，它们分别属于篇章范畴和句法范畴，虽然相互间有一些对应。

成分所表示的事件也具有承载新旧信息之别。新旧信息可以通过
形式加以证明：一个很有意思的现象是，A 式常处于语篇
"SV_1。 + V_2X， + V_3" 中，V_1 在前面小句中作谓语，是新信息；
V_2 与 V_1 表示同一事件，甚至直接重复 V_1，具有话题性质，是
旧信息；再接下来的 V_3 又是新信息。如：

（7）王仲祖、刘真长造殷中军谈$_{V1}$。谈$_{V2}$竟，俱载去$_{V3}$。
（《世说新语·赏誉》）

在"谈$_{V2}$竟，俱载去$_{V3}$"中，"谈"因为在上句已经说到，自然
不是新信息。"谈$_{V2}$竟"，是给"俱载去$_{V3}$"提供背景，虽然是背
景但也含有一定的信息量，否则就不必专门重复了，而 X 就是
这个信息量的主要承担者，是 A 式的语义焦点之所在。下面再
举几例，从中可见，即使 V_1、V_2、V_3 所述事件都相同，信息结
构也仍是如此：

（8）于门开时，彼地狱中诸众生等闻声见开，向门而
走$_{V1}$。走$_{V2}$已复走$_{V3}$，乃至大走。（隋阇那崛多等译《起世
经》① 卷 4）｜善庆口即不言，心里思量$_{V1}$："我忆昔在庐山
之日……"善庆思惟$_{V2}$既毕，满目是泪$_{V3}$。（《敦煌变文校
注·庐山远公话》）｜其人即<u>询诸渔者本处土地山川之名及
朝代年月</u>$_{V1}$，甚详审，问$_{V2}$讫，却入水中$_{V3}$，寂无声迹。
（《玉堂闲话》，《太平广记》卷 373）

而 B 式往往是新信息承载者，因而通常不能处于上述语篇
V_2 X 位置。同时，B 式也有一些常见用法是 A 式所不具有的，
如用作祈使句的谓语部分。祈使句的谓语部分当然是新信息之所
在。例如：

---

① 本文所引译经除另有说明者外均引自中华电子佛典协会（CBETA）电子佛
典《大正新修大藏经》。

（9）愿大将军不如**降却**。（《敦煌变文校注·李陵变文》）｜昨夜风雷黑暗中，闻神人言：且**救取蔡通判一家**。（《夷坚志》，《支戊四》，引自曹广顺1995）

（二）从情状类型看，A式的V（O）一般是动态的、可持续的延续情状，B式可以是延续情状，也可以是动态、不可持续的终结情状。① 关于A式的情状类型，蒋绍愚（2001）、杨永龙（2001）等有详细讨论。蒋文显示，六朝"毕"、"竟"、"讫"前面的动词或动词短语必须是可持续的，如"食讫"、"洗手既竟"等，例外很少。只有佛经的"已"比较特殊，前面可以是可持续的，也可以是不可持续的，如"到竹林已，问诸比丘"（《贤愚经》卷4，引自蒋文）。蒋文指出，"已"的这种用法不是汉语固有的，是译经者用来翻译梵文"绝对分词"（相当于"……了之后"）造成的。B式V（O）的情状没有这种倾向，既可以是可持续的，也可以是不可持续的，以不可持续的终结情状更为常见，如《敦煌变文校注》的"抛却父母、弃却奴婢、舍却浑身肉、失却阿娘、忘却阿耶娘、破却吐蕃、断却诸缘、散却兵马"等都是终结情状。

（三）从体貌类型看，"延续情状+X"可以把事件的过程分解之后从内部加以观察，关注动作或活动的完毕，表达非完整体（imperfective）意义。如"谈竟，俱载去"指清谈结束之后如何如何。清谈有一个过程，有开始、持续、结束，"谈竟"观察的是清谈这一过程的结束。"终结情状+X"倾向于把事件作为一个整体来看待，对其过程不加分解，表达完整体（perfect-

---

① 关于情状类型，有不同的分类，我们根据［±动态］［±持续］粗略分为延续性情状（［+动态］［+持续］）、终结性情状（［+动态］［−持续］）、静态情状（［−动态］［+持续］）三类。（参见杨永龙2001）

ive）意义。如"抛却父母"，把父母丢在家中而不顾，也许有一个过程，但说话者并没有关注这个过程的开始、进行或结束，而是把它作为一个不可分割的整体来看待的。延续情状虽然可以分解，但如果把它看作一个整体而不加分解，那么"延续情状＋X"也可以表达完整体意义，这就是梅祖麟（1994）所说的"把这些动作动词的时间幅度压缩成一个点"。A式早期只能是"延续情状＋X"，其体貌特征以表达非完整体为主；后来，一方面"延续情状＋X"发展出非完整体用法，另一方面"已"（偶有"讫"）也可以用于"终结情状＋X"中表达完整体意义。B式的体貌特征则是以表达完整体为主。

2.3　语法化程度和语法意义之别

A式的X（"已、毕、竟、讫"）本是完毕义动词，因为可以受副词修饰，所以一般认为是谓语（梅祖麟1980），如（3A）"叙情既毕"。不过这种构式中X与一般谓语不同：（一）不能带宾语，（二）主语只能是谓词性的，（三）谓词性的主语本身另有体词性主语，而且该体词性主语可以是前后小句共享的。如（4A）补齐主语，则为"谢公与人围棋……【谢公】看书竟，【谢公】默然无言"，可见"看书竟"总体上和"与人围棋"、"默然无语"一样，都是对"谢公"加以陈述，都可以看作谓语。既然"看书竟"是谓语，其中"看书"又是对"谢公"加以陈述的主要动词短语，那么"竟"只能是次要动词。既然是次要动词，看作补语也未尝不可。而且A式中有副词修饰时虽然以"V（＋O）＋副＋X"为常，但也有一些反例，蒋绍愚（2001）已经注意到"副＋V（＋O）＋已"，其实也有"副＋V（＋O）＋毕"、"副＋V（＋O）＋竟"、"副＋V（＋O）＋讫"，其中的"已"、"竟"、"毕"、"讫"恐怕更应该分析为补语而不是谓语。如：

（10）<u>既驰三辈毕</u>，而田忌一不胜而再胜。（《史记·孙子吴起列传》）｜<u>释之既朝毕</u>，因前言便宜事。（《史记·张释之冯唐列传》）｜魏相国华歆跪受玺绂以进于王。<u>既受毕</u>，降坛视燎，成礼而返。（《宋书》卷16）

（11）尔时文殊师利法王子，<u>既已坐竟</u>，白佛言……（东晋佛陀跋陀罗译《观佛三昧海经》卷9）｜非此业则不作缘，若不然者，则<u>未作竟而来</u>，及<u>已作竟而失</u>。（原注："来"谓业未作竟其果即来，"失"谓业已作竟其果便失。）（隋达磨笈多译《缘生论》）

（12）（刘）平还，<u>既食母讫</u>，因白曰："属与贼期，义不可欺。"（《后汉书》卷39）｜尔时世尊见长者善生诣园游观，<u>初沐浴讫</u>，举身皆湿，向诸方礼。（后秦佛陀耶舍共竺佛念译《长阿含经》卷11）｜诸相师<u>既占看讫</u>，白大王言……（隋阇那崛多译《佛本行集经》卷23）

不仅如此，译经中的"已"有许多用于终结情状之后，"已高度虚化，只起语法作用，已经不能看作动词"（蒋绍愚2001），如：

（13）<u>驼既死已</u>，即剥其皮。（《百喻经》，引自蒋绍愚2001）

"驼既死已"这类"已"自然不再是谓语，同时又如蒋绍愚（2001）所说，也不能看作"完成貌词尾"。蒋的理由是有宾语时"'已'永远是出现在宾语之后"。还有一条理由如前所述："已"仍是语义焦点之所在。这类语义较虚、附着性强、仍是焦点的成分，可参考梅祖麟（1994）、吴福祥（1998）、蒋绍愚（2001），看作动相补语。①

---

① 梅祖麟称作"状态补语"。需要说明的是，一般所谓动相补语或状态补语是指紧接动词之后的成分，这里范围略大，也包括动宾之后者。

由此可见，同样是 A 式，其中 X 的性质不可一概而论。当同一词项处于不同的下位构式时，其虚化程度不尽相同。如在"V（＋O）＋副＋X"中可能是谓语，在"（副＋）V$_{延续}$（＋O）＋X"中可能是补语，在"（副＋）V$_{终结}$（＋O）＋X"中可能是动相补语。

从意义看，"毕/竟/讫/已"用在延续情状之后时表示完毕，用在终结情状之后时表示完成。所谓"完毕"是指动作或过程结束，主要是就虚化程度较低的 X 的词汇意义而言；所谓"完成"是指事件在某一参照时间之前已经发生，是就动相补语和动态助词之类虚化程度较高的 X 的语法意义而言。[1] 不过，A 式大多处于"A 式＋后句"这一更大构式之中，这一更大构式的意义是（i）"做完甲事再做乙事"（梅祖麟 1999），——这主要适合于早期出现的"延续情状＋X"；或（ii）"某一情况出现后再出现另一情况"（蒋绍愚 2001），——这主要适合于稍晚出现的"终结情状＋X"。（i）（ii）的共同点是强调事件的先后关系，即 A 式所述事件先于后续小句所述事件发生。在这种语境中，A 式表"完毕"或表"完成"是相通的。[2] 如下面的例（14）有三个连续的"A 式＋后句"，虽然"饭食"、"洗足"和"到佛所"分别为延续和终结情状，但构式意义都是表示"VP$_1$之后，VP$_2$"。其中的 X 在一定程度上具有表示相对先时和连接功能，大体上相当于"……（之）后……"。

———————————

① 这里对"完毕"和"完成"的区分大体沿用杨永龙（2001）的看法，与蒋绍愚（2001）对"完结"和"完成"的区分近似，不过蒋先生对"完成"的解释是"表示动作或状态的实现"，而杨永龙（2001）另有"实现"范畴，与"完成"略有区别（下文还会谈到）。

② 从这个角度看，从完毕到完成应该是句法功能扩展的结果，即与"毕"、"已"等搭配的主体词（host）从延续动词扩展到终结动词。扩展的外因可能是译经时受梵文影响，但内因则是完毕与完成的密切相关。

（14）饭食讫，收衣钵；洗足已，诣于佛所；到佛所已，顶礼佛足。（隋阇那崛多译《佛本行集经》卷1）

B式中"却、得、取、将"原是及物动词，后来在"V＋X（＋O）"之X位置虚化为动相补语，用在意义相关的动词之后，表示动作获得结果①，如"却"用在去除义动词之后，表示动作有了去除性结果；"得"用在获得义动词之后，表示动作有了获得性结果。例如（15），"斫得被"意思是砍到被子，即"斫被"获得了结果。后来功能有所扩展，突破了语义限制，"却、得、取、将"又进一步虚化为动态助词②，表示动作或状态的实现——所谓"实现"，即刘勋宁（1988）所说的"动词、形容词的词义所指成为事实"。如（16），"白却少年头"是说出现了头发白这种事实。

（15）祥尝在别床眠，母自往暗斫之，值祥私起，空斫得被。（《世说新语·德行》）

（16）看他终一局，白却少年头。（《全唐诗》卷737，高荨《棋》，引自曹广顺1995）

综上所述，A式与B式是完全不同的构式，其区别可归纳为［A式括号中的特征表示后期的扩展，主要是就译经的"V（＋O）＋已"及偶见的"V（＋O）＋讫"而言］：

---

① 表示动作"获得结果"或"动作实现"是曹广顺（1995）对介于动词和助词之间、类似于动相补语用法的"将"、"取"、"得"语法意义的概括。《现代汉语八百词》（增订本）也用一个相似的术语"有了结果"来概括"到"、"上"的语法意义。

② 当然，"却、得、取、将"一直不能用在动结式之后，说明它们没能最终突破动相补语的句法限制，属于有限制的动态助词。关于"却"、"得"等的性质，梅祖麟（1994）、吴福祥（1998）均有论及，曹广顺（1995、1999）对"却"、"得"、"取"、"将"的虚化过程更是有系统地研究，可以参看。

	A 式	B 式
句法	V（+O）+X	V+X（+O）
篇章	背景	前景
信息结构	V（+O）是旧信息	V（+O）是新信息
情状	延续（>终结）	终结/延续
体貌	非完整体（>完整体）	完整体
语法化程度	谓语>补语>动相补语	动相补语>动态助词
意义	完毕（>完成）	有结果>实现

A 式与 B 式虽然是不同构式，但也有联系和交叉。尤其是
"V（+O）+已"到六朝译经中在情状类型、体貌特征方面更
是与 B 式趋于一致。

2.4　A 式用于前景

A 式在文献中虽然绝大多数用于背景，但也不是不能用于前
景。例子虽少，却是一个不容忽视的小类。为研究方便，下文将
A 式分为两类：用作背景的称作 A_1 式，用作前景的称作 A_2 式。
上面讨论的 A 式与 B 式的区别其实是 A_1 式与 B 式的区别，这里
再简要比较一下 A_2 式与 A_1 式、B 式的异同。A_2 式例如：

（17）大代景明四年岁次癸未三月癸丑朔廿一日癸酉造
讫。（《汉魏南北朝墓志汇编·北魏显祖献文皇帝第一品嫔
侯夫人墓志铭》）

（18）侍者受教，即从殿下则于露地疾敷金床。讫，还
白曰："已为天王则于露地敷金床讫，随天王意。"（东晋瞿
昙僧伽提婆译《中阿含经》卷 14）｜我等所欲论者，沙门
瞿昙已先说讫。（后秦佛陀耶舍共竺佛念译《长阿含经》卷
16）｜我时即还，欲趣小儿，狼已噉讫，但见其血流离在

地。(元魏慧觉等译《贤愚经》卷 3) | 饮水已足,即便举
手语木筩言:"我已**饮竟**,水莫复来。"(萧齐求那毗地译
《百喻经》卷 2)

(19) 于是世尊即为尊者阿那律陀舒张衣裁,诸比丘便
共割截,连缀缝合。即彼一日,为尊者阿那律陀**成三衣讫**。
(东晋瞿昙僧伽提婆译《中阿含经》卷 19)

与 A_1 式一样,A_2 式中 X 大多与延续情状结合,表完毕,如
(17)(18),也偶与终结情状结合,如(19)。(17)单纯表示
完毕,X 有较实在的词汇意义。"造讫"即造完。(18)与副词
"已"同现,有的完毕义还很明显,如"敷金床讫";有的完毕
义已不明显,倾向于强调已然发生,如"已先说讫",不再对
"说"加以分解从而关注其终结点,而是把"说"看作一个整
体,强调这个整体事件在说话之前已经发生。例(19)更值得
注意,因为"成三衣"是终结情状,终结情状就是一个不加分
解的点,因此"成三衣讫"是典型的强调已然。

与 A_1 式不同的是,A_2 式是以说话时间或情景的当时为参
照,表示事件已经完毕或完成,而 A_1 式是以后一事件为参照,
表示事件完毕或完成。

与 B 式比较,在用于前景方面是相同的,但在其他方面 A_2
式仍然与 A_1 式相近而与 B 式有别。如附着于终结情状的"成三
衣讫"强调已然,表义功能类似于现代汉语重读的"已经"(当
然"讫"与"已经"词性和句法功能各不相同);假如说成 B
式"成得三衣"则是关注结果的实现。与延续情状结合时也有
类似平行的区别,如(20A)"食讫"是吃罢,强调事件已经完
成;而(20B)"吃却"是吃掉,强调动作有结果。

(20) A. 白言圣者:"某甲长者家中设食,唯愿慈悲无
违所请。"苾刍曰"我已**食讫**。"还报长者:

"苾刍食讫。"（唐义净译《根本说一切有部毘奈耶》卷34）

B. 翁曰："放儞上山，乞虫吃却。"（唐释道世撰《法苑珠林》卷39）

下面是曹广顺（1995：12）举过的一个例子：

（21）李龟年善羯鼓，玄宗问："卿打多少枚？"对曰："臣打五十枚讫。"上曰："汝殊未，我打却三竖柜也。"（《传记》，《太平广记》卷250）

李龟年用 A_2 式强调已经完成，"臣打五十枚讫"是说我已经打造了五十个羯鼓；唐玄宗用B式强调结果的实现，"我打却三竖柜"是说我打出来了三竖柜羯鼓。[1]"我打却三竖柜也"似乎也有已经的意思，那是因为后面还有一个相当于"了$_2$"、用于告诉新情况的"也"（关于"也"，参见太田辰夫1958、魏培泉2002等）。

综上可见，A_1 式用于描述背景，"A_1 式＋VP"表示前一事件完毕或完成之后，接着发生另一事件；A_2 式用于陈述前景，表示事件已经完毕或完成；B式一般用于前景，同时也可用于背景，表示动作有结果或结果的实现。就X的表义功能而言，粗略地说，在 A_1 式中相当于"完"或"……（之）后……"；在 A_2 式中相当于"完"或"已经"；在B式中与"把它吃了"或"王冕死了父亲"中的"了"相当。

3 早期"了"的用法

宋代以前"了"的用法，许多学者都曾予以揭示，如王力

---

① 这个故事也见于《大唐传载》等笔记小说，文字小有出入，如有的"枚"作"杖"。宋代"打"有敲击义，也有打造义，对此欧阳修《归田录》卷2已经指出。这里我们据上下文意把"打"理解为打造义。

（1958），太田辰夫（1958），Cheung（1977），赵金铭（1979），潘维桂、杨天戈（1980a、1980b），梅祖麟（1981、1994），刘勋宁（1985），曹广顺（1986、1995），木霁弘（1986），冯春田（1992），蒋绍愚（1994、2005），吴福祥（1996、1998），石锓（2000），杨永龙（2001、2003），魏培泉（2002），林新年（2006），陈前瑞（2007）等。各家的研究视角和目标不尽相同，结论也不尽相同。以往不少学者根据宾语的有无和位置，把早期"了"所在格式分为三类：（一）动＋宾＋了，（二）动＋了，（三）动＋了＋宾。认为第一类"了"尚为动词，第二类"了"难以区分或随着前面动词的不同而有区别，第三类"了"是助词。这样分类最为简明，但有时会混淆每一小类中的区别，同时割裂三类之间的联系。下面我们将以上节对 A、B 两式的分析为基础，对宋代以前重要语料中"了"的使用情况重新分析考察。从中可以看到，"动＋宾＋了"可用于 A 式，"了"为完毕义动词作谓语、补语，或表完成的动相补语；宋代以后又发展出事态助词用法。"动＋了"可用于 A 式，"了"为完毕义动词作谓语、补语，或表完成的动相补语和动态助词；也可用于 B 式，"了"为表示动作有结果的动相补语或表实现的动态助词。"动＋了＋宾"可以是 A 式的变体，"了"为表完毕的补语，表完成的动相补语，或动态助词；也可以是 B 式，"了"为表示动作有结果的动相补语或表实现的动态助词。

3.1　六朝以前的"了"

六朝及其以前，完毕义的"了"用例很少，除用在"事了"之类的句子中作中心动词外，均用于 A 式之 X 位置，大多为完毕义动词作谓语、补语，仅 A_2 式中偶有表完成的动相补语用例。如：

A₁ 式

（22）晨起早扫，食<u>了</u>洗涤。（《僮约》，引自王力
1958）｜右二味为散，沐<u>了</u>以方寸匕已摩疾上，令药力
行。（《金匮要略》卷上，头风摩散方）｜八月初，胡荾
子未成时又铰之。铰<u>了</u>亦洗如初。（《齐民要术》卷6，
养羊）｜御史检<u>了</u>，移付司直覆问，事讫与御史俱还。
（《魏书·高恭之传》）｜尽第十六天上人本所居处<u>了</u>，
尽下至阿须伦天无余。（西晋法立共法炬译《大楼炭经》
卷5）｜若木匠弟子，取于诸木安地上已，即用黑绳而
以拼度。拼度讫<u>了</u>，以利斨斤或作二分，三四五分……
（隋达摩笈多译《起世因本经》卷3）｜如是处处安置讫
<u>了</u>，时迦毗罗大婆罗门告于彼等当牧牛人，作如是言。
（同上，卷45）

（23）灸手足两爪后十四壮<u>了</u>，饮以五毒诸膏散。
（《金匮要略》卷下，救卒死而张口反折者方）｜美言问
讯事情讫<u>了</u>，却住一面。（隋阇那崛多译《佛本行集经》
卷39）

（22）是"V＋了"，（23）是"V＋O＋了"，其中有"了"独用
也有"讫了"同义连用。这些例子未必全部可靠，其中《僮约》
一般认为是东汉王褒所作，梅祖麟（1981）以为"年代真伪可
疑"；《金匮要略》是东汉张仲景所著，经过晋王叔和编次；《齐
民要术》的可靠性也有人提出疑问，其中共有5例，这里仅录1
例。不过，无论如何至迟到六朝时"了"已经可以进入"毕、
竟、讫、已"的位置，这是完全没有疑问的。上述例子，"V
（＋O）＋了/讫了"都不能结句，需要有后续小句；"V（＋

O)"都是延续情状①，"了"或"讫了"是补语，表完毕。整个"V（+O）+了/讫了+后句"的构式意义是表示前一事件完毕之后，接着出现后一事件。

A₂式

（24）此人买姜毕，捉书负姜，骑杖闭目，须臾已还到吴。厨下切鲙适了。（《三国志裴注》卷63，吴书十八）

（25）圣子当知，今已驾被车马讫了，正是行时，可乘而出，观看善地。（隋阇那崛多译《佛本行集经》卷14）｜人生吉凶、造作、善恶、疾病等事，如上说了。（隋那连提耶舍译《大方等大集经》卷42）

（26）公留我了矣，明府不能止。（《三国志·蜀志·杨洪传》，引自曹广顺1995）｜王语彼人："二俱不是。卿父已死，以檀腻羁与汝作公。"其人白王："父已死了，我终不用此婆罗门以为父也。"（元魏慧觉等译《贤愚经》卷11，引自俞光中、植田均1999）

上面几例有的有宾语，有的没有宾语，属于A₂式。例（24）"切鲙"是延续情状，"了"受副词修饰，明显是完毕义动词，作谓语。（26）"留我"、"死"是终结情状，"了"与例（19）的"讫"一样，虚化程度比较高，几乎完全失去了词汇意义，但仍然是句子的语义焦点，属于动相补语，用于强调已然。"公留我了矣"意思是主公已经留我做留府长史了。

①　另有一例较为特殊："臣松之以为，权愎谏违众，信渊意了，非有攻伐之规，重复之虑。"（《三国志裴注》卷47，吴书二，引自曹广顺1995）"信"即相信，是静态情状。静态情状后的"了"往往表示状态的实现，语法化程度相当高。只是这种用法出现在三国时代似乎有点早，且为孤例。该例的"了"也可以理解为"决"："权愎谏违众，信渊意了……"是说孙权刚愎自用，不听众臣劝谏，很固执地相信孙渊。姑录此存疑。

"父已死了"就是"父亲已死","了"强调已经发生,与前面的副词"已"功能相同而同现。表面看"父已死了"与普通话"父亲已经死了"相当,其实区别很大:前者强调"父死"是已然事实,其中"父死"是旧信息,前文已见,"了"是表达的重心。① 后者是把"父亲死"作为新信息告诉听话者,"死"是表达重心,"了"已经虚化。例(25)VP 是延续情状,但"讫了"、"了"的虚化程度和语法功能介于(24)和(26)之间,是完毕义动词做补语,同时有强调事件已经发生的功能。

3.2 唐五代的"了"

在唐五代 350 年间,"了"字用例大为增多。我们统计了《全唐文》、《太平广记》、《入唐求法巡礼记》、《全唐诗》、《全唐五代词》、《祖堂集》、《敦煌变文校注》等语料②,共收集 591 个相关用例,具体用法如下表(见下页)[B 式以外各分为 a、b 两小类,a 类的"V(+O)"是延续性的,b 类的"V(+O)"为非延续性的]:

从用例看,这一时期"了"的用法既有继承,更有发展。主要表现在:

(一)"了"继续用于 A 式,仍大量用于延续情状之后,

---

① 在河南光山话中,"了"仍有强调已然的用法,读上声,且重读,是语义焦点,表义功能类似于重读的"已经"。如放学后已到家的孩子,如果接到家长打来电话让他放学后早点回家,孩子就可能会说:"我到家了[ᶜliao]。"这个意思,河南很多地方要说"到家了了"(见下文)。

② 统计时,《太平广记》剔除了唐五代以外的笔记小说,《全唐诗》根据佟培基《全唐诗重出误收考》(陕西人民教育出版社 1996 年版)剔除了其中重出和误收部分,《全唐五代词》剔除了与《全唐诗》重出者 9 例和卷 7《宋元人依托唐五代人物鬼仙词》)。

	A₁式		A₂式		A′₁式		A′₂式		B式	合计
	a	b	a	b	a	b	a	b		
《全唐文》	23		6							29
《太平广记》	27		18							45
《入唐求法巡礼行记》	39	3	16	6						64
《全唐五代词》	8	8	2	2						20
《祖堂集》	46	23	22	26						117
《全唐诗》	67	18	4	2	2	1	2	1	1	98
《敦煌变文校注》	136	53	24	1	2		1		1	218
合计	347	105	91	37	4	1	3	1	2	591

可以受副词修饰，理解为完毕义动词。甚至在《全唐文》、《太平广记》这类言文夹杂的作品中，"了"只与延续性情状结合。这表明其中"了"的动词性还比较强，是六朝的"了"及"已、毕、竟、讫"等相关用法的继承。先看 A₁ 式，"V + 了"、"V + 副 + 了"、"V + O + 了"、"V + O + 副 + 了"各举一例：

（27）借物莫交索，用了送还他。（王梵志诗）｜师便置前问，问未了，道吾便夺云："树倒藤枯时作摩生？"（《祖堂集·沩山和尚》）｜礼佛之时，众皆下床，于地下敷座具。礼佛了，还上床座。（《入唐求法巡礼行记》卷 1）｜书契既了，度与相公。（《敦煌变文校注·庐山远公话》）

在《敦煌变文校注》中，189 例 A₁ 式"了"字用例有 136

例用于延续情状①，约占 71%，其中受"既"、"已（以）"、"欲"、"未"等副词修饰的有 51 例，约占 136 例的 37%。

再看 A₂ 式例。A₂ 式中与延续情状结合的"了"有的完毕义比较明显，尤其是用于未然语境，或受副词修饰的场合，如（28）；有的虽可以理解为完毕义，但主要在于强调事件在说话时间业已发生，"了"不受副词修饰，如（29）：

（28）《韩朋赋》一卷，癸巳年三月八日张爱道<u>书了</u>。（《敦煌变文校注·韩朋赋》后记）｜从第一船遣书状报判官已下……。随状转<u>报既了</u>。（《入唐求法巡礼行记》卷1）｜有时绕树山鹊飞，贪看不待<u>画眉了</u>。（施肩吾《效古词》，《全唐诗》，卷 494）｜粉壁内面画诸尊曼荼罗，<u>填色未了</u>。是亦不空三藏为国所造。（《入唐求法巡礼行记》卷 3）

（29）须臾奏对："<u>火坑堀了</u>。"（《敦煌变文校注·悉达太子修道因缘》）｜遂□□（即执）笏奏曰："臣与陛下勾改<u>文案了</u>。"（同上，唐太宗入冥记）｜师云："何不问王老师？"僧云："<u>问了也</u>。"（《祖堂集·南泉和尚》）｜师问僧："吃饭也未？"对云："<u>吃饭也</u>。"（同上，报慈和尚）

虽然《祖堂集》中"VP 了"几乎不能结句，要有后续成分或"也"同现（刘勋宁1986），但"VP 了也"用于前景，其中的

---

① 情状分类属于语义语法范畴，词或短语的语义可能会因为时代或语境的不同而不同。如"视而不见"、"听而不闻"，总体看"视"、"听"为延续情状，"见"、"闻"为终结情状。但在唐代文献中"见""闻"未必都是终结情状。如《祖堂集·香严和尚》"仰山归后，沩山向仰山说前件因缘，兼把偈子见似仰山，仰山见了，贺一切后，向和尚说……""把偈子见似仰山"显然是拿偈子给仰山看，"见"相当于"看"，是延续情状。《敦煌变文校注·难陀出家缘起》"见了师兄便入来……见了抽身便却回"的"见"是见面、看望的意思，也是延续情状，这个意思前文也用"看"："走到门前略看，即便却来同饮。"类似例子都须要结合时代、结合上下文意具体分析。尽管如此，不同情状之间本来有边缘或交叉地带，各人的判别又有可能见仁见智，所以统计资料也未必精确，只是表明一种倾向。

"VP 了"仍属于 A₂ 式，正如例（26）"公留我了矣"中一样。①
在"VP 了也"中，"了"与"也"处于不同的结构层次，各司其
职："也"相当于先秦的"矣"或后世的"了₂"，"了"与结句的
"VP 了"中"了"性质无别，至少在"了₂"产生以前是同一的。

（二）在 A 式中"了"的功能同时又有较大扩展：一是与终
结情状结合的频率大幅提高，二是出现了一些与静态情状结合的
例子。此前只有"已"可大量用于终结情状之后，其他完毕动
词仅"讫"和"了"偶见用于终结情状之后［如前举例（19）、
（26）］，到了唐五代时期，"了"与终结情状和静态情状结合的
例子加起来已经高达 A 式的 24％，甚至在《祖堂集》中达到
41％，在《全唐五代词》中达到 50％。这种量的变化表明，在
晚唐五代时期，"了"用于延续情状还是用于非延续情状已经没
有限制。

从 VP 的构成看，终结情状可以是"死"、"过江"之类的
光杆动词或光杆动词带宾语，也可以是"接得"、"剃除须发"
之类的述补结构或述补结构带宾语，而"接得"、"放却垸水"
之类又可构成 B 式，因此"接得了"等是 A 式中含有 B 式。静
态情状的构成也较为多样，有"欢喜"之类的动词、"属你"之
类的述宾结构，以及"安健"之类的形容词等。下面（30）是
A₁ 式例，（31）是 A₂ 式例：

（30）死了万事休，谁人承后嗣。（《寒山诗》，《全唐
诗》，卷 806）｜仰山危手接得了，便礼谢，吃。（《祖堂
集·沩山和尚》）｜过江了，向行者云："你好去。"（同上，
弘忍和尚）｜雪峰便放却垸水了，云："水月在什摩处？"
（同上，钦山和尚）｜目连剃除须发了，将身便即入深山。

① 这也表明句法上的"结句"与语篇上的"前景"虽有关联但并不能画等号。

(《敦煌变文校注·大目干连冥间救母变文》)｜长者身心<u>欢喜了</u>,持其宝盖诣如来。(同上,维摩经押座文)｜直待女男<u>安健了</u>,阿娘方始不忧愁。[同上,父母恩重经讲经文(一)]

(31) 皇帝舍您收<u>敕了</u>,君作无忧散惮身!(《敦煌变文校注·捉季布传文》)｜忽见城头白马踪,则知太子<u>成佛了</u>。(《敦煌词》,《全唐五代词》)师问僧:"一切声是佛声,一切色是佛色,拈却了与你道。"对云:"<u>拈却了也</u>。"(《祖堂集·云门和尚》)｜玄沙云:"譬如一片地,作契卖与你惣了,东西四畔并<u>属你了</u>也,唯有中心一树由[犹]属我在。"(同上,灵云和尚)

这里的"了"是不是已经虚化为助词了呢?从意义上说,终结情状后的"了"已经不是完毕而是表完成,而静态情状加"了",不仅不是表完毕,反而是表示该情状的出现,换句话说是表示状态的实现。从形式看,"了"可以用在动相补语之后(如"占却了"),说明其语法化程度高于动相补语。既然语法化程度高于动相补语,称作助词也未尝不可。只是宾语出现时仍是"VO 了"而不是"V 了 O";"了"后还可以出现相当于"了$_2$"的"也"。更为关键的是,还要看该式的语义焦点(或表达的重心)是"了"本身还是"了"所附着的成分:如果是"了"本身,用于强调先后或已然,就还不是"了$_1$"或"了$_2$",而仍是动相补语;如果是"了"所附着的成分,着重说明所附着成分的实现,就可以看作"了$_1$"或"了$_2$"了。即使 A$_1$ 式中没有宾语,A$_2$ 式中"了"字结句,也同样存在这个问题。

综观 A 式的发展,不难发现,"了"的虚化过程,也是焦点弱化的过程。该过程大体经历三个阶段:(Ⅰ)当初用作完毕义动词、限于和延续情状结合时,本身就是强焦点,所附着的 VP

是旧信息；（Ⅱ）后来所附着的成分从延续情状扩展到终结情状、静态情状，"了"用作动相补语表完成、实现，表达重心开始向 VP 转移，但仍用于强调先后（A_1 式）、强调已然（A_2 式），可称之为弱焦点；（Ⅲ）到了现代汉语的"了₁""了₂"，语法意义还是表示完成或实现，但本身都不再是焦点，焦点转移到所附着的 VP 或其中某一成分。

焦点性的强弱在现代汉语里可以通过"了"的语音是否弱化以及句子的重音位置加以判别，如河南开封话：

(32) 张三：咋还没到家唉？李四：到家了［ᒻliao］了［·la］。

(33) 张三：你到哪里了？李四：到家了［·la］。

"了［ᒻliao］"语音没有弱化，且是句子重音之所在，焦点性强；"了［·la］"语音弱化，句重音是它前面的成分，焦点性弱。但是，在历史语法研究中很难利用读音这个显性标志，往往主要通过语境来揣摩。总体来看，唐五代与终结情状和静态情状结合的"了"大多焦点性还比较明显，在于强调先后或强调已然，是动相补语。如（30）"过江了，向行者云……"，前面已说到师自把橹，亲送慧能过江，因此"了"是焦点，强调先后共变关系，不是"了₁"。（31）"拈却了也"有反预期义，与（32）语境类似，"了"强调已然；"皇帝舍愆收敕了"中"了"结句，也有强调已然的意思，即告诉季布皇帝已经舍愆收敕（赦免罪过，收回通缉令），所以都还不是"了₂"。也有的很难说清"了"是焦点还是"了"所附着的成分是焦点，处于两可状态，如（30）的"死了万事休"，很难说是强调"死后"如何如何，还是仅表示出现了"死"这种情况；（31）"则知太子成佛了"也很难说是强调成佛之事实还是强调已经成佛。还有一些例子表达重心应该已经转移到 VP 上了。如：

（34）国主乍闻心痛切，朝臣<u>知了</u>泪摧摧。（《敦煌变文校注·欢喜国王缘》）

（35）卢绾勃跳下阶，便奏霸王："王陵只是不知。或若王陵<u>知了</u>，星夜倍程入楚，救其慈母。"（同上，汉将王陵变）

（36）严妆嫩脸花明，交人<u>见了</u>关情。（尹鹗《杏园芳》，《全唐五代词》）

（37）蚁子在水中遶转两三币（匝），<u>困了</u>，浮在中心，死活不定。（《祖堂集·慧忠国师》）

从逻辑上看，上述各例"V了"与其后的"VP"在时间上仍然有先后关系，但是从句义来看并不强调这种先后关系。如（34）只着重说明"知"的实现，正如前句"闻"先于"心痛切"而不强调先闻一样；（37）"困了"不是强调"之后"之类的时间意义，而在于说明出现了"困"这种状态。余类推。这类"了"可以认为是助词，与现代汉语有关用法的"了$_1$"没有区别，与不带宾语的 B 式的"得"等也很接近（所处的前景、背景可能不同）。不过，唐五代时这类用法还不多见①，而且仅见 A$_1$ 式的"V了"，未见明显的"了$_2$"用例（详下）。

（三）出现了"V了O"。"V了O"一直受到大家关注，并看作"了"虚化为动态助词的标志。前贤共找到十几个唐五代

---

①　陈前瑞（2007）把"V了VP"和"VO了VP"中"V了"与"VP"的关系分为"严格的事件先后关系"和"广义因果关系"两类，认为后者是从前者演变来的，笔者（杨永龙2001）也有类似看法。只是这种区分只适合 A$_1$ 式而不适合 A$_2$ 式，而用焦点转移可以对 A$_1$ 式和 A$_2$ 式以及下文要讨论的"V了O，VP"等作出统一的概括。此外，陈文对《祖堂集》"广义的因果关系"统计数远比我们这里的助词数多，这一方面是"广义的因果关系"与助词并不对，另一方面对有的具体例句理解的也各有不同。如陈文所举的广义因果关系的例子："师问僧道：'汝与我开田了，为汝说大义。'僧云：'开田了，请师说大义。'师乃展开两手。"（卷14，第477页）按我们的理解，"开田了"不是 A$_1$ 式而是 A$_2$ 式，即已经开田。

时期的例子，经过曹广顺（1986）、蒋绍愚（2005）甄别之后，可靠的不足十例。本文认为这些例子分属于三个不同小类：

甲类：属于 B 式，其中的“了”是“了₁”。前人所举的有：

(38) 林花谢了春红，太匆匆！（李煜《乌夜啼》，引自王力 1958）

(39) 补了三日不肯归胥家，走向日中放老鸦。（朱仝《与马异结交诗》，引自曹广顺 1986）

(40) 前皇后帝万千年，死了不知多与少。（《维摩碎金》，《敦煌变文集新书》，引自吴福祥 1996）

(38)“林花谢了春红”在句法、篇章、信息结构等方面都符合 B 式的有关特征，“了”相当于“却”。不过还不够典型，因为从“太匆匆”看是感叹春红谢得太早，多少有凸显已然的意思。(39) 带时量宾语。带时量宾语是唐五代 B 式的用法之一，如《祖堂集·洞山和尚》“过得三年后，受戒一切了，咨白和尚……”。例 (40) 诚如蒋绍愚（2005）所言，结构比较特殊，不过，试比较白居易《题流沟寺古松》：“欲知松老看尘壁，死却题诗几许人。”（《全唐诗》卷 436）“死了不知多与少”与“死却题诗几许人”意境相同，都是死了很多人的意思，虽然“不知多与少”后没有出现所指称的“前皇后帝”，但“死了”与“死却”相当。

在《全唐诗》中另有两例比较典型的 B 式，其中的“了”也相当于“却”：

(41) 几日行云何处去，忘了归来，不道春将暮。（冯延巳《蝶恋花》，《全唐诗》卷 898）

(42) 若还猜妾倩人书，误了平生多少事！（许岷《木兰花》，《全唐诗》卷 899，另见《全唐五代词》）

如前所述，B 式中的 X 有动相补语和助词之别，分别表示动作有结果和动作的实现，"了"亦当如此。上述5例（39）"补了三日"表实现，其余4例表示动作有结果。不过，《现代汉语八百词》指出："有些动词后面的'了₁'表示动作有了结果，跟动词后的'掉'很相似。"据此，表示动作有结果的"了"可以算作动态助词"了₁"。

既然五代时有带宾语的B式，照理也应该有不带宾语的B式。但是我们见到的"V了"要么是A₁式，要么是A₂式：

（43）砌下落梅如雪乱，<u>拂了</u>一身还满。（李煜《清平乐》，《全唐诗》卷889，另见《全唐五代词》）

（44）锦字书<u>封了</u>，银河雁过迟。（牛峤《女冠子》，《全唐诗》卷892，另见《全唐五代词》）

（43）"拂了"似乎与"拂却"无别，如果没有后续成分，又是祈使句的话就是典型的B式。但"拂了一身还满"的表达重点是"一身还满"，是落梅之多。"拂了"用来做背景，意思是拂却之后（出现什么结果），"了"是其中的焦点。（44）是说信已封好，但鸿雁不来。"锦字书封了"虽可以看作前景，但却是强调已然的A₂式。《祖堂集》有两例很像B式：

（45）师又问："阿那个是观音行?"师却弹指一下，问："诸人还闻摩?"众皆云："闻。"师云："者一队汉向这里觅什摩? <u>趁出了</u>!"呵呵大笑。（归宗和尚）

（46）向上一路古人宗，学者徒劳捉影功。若道不传<u>早传了</u>，不传之路请师通。（盘山和尚）

（45）"趁出了"用于祈使句，意思是：赶出去了！应该是典型的B式。但是，"却"、"得"都是紧跟动词而不用于动补结构之后，该例"了"的这种跟在补语之后用法比"却"、"得"虚化程度高，出现于唐五代未免有点早。其实该例标点应该是：师云："者一队汉向这里觅什摩?"趁出了，呵呵大笑。如此则

"趁出了"是 A₁ 式。(46)"早传了"如果是祈使句,当为 B 式,但是据上下文又像已传的意思。前文说"向上一路,千圣不传,学者劳形,如猿捉影",这与前两句相应;接着又讲"大道无中","心心无知,全心即佛,全佛即人,人佛无异,始为道矣",似乎又已经在传道了。所以总的看,唐五代 B 式仍是"却"、"得"的天下,没见到确定无疑的 B 式"V 了"。

乙类:属于 A₁ 式的变体,姑且记作 A′₁ 式,其中的"了"未必都是"了₁"。例如:

(47)唱喏走入,拜了起居,再拜出走。(《敦煌变文集》,引自赵金铭 1979)

(48)各请万寿暂起去,见了师兄便入来。(《敦煌变文集》,引自赵金铭 1979)

(49)几时献了相如赋,共向嵩山采茯苓。(张乔《赠友人》,引自太田辰夫 1958)

(50)将军破了单于阵,更把兵书仔细看。(沈传师《寄大府兄侍史》,引自太田辰夫 1958)

A′₁ 式除了句法上是"V 了 O"而不是"VO 了"之外,在篇章、信息结构、情状类型、体貌特征、形态特征、语法意义诸方面都与 A₁ 式相同,因此可以认为是 A₁ 式的变体。有两个旁征也能说明:

第一,在南宋时的《朱子语类》里仍能看出 A′₁ 与 A₁ 式的密切联系(参见杨永龙 2001):

(51) a. 如理会这一件事未了,又要去理会那事,少间都成无理会;须是理会这事了,方好去理会那事,须是主一。(《朱子语类》卷 115)

b. 做这一事,且做一事;做了这一事,却做那一事。今人做这一事未了,又要做那一事,心下

千头万绪。(《朱子语类》卷 96)

在（51a）中，"VO 了" 是 A_1 式，其否定形式是 A_1 式的 "VO 未了"；而在（51b）中，"V 了 O" 是 A'_1 式，其否定形式也是 A_1 式的 "VO 未了"。可知 A'_1 式与 A_1 式表义功能相同。

第二，A 式的 "毕"、"讫"、"罢" 也有前移的用例，说明 "了" 前移并非不可能。如：

（52）《论语》已看九篇，今欲<u>看毕此书</u>，更看《孟子》如何？(《朱子语类》卷 116) ｜ <u>看罢青青松</u>，和衣自在眠。(《五灯会元》卷 16) ｜ 刘肥接诏，<u>看讫诏</u>，刘肥便收拾行程欲赴长安。(《前汉书平话》) ｜ 赵正<u>看罢了书</u>，伸着舌头缩不上。(《喻世明言·宋四公大闹禁魂张》)

"罢" 字一般都未论及，它最初也可用作完毕动词，处于 "动（＋宾）（＋副）＋罢" 格式，如《韩非子·十过》："昔者楚共王与晋厉公战于鄢陵……战既罢，共王欲复战。"《齐民要术》卷 6："骨外融蜜蜡周匝拥之，不尔，恐药躁疮大。着蜡罢，以药傅骨上。" 宋代以后 "罢" 字前移变为 "V 罢 O"，至今仍活跃在一些方言中。

不过，这两个旁征同时也说明 A'_1 中的 X 未必已经虚化为动态助词：（51b）"做了这一事" 与 "做这一事未了" 相对，说明 "了" 还是完毕的意思；（52）"罢" 后面可以跟助词 "了"（"赵正看罢了书"），也说明 "罢" 不是助词。《朱子语类》另有一例也能证明（参见杨永龙 2001）：

（53）有一乡人做县尉，请教于太守沈公云："某欲修学，先读何书？" 沈答云："公且去，<u>做了县尉</u>，归家去款款读书。" 此说乱道！居官岂无闲暇时可读书？且如轿中亦可看册子，但不可以读书而废居官之事耳。(《朱子语类》卷 49)

"做了县尉"对事件加以分解，观察终点，指的是做完县尉（不再做县尉了），"了"为完毕动词，是焦点。这与现代汉语的"做了部长"大不相同，"做了部长"是把"做部长"看作一个整体而不加分解，焦点是"做部长"（更具体一点说可能是"部长"）而不是"了"。"做了县尉"的否定形式应该是"做县尉未了"，类似例子如韦应物《温泉行》："作官不了却来归，还是杜陵一男子。"（《全唐诗》卷194）而"做了部长"的否定形式是"没做部长"。唐五代要表示现代汉语"做了部长"的意思往往用 B 式"做得部长"。

其实，A′₁式既然是 A 式的变体，那么其中的"了"就与 A 式不受副词修饰的"了"一样，有可能是补语，也可能是动相补语，或动态助词，这要看 VP 的情状类型，以及焦点是"了"还是"了"所附着的成分。现在回头看例（47）—（50）。"拜起居"（拜问"日食饮得无衰乎"之类）①、"见师兄"（参见注15）都有一个延续的过程，"了"焦点性强，是完毕义动词作补语，相当于"完"。"献相如赋"、"破单于阵"是终结情状，从上下文看②，附着其上的"了"焦点性比较弱，不强调先后而重点在于说明"献赋"、"破阵"的实现，与现代的"了₁"无别。既然不强调先后，那么除了所处的前景背景有可能不同外，这种"了"与 B 式的"却"、"得"也相距不远了。试比较相近的 B 式用法：《全唐五代词·敦煌词》："千年凤阙争雄异，何时献得安邦计。"《敦煌变文校注·张淮深变文》："破却吐蕃收旧国，黄河□□□□□。"

---

① "起居"既有动词用法又有名词用法，李明（2004）把"起居"看作动词，认为"拜了起居"不是述宾结构，而是拜完之后再问安的意思，可参看。

② "破了单于阵"全诗是："积雪山阴马过难，残更深夜铁衣寒。将军破了单于阵，更把兵书仔细看。"

廖名春曾举过初唐出土文书中的一例"V了O"：

（54）张元爽正月十九日取三十，同日更取十文，八月十六日赎了物付仓桃仁去。（《吐鲁番出土文书》，转引自蒋绍愚2005）

相比于其他五代用例，该例出现得未免有点早，所以蒋绍愚（2005）怀疑是"赎物了"之误倒。姑且存疑。①

丙类：属于 A_2 式的变体，姑且记作 A'_2 式。如：

（55）大王闻太子奏对，遂遣于国门外高缚彩楼，诏其合国人民，但有在室女者，尽令于彩楼下集会。……寻时缚了彩楼，集得千万个室女。（《敦煌变文集新书·悉达太子修道因缘》，引自吴福祥1996）

"缚了彩楼"与"集得千万个室女"是并列的，都是前景，应该是 A_2 式的变体。"缚彩楼"是延续情状，而且在上文出现过，所以在"缚了彩楼"中是旧信息，"了"才是要表达的重点，相当于"完"。《全唐诗》另有一例：

（56）桃李不须夸烂漫，已输了春风一半。（韩熙载《咏梅》，《全唐诗》卷899，另见《全唐五代词》）

据说李后主在宫中建亭赏红梅，当时淮南已归宋，韩熙载献此词相和（事见宋周应合《景定建康志》、曾极《金陵百咏》）。"已输了春风一半"暗指江山已经丢了一半。"输春风一半"是终结情状，"了"不再是完毕义，然而是不是强调已然似乎很难

---

① 查原书，同类质库（当铺）账目很多，大多是"某月某日赎付了"。当典当多件物品赎走一件时，可作"某月某日赎，付某物去"（如：故白小绫衫子一，铜镜子一。……十一月□十七日赎，付镜子去）；物品付给另外的人时，可作"某月某日赎，付某人去"（如：极碎白布衫一。刘元感正月十九日取三拾文。其月廿日赎，付弟元英去）。该例也许本来就是"赎了物"，与"赎付了"中的"了"一样是已经的意思。不过还有一些疑问。

分清：若强调已然，相当于重读的"已经"；若不强调已然，就是表示动作有结果或实现。有一个与（56）类似的"V讫O"也应该是从A式之"VO讫"变来的，可资比较：

> （57）循虎迹，十余里溪边，奴已食讫一半。其衣服及巾鞋，皆叠折置于草上。（《原化记》，《太平广记》卷430，引自曹广顺2000）

"奴已食讫一半"也是既有强调已然的意思，又有表示动作有结果的意思。

综上可见，唐五代时期"了"既有继承也有发展，其发展表现为：第一，在A式中扩大了动相补语的比例，发展出动态助词用法；第二，产生了新的构式"V了O"，在其中充当补语或动态助词；第三，可以用于B式，充当动相补语或动态助词。而同期其他完毕义动词的用法除例（57）外几乎只有继承没有发展。如《敦煌变文校注》中"毕、竟、讫、已"的用法，都只用于A式，大多与延续情状结合，从中可见一斑：

	A₁		A₂				A₁		A₂	
	a	b	a	b			a	b	a	b
毕	14		2			讫	63	1	3	
竟	2		6			已*	18	24		

（*不含引用六朝经文中的例子）

3.3　宋代"了"的发展

宋代文献中，宋初的《景德传灯录》只有A式用法，与《祖堂集》一样未见"V了O"用例，其后的禅宗语录《碧岩录》、《大慧书》、《虚堂和尚语录》等虽也有少数"V了O"之类的例子（如《虚堂和尚语录》"我被者老汉转了话头"、

"是年华山崩，陷了八十里人家"等）但总体上也有滞后倾向，而在北方的《二程遗书》、《三朝北盟会编》以及南方的《朱子语类》中"了"的用法有较大发展。下面是一些文献中"了"的使用情况：

	A式				A′式				B式	合计
	A₁		A₂		A′₁		A′₂			
	a	b	a	b	a	b	a	b		
《景德传灯录》	67	24	55	19						165
《二程遗书》	17	11	4	13	1				49	95
《乙卯入国奏请》			4	4		1		6	14	29
《三朝北盟会编》*	11	2	5	8	5	5	3	7	46	92

［﹡仅统计了《近代汉语语法资料汇编》（宋代卷）所收的六篇］

从总体来看，宋代"了"的发展最值得称道的有两方面：一个是量的变化，即大量用于 B 式；另一个是质的变化，即"了₂"的产生。

（一）"了"大量用于 B 式

如前所述，晚唐五代的"了"只有很少几个用于 B 式，而上述《景德传灯录》以外的三种宋代语料中，"了"的 B 式用例多达50%左右。如：

（58）坐井观天，非天小，只被自家入井中，被井筒拘束了。（《二程遗书》卷7）｜本朝大国，不可容易，不要错了。（《三朝北盟会编·燕云奉使录》）｜小人小丈夫，不合小了，他本不是恶。（《二程遗书》卷6）｜须常照管，不要失了。（《朱子语类》卷34）

（59）后来萧禧已承恩受了圣旨，乃改臣等作回谢。……后来萧禧已<u>受却圣旨</u>，更无可商量，遂改臣等作回谢。(《乙卯入国奏请》，引自曹广顺1995) ｜ 又闻契丹旧酋走入夏国，借得人马，过黄河，<u>夺了西京以西州、军，占了地土不少</u>。(《三朝北盟会编·燕云奉使录》) ｜ 今日所患者，患在（释氏）<u>引取了中人以上者</u>。(《二程遗书》卷2) ｜ 解得这一处，<u>碍了那一处</u>。(《朱子语类》卷78)

(58) 不带宾语，(59) 带宾语。其中的"了"都相当于"却"、"得"，有的表示动作有结果，语法化程度较低，如"占了地土不少"；有的表示实现，语法化程度较高，如"引取了中人以上者"，已经可以用在述补结构之后。

(二)"了₂"的产生

关于"了₂"的产生时代，因判定标准不同，结论差异较大。俞光中、植田均（1999）根据存在"了结"与否和"变化"、"实现"与否，认为六朝时的"父已死了"、"公留我了矣"中的"了"已经是"了₂"，并认为"了₂"早于"了₁"，"了₁"源于"了₂"。石镞（2000）认为不能带补语的动补结构和非动作动词之后的"了"是"了₂"，因此把本文例（30）"雪峰便放却涴水了，云……"之类看作"了₂"，从而指出晚唐五代时"了₂"已经产生，"了₁"还没出现。我们的标准是：首先，"了₂"所在句子必须是前景句；其次，后面不能再接别的助词；再次，表示状态实现，并把它作为新情况告诉听话者；最后，"了"不是焦点，不强调已然。

A₂式的"了"在晚唐五代已有不少用于终结或静态情状，表示完成或实现的用例，但仍强调已然，焦点性较强，还不是事态助词"了₂"。这种用法在北宋时期仍较常见。如：

(60) 我才见入门来，便识得汝<u>了</u>也。还知么？(《景德传灯录》卷9) ｜ 释氏要屏事不问。这事是合有邪？合无

邪？若是合有，又安可屏？若是合无，<u>自然无了</u>，更屏什

么？（《二程遗书》卷18）

前例是说就已经认出你；后例意思是，如果应当没有，自然已经

没有，还摒弃什么？

当这类句子不强调已然，焦点转移到前面所附着的成分的时

候，"了"便成了事态助词"了$_2$"。这种用法在宋初的《景德传

灯录》中已经萌芽，如：

(61) 问："一树还开华也无？"师曰："开来久矣！"

僧曰："未审还结子也无？"师曰："<u>昨夜遭霜了</u>。"（《景德

传灯录》卷13）

"昨夜遭霜了"虽然可以翻译为昨夜已经遭霜，但据语境可

知，该句主要在于告诉对方"昨夜遭霜"这一新信息，而不是

强调已然。下面例中的"了"都可以看作事态助词：

(62) 问："敬还用意否？""其始安得不用意？若能不

用意，<u>却是都无事了</u>。"（《二程遗书》卷18）｜庆曰："<u>夜</u>

<u>来天气大段寒了</u>，未知中原如何？"（《三朝北盟会编·靖康

大金山西军前和议录》）｜谓如今日在这一处，明日自是又

衮动看些子，<u>又不在旧时处了</u>。（《朱子语类》卷2）｜大

率人难晓处，不是道理有错处时，便是语言有病；不是语言

有病时，便<u>移了这步位了</u>。（同上卷16）｜今已不知沱所

在。或云蜀中李冰所凿一所，灌荫蜀中数百里之田，恐是

沱，则地势又<u>太上了</u>。澧水下有一支江，或云是，又在澧

下，<u>太下了</u>。（同上卷79）

4 总结与结论

4.1 先总结一下"了"的发展历程，然后回答是否存在从

A 式到 B 式的演变。

（a）"了"从中古开始用于背景句式"V（O）了，VP"（A₁ 式），最初主要与延续情状结合表完毕，充当谓语或补语，焦点性强；后来扩展到与终结情状、静态情状结合，表示完成或实现，大多还强调先后关系，是弱焦点，可看作动相补语；晚唐五代时在"V 了，VP"格式中有的不再强调先后关系，不再是焦点，"了"虚化为动态助词。

（b）A₁ 式有宾语时是"VO 了，VP"，晚唐五代时"了"开始移到动宾之间变为"V 了 O，VP"（A′₁ 式）。其中"了"的性质与在 A 式中一样最初是强调先后关系、焦点性较强的补语或动相补语，后来变为不强调先后、不具有焦点性的动态助词。

（c）中古时期"了"偶尔用在前景句式"V（O）了"（A₂ 式）中，最初大多与延续情状结合表完毕，后来扩展到终结情状、静态情状，表示完成和实现，但五代以前都有焦点性，用于强调已然，表义功能类似于现代汉语重读的"已经"。到了宋代，随着焦点性的弱化，处于句尾表示实现的"了"虚化为告诉新情况的事态助词。

（d）晚唐五代时，A₂ 式中用作动相补语、强调已然、处在宾语后的"了"也开始移到宾语之前（A′₂ 式）。移前之后最初仍是强调已然的动相补语，后来当不再强调已然时，其中的"了"虚化动态助词，表示实现，此时 A′₂ 与带宾语的 B 式在形式和意义上都非常接近甚至基本相同。

（e）晚唐五代时，"了"开始出现在 B 式"V 了 O"中，北宋开始得到迅速发展。B 式中的"了"在虚化程度上不完全相同，有的表示动作有结果，有的表示实现。严格地说，前者是动相补语，后者才是动态助词。不过，一般把表示动作有结果的

"了"也看作"了$_1$",从这个角度说 B 式的"了"都可以算动态助词。

4.2　那么，B 式"V 了 O"从何而来？一个相关问题是，"V 了 O"的出现是否可以作为判定动态助词"了"产生的标准，如果不能，该如何判定？

关于"了"虚化为动态助词的判断标准，以往大多数学者是依据"V 了 O"格式的出现，但"V 了 O"有不同小类，只有 B 式的"了"才可以看作动态助词，而 A′式中的"了"则可能是动态助词，也可能是完毕义动词作补语。没有宾语时也是如此：B 式"V 了"中的"了"是动态助词，A 式"V 了"中的"了"可能是动态助词，也可能是补语。因此，当文献中出现 B 式时，就可以认为"了$_1$"已经产生了。

那么，A 式中的"了"如何判定？因为句法分布是最外显的特征，所以最好能找到一些形式标准来加以判别，曹广顺（1995）、吴福祥（1998）、石锓（2000）都注意到了"动＋补＋了＋宾"格式，认为其中的"了"才无疑是真正的"了$_1$"。问题是，如果"动＋补＋了＋宾"的"了"是助词，"动＋补＋了"中的"了"也有可能是助词，而"动＋补＋了"唐代就已经出现了，当时大多强调先后或已然，"了"焦点性较强。而且"动＋补＋了＋宾"格式可以判定至迟助词"了"何时出现，而不能判定之前该格式以外的"了"是否已经虚化。

梅祖麟（1994）、吴福祥（1996）、蒋绍愚（2001）、杨永龙（2001）希望通过动词的情状类型来判定"了"的虚化程度，认为终结动词和静态动词后的"了"已经虚化，不再表完毕而是表完成或实现，动补结构正好也包括在这类情状之内。但虽然虚化，却未必已经是动态助词或事态助词。如用在终结动词"死"后的"了"已不表完毕，但六朝译经中已经有"父已死了"。正如蒋绍愚（2005：146）所说："仅仅根据有些'V＋了'中的'了'是表完成貌，就认为这是动态助词，这种理由是不充分的。"

其实现代汉语中称作动态助词和事态助词的"了₁"和"了₂"都不是整齐划一的标准件，各自都含有语法化程度不同的成员。为它们贴上"助词"或"了₁"和"了₂"之类的标签，本来是为了研究的便利，如果因此而带来不便就有违初衷了。研究的主要任务不在于如何判断是不是动态助词，而在于如何根据语法化程度的不同，理出演化路径，并对有关演变加以解释。上文显示，句法格式、篇章结构、信息结构、情状类型等都能反映语法化程度的不同，如六朝时的"父已死了"虽然表面上与现在的说法没太大区别，但焦点结构大不相同；《祖堂集》中的"雪峰便放却垸水了"虽然"了"前面是述补结构带宾语，"了"比较虚，但这是一个背景小句，"了"用于说明先后关系，不是告诉新情况的"了₂"；《朱子语类》的"做了县尉"与现在的"做了县长"不同，可以通过焦点结构的不同加以区分。因此，就"了"的语法化程度而言，要结合形态句法、语义语用、篇章结构等综合考察。而就动态助词"了₁"和事态助词"了₂"的产生标志而言，除了以 B 式作为"了₁"的产生标志外，关键是看"了"还是不是焦点，是不是强调先后或强调已然。如果不再强调先后或已然，那么，在 A₁式的"V 了"、A′₁式的"V 了 O"、A′₂式的"V 了 O"中，"了"都已经是动态助词；如果不再强调已然，那么 A₂式句末的"了"就已经是事态助词。

关于"V 了 O"格式的来源，以往学者有"了"字前移说（梅祖麟 1981），宾语后加说（吴福祥 1996、1998，李讷、石毓智 1997）。如前所述，就 A′₁式、A′₂式而言，"V 了 O"的前身确实是"VO 了"，句式演变的结果是"VO 了"变成了"V 了 O"。而 A 式不带宾语的"V 了"没有发生变化，先配"VO

了"，接着既配"VO 了"又配"V 了 O"，最后只配"V 了 O"。
从这个角度说，"VO 了"的"了"后来的确前移了，但须要强
调的是"前移"应该理解为句式演变的结果而不是过程，不能
把结果当过程来看待。

　　"了"字前移的基础是通过主体词扩展（从延续情状到终结
情状到静态情状）完成了从谓语到补语，再到动相补语的虚化。
用李讷、石毓智（1997），吴福祥（1998）的话说，是"了"在
一定程度上形态化了。而 A 式中的其他成员如"毕、竟、讫"
没有与时俱进，也就没有这一基础，"已"虽然早在六朝译经中
就有这种基础，可惜主要用于佛经，生命力不够强，还没活到
"却/取/得/将"等大量用作动相补语和动态助词就谢世了。
"了"前移的动因是类推，正是"却/取/得/将/着"的高频出现
使之有了吸引力强大的类推之源：

　　V + 却/取/得/将/着　　　V + 却/取/得/将/着 + O

　　V + 了　　　　　　　　　V + 了 + O　　　　　　　←—V + O + 了

　　至于前移的过程，不是每个具体的"V 了 O"句子都要有一
个从"VO 了"到"V 了 O"的移动，而是通过句式的扩散：由
类推而产生的新格式"V 了 O"逐渐扩散，老格式"VO 了"逐
渐消亡，最终新格式逐渐替代了老格式。套用王士元（1982：
39）表 1，可图示为：

	未变	在变	已变
句子₁			V 了 O
句子₂		VO 了 ~ V 了 O	
句子₃	VO 了		

　　但是就 B 式"V 了 O"而言，却未必经过一个 A 式"VO
了"阶段。曹广顺（1995：21）举过一个很有意思的例子，在
《续古尊宿语要》中有一首诗："天晴盖却屋，剩时刈却禾；输

纳皇租了，鼓腹唱讴歌。"到《灵隐大川济禅师语录》"却"变成了"了"，成了"天晴盖了屋，剩时刈了禾；输纳皇租了，鼓腹唱讴歌"。该例表明，B式"盖了屋"、"刈了禾"不是直接来源于A式"盖屋了"、"刈禾了"，而是用"了"替换B式"却"的结果；同时也表明，A式"输纳皇租了"并没有变成"输纳了皇租"。即使变成了"输纳了皇租"也是A′₁式而不是B式。因此"前移说"不能解决B式的来源。那么，"后加说"能不能解决呢？由"却"、"得"、"将"、"取"构成的B式一般都有"V＋X"和"V＋X＋O"两种格式，从"V＋X"加O变成"V＋X＋O"是很自然的事情，但得有个前提：B式"V了O"产生之前应该有B式"V＋了"存在。而我们在唐五代文献中几乎找不到这种用法的"V了"，只有"困了，浮在中心"这类语法意义接近却处于背景的用法。看来，前移说和后加说都不好解释B式"V了O"的产生。

"了"替换"却"也是就结果而言的，并非生成过程。那么，在进入B式之前"了"是做什么的？是先在别处获得"却"、"得"一样的功能然后再带上宾语，还是先进入"V了O"然后演化出与B式一样的功能呢？通过上一节的讨论可以发现，B式的前身应该是A₂式。其中"V了O"的直接源头是用作前景强调已然的"V了O"（A′₂式），如例（55）"寻时缚了彩楼"，此时"缚彩楼"是延续情状，"了"焦点性较强，是典型的A′₂式。而例（56）"已输了春风一半"中，"输春风一半"是终结情状，"了"焦点性减弱，此时如果是强调已然，就相当于重读的"已经"（A′₂式）；如果不强调已然，只表示动作有结果或实现，就相当于"掉"了（B式）。例（38）"林花谢了春红"我们把它放在B式讨论，但如前所述多少还有凸显已然的意思。与B式"V了

O"来源于 A$_2$ 式的"V 了 O"（A$'_2$ 式）平行的是，B 式的"V 了"源于 A$_2$ 式的"V 了"，即例（44）"锦字书封了"之类，当不强调已然时就相当于"却"、"得"。在宋初语料《乙卯入国奏请（并别录）》中，B 式已占较大比例，其中有的还能看出与表已然的 A$_2$ 式的联系：

（63）臣括云："此是北朝圣旨，学士何却言使不得？"颖云："此是萧扈、吴湛错认圣旨，已行遣了$_{s1}$。"……颖又云："如吴湛所传圣旨，已是失错。一行上下，皆已行遣了也$_{s2}$，岂可便作凭据？"臣括答云："北朝自行遣了萧扈、吴湛$_{s3}$，括怎生得知？"……颖云："颖不曾道行遣了萧扈、吴湛$_{s4}$。"

"行遣"即处置、发落（《汉语大词典》）。这里的四个句子所指为同一个事件，但其中 S2 有明显的已然意，更近于 A$_2$ 式，S3 明显不具有已然义，更近于 B 式，S1、S4 处于两者之间。

其实在 A$_1$ 式的"V 了"和 A$'_1$ 式"V 了 O"中，不强调先后关系的"了"表义功能也与"却"、"得"相近，如前述例（34）"朝臣知了泪摧摧"、"将军破了单于阵"。同时，"V 却（O）"、"V 得（O）"之类的 B 式处于另一 VP 之前时，有时也与相应的 A 式表义功能相近。如：

（64）牡丹枉用三春力，开得方知不是花。（司空图《红茶花》，引自曹广顺 1995）｜上却征车再回首，了然尘土不相关。（吴融《新安道中玩流水》，引自曹广顺 1995）

由此可见，B 式"V 了 O"不是直接通过 A$_1$ 式"了"的前移演变而来，而是从 A$_2$ 式变为 A$'_2$ 式，再经过 A$'_2$ 式这个中间阶段，在 A$'_2$ 式中拥有了与"却"、"得"类似的功能之后，才逐渐取代了"却"、"得"、"将"、"取"。

"了"所在句式的演化路径可概括为下表：

	补语	动相补语	助词
A_1	$V_\text{延}$了$+V \Rightarrow$	$V_\text{终、静、延}$了$+V \Rightarrow$	V了$_1+V$
	$\underline{VO_\text{延}}$了$+V \Rightarrow$	$\underline{VO_\text{终、静、延}}$了$+V$	
A_1'	$\underline{V_\text{延}}$了$+\underline{O}+V \Rightarrow$	$\underline{V_\text{终、静、延}}$了$\underline{O}+V \Rightarrow$	V了$_1\underline{O}+V$
A_2	$V_\text{延}$了 $\Rightarrow$	$V_\text{终、静、延}$了 $\Rightarrow$	V了$_{1+2}$
	$\underline{VO_\text{延}}$了 $\Rightarrow$	$\underline{VO_\text{终、静、延}}$了	VO了$_2$
A_2'	$\underline{V_\text{延}}$了$\underline{O} \Rightarrow$	$\underline{V_\text{终、静、延}}$了$\underline{O} \Rightarrow$	V了$_1\underline{O}$
B		$\underline{V}$ 了$\underline{O}_\text{终、静、延} \Rightarrow$	V了$_1\underline{O}$
		V 了 $\Rightarrow$	V了$_1$

主要参考文献

曹广顺:《〈祖堂集〉中的"底（地）"、"却（了）"、"着"》,《中国语文》1986 年第 3 期。

曹广顺:《近代汉语助词》,语文出版社 1995 年版。

曹广顺:《试论汉语动态助词的形成过程》, Alain PEYRAUBE and SUN Chaofen, eds., *In Honor of Mei Tsu-Lin: Studies on Chinese Historical Syntax and Morphology*, Paris: CRLAO, 1999。

陈前瑞:《从句尾"了"到词尾"了"——〈祖堂集〉〈三朝北盟会编〉中"了"的用法发展》,《语言教学与研究》2007 年第 3 期。

冯春田:《〈朱子语类〉"得"、"了"、"着"的主要用法分析》,载程湘清主编《宋元明汉语研究》,山东教育出版社 1992 年版。

蒋绍愚:《近代汉语研究概况》,北京大学出版社 1994 年版。

蒋绍愚:《〈世说新语〉〈齐民要术〉〈洛阳伽蓝记〉〈贤愚经〉〈百喻

经〉中的"已""竟""讫""毕"》,《语言研究》2001 年第 1 期。

蒋绍愚:《近代汉语研究概要》,北京大学出版社 2005 年版。

蒋绍愚、曹广顺主编:《近代汉语语法史研究综述》,商务印书馆 2005 年版。

李明:《从言语到言语行为——试谈一类词义演变》,《中国语文》2004 年第 5 期。

李讷、石毓智:《论汉语体标记诞生的机制》,《中国语文》1997 年第 2 期。

林新年:《〈祖堂集〉的动态助词研究》,上海三联书店 2006 年版。

刘勋宁:《现代汉语句尾"了"的来源》,《方言》1985 年第 2 期。

刘勋宁:《现代汉语词尾"了"的语法意义》,《中国语文》1988 年第 5 期。

吕叔湘主编:《现代汉语八百词》(增订本),商务印书馆 1999 年版。

梅祖麟:《现代汉语完成貌句式和词尾的来源》,《语言研究》1981 年第 1 期。

梅祖麟:《先秦两汉的一种完成貌句式》,《中国语文》1999 年第 4 期。

梅祖麟:《唐代、宋代共同语的语法和现代方言的语法》,《中国境内语言暨语言学》1994 年第 2 期。

木霁弘:《〈朱子语类〉中的时体助词"了"》,《中国语文》1986 年第 4 期。

潘维桂、杨天戈:《敦煌变文和〈景德传灯录〉中"了"字的用法》,《语言论集》1980 年第 1 集。

潘维桂、杨天戈:《魏晋南北朝时期"了"字的用法》,《语言论集》1980 年第 1 辑。

石锓:《浅谈助词"了"语法化过程中的几个问题》,《汉语史研究集刊》第 2 辑,巴蜀书社 2000 年版。

太田辰夫:《中国语历史文法》,蒋绍愚、徐昌华译,北京大学出版社 1987 年版。

王力:《汉语史稿》,中华书局 1980 年版。

王士元：《语言变化的词汇透视》，《语言研究》1982 年第 2 期。

魏培泉：《〈祖堂集〉中的助词"也"——兼论现代汉语助词"了"的来源》，《含章光化——戴琏璋先生七秩哲诞论文集》，台北里仁书局 2002 年版。

吴福祥：《敦煌变文语法研究》，岳麓书社 1996 年版。

吴福祥：《重谈"动 + 了 + 宾"格式的来源和完成体助词"了"的产生》，《中国语文》1998 年第 6 期。

杨永龙：《朱子语类完成体研究》，河南大学出版社 2001 年版。

杨永龙：《〈朱子语类〉中"了"的语法化等级》，《语法化与语法研究》（一），商务印书馆 2003 年版。

俞光中、植田均：《近代汉语语法研究》，学林出版社 1999 年版。

赵金铭：《敦煌变文中所见的"了"和"着"》，《中国语文》1979 年第 1 期。

Cheung, Samuel Hung-nin, 1977, "Perspective Particles in the Bianwen Language", *Journal of Chinese Linguistics*, 5：55—74.

Comrie, Bernard, 1976, *Aspect*, Cambridge：Cambridge University Press.

Croft, William, 2001, *Radical Construction Grammar：Syntactic Theory in Typological Perspective*, Oxford：Oxford University Press.

Hopper, Paul J., 1979, "Aspect and Foregrouding in Discourse", In Talmy Givón ed., *Syntax and Semantics*, *Volume* 12：*Discourse and Syntax*, 213—41, New York：Academic Press.

（原载《历史语言学研究》第 2 辑，商务印书馆 2009 年版）

《朱子语类》中"了"的
语法化等级

0 问题的提出

0.1 "了"是现代汉语最重要的体标记之一，无论现代汉语还是近代汉语学界都给予了高度重视，如李讷等（1982）、刘勋宁（1988）、李兴亚（1989）、戴耀晶（1997）等曾从不同角度对现代汉语的"了"进行细致入微的观察；梅祖麟（1981、1999）、刘勋宁（1985）、曹广顺（1987、1995）、吴福祥（1996、1998）、李讷和石毓智（1997）等对"了"的来源和发展过程进行过深入的探索；赵金铭（1979）、曹广顺（1986）、吴福祥（1996）等曾描写过敦煌变文和《祖堂集》中"了"，木霁弘（1986）、冯春田（1992）曾对《朱子语类》的"了"进行过专门研究。

笔者也曾经对《朱子语类》中"了"的各种用法从不同角度进行过初步描写（杨永龙2001），本文试图根据"了"的语法化程度，进一步总结"了"从词汇形式到语法形式的变异，以及这种变异所构成的语法化斜坡（cline of grammaticalization）。语法化斜坡反映的是历时变化（change）的阶段或共时变异

（Variation）的连续统。① 一般来说，共时变异和历时变化是相对
应的，——共时变异往往是不同层次的历时变化的反映，但在共
同变异中，语法化程度有区别的各项目之间未必一定具有源流关
系。本文即观察共时变异的斜坡。尽管在斜坡上，从一个点到另
一个点的变异都是非离散的（non-discrete），为避免臆测和便于
操作，笔者还是尽量从句法、语义、语用等方面寻找一些与这一
斜坡相关联的参项。

0.2　根据考察，与"了"的语法化程度相关的主要参
项有：

（一）情状类型（situation type）：根据［±动态］［±持
续］，可以把与"了"结合的 VP 分为三种情状类型：延续情状
（［＋动态］［＋持续］），终结情状（［＋动态］［－持续］），静
态情状（［－动态］［－持续］）。所谓"动态"指动作包含变
化，内部是异质的（heterogeneous）；所谓"持续"指有一个延
续过程，即有始有终有续段。（邓守信 1985，陈平 1988，Smith
1997，戴耀晶 1997，杨永龙 2001）

（二）事件类型：包括前景事件（foregrounding）——叙述
事件主要进程、反映说话人主要目标，和背景事件（backgroud-
ing）——表示背景时间信息、帮助说明前景事件。（Hoper &
Thompson 1980，杨永龙 2001）

（三）信息结构：包括两个层次：旧信息、新信息，非焦
点、焦点（张伯江、方梅 1996，徐烈炯、刘丹青 1998）。

（四）时制类型：以说话时间为基点，有已然、未然之别；
以另一参照时间为基点，有先时、同时、后时之别。（Comrie
1985，李铁根 1999，杨永龙 2001）

---

① 详见沈家煊（2001b）、Hopper 等（1993）。

（五）"VP了"的否定形式：有"VP + Neg + 了"、"Neg + VP + 了"、"Neg + VP"（Neg 代表否定词）。

（六）说话人对事件的观察角度：有完整和非完整之别。所谓完整，即对事件不加分割，从整体加以观察；所谓非完整，即对事件加以分解，对其过程的某一点/段如起点、终点、续段加以观察。 （Comrie 1976，Smith 1997，戴耀晶 1997，杨永龙 2001）

此外还有一条重要参项，即语音变化（参见江蓝生 1999）。伴随着"了"的语法化，必然有一个语音变化过程，限于资料，本文暂不讨论。

0.3 从体意义入手，可以把《朱子语类》（据中华书局 1986 年版，以下简称《朱子》）的"了"分为相互联系而又有所区别的五个次类：

A 类"了"表动作完毕

B 类"了"表动作有结果

C 类"了"表事件完成

D 类"了"表状态实现

E 类"了"丧失了体意义（纯表语气）

为便于讨论，五类"了"分别记作"了 a"、"了 b"、"了 c"、"了 d"、"了 e"。①

1 表动作完毕的"了 a"

1.1 "了 a"表示动作完毕，是"完毕"义动词，但该次

---

① 拙著（杨永龙 2001）分为四类："了 0"、"了 1"、"了 2"、"了 3"。其中"了 0"包括表示完毕和有结果，为便于显示语法化程度，这里把二者分开。同时为了避免和通常所说的"了 1"、"了 2"相混，这里改称"了 a"、"了 b"等。

类中"了"的动词性程度并不完全一致：有的"了"是中心动词，动词性很强，如下例的"了"与"毕""竟"互文，都是中心动词：

（1）又问："行旅酬时，祭事已毕否？"曰："其大节目则已了，亦尚有零碎礼数未竟。"（1557页）

有的虽非中心动词，但前面可以受副词修饰，其动词性也比较强，如"V＋O＋未了"格式中的"了"：

（2）说甲未了，又缠向乙上去；说乙未了，又缠向丙上去；无一句著实。（2614页）

（3）今人做这一事未了，又要做那一事，心下千头万绪。（2464页）

进入"V＋O＋了"格式之后，"了"的动词性下降，但仍然可以见到用"V＋O＋未了"来否定的例子，如例（4），这说明其中的"了"仍具有相当强的动词性。例如：

（4）心若走作不定，何缘见得道理？如理会这一件事未了，又要去理会那事，少间都成无理会；须是理会这事了，方好去理会那事，须是主一。（2779页）

（5）王德修言，一日早起见和靖，使人传语，令且坐，候看经了相见。（2578页）

相对而言，"V＋了"、"V＋了＋O"格式中的"了"在这一小类中动词性最弱，虚化程度最高。如：

（6）忽闻溪边林中响甚，往看之……。看了，去未数里，下雹。（35页）

（7）且如今日说这一段文字了，明日又思之；一番思了，又第二、第三番思之，便是时习。今学者才说了便休。（448页）

（8）问"主一"。曰："做这一事，且做一事；做了这

一事，却做那一事。今人做这一事未了，又要做那一事，心下千头万绪。"（2464 页）

（9）问"仕而优则学"。曰："有一乡人作县尉，请教于太守沈公云：'某欲修学，先读何书？'沈答云：'公且去。做了县尉，归家去款款读书。'此说乱道！居官岂无闲暇时可读书？且如轿中亦可看册子，但不可以读书而废居官之事耳。"（1211 页）

但"了"仍有"完毕"义，如例（8）"做了这一事"的否定形式是"做这一事未了"；而例（9）"做了县尉"不是当上了县尉，而是做县尉结束。

可见，A 类"了"虽然都具有动词性，但在虚化程度也有等级之别：

N + 了 > V + O + Adv + 了 > V + O + 了 > V + 了/V + 了 + O

从左到右，"了"由谓语渐变为补语，由表述性成分渐变为补充性成分。

以上主要是结合句式对 A 类"了"内部虚化程度进行分析，但这种分析也有一定的局限，如对上面"V + 了"、"V + 了 + O"中的"了"就很难单靠句式来说明。按照一般看法，"V + 了 + O"格式中的"了"是典型的动态助词，但例（8）（9）却仍是补语性质的词。

进一步的观察可以发现，上述除了充当中心动词、具有明显的动词属性的例子之外，都有如下特点：

其一，与"了"结合的 V 或 VO 属于延续情状。如上举"看、说、看经、说甲、理会这事、做一事、做县尉"等。

其二，都是连续事件句，"VP₁ 了"（既包括"VO 了、V 了"也包括"V 了 O"，下同）表示背景信息，主要用于说明 VP₂ 发生的时间背景。整个"VP₁ 了，VP₂"格式表示 VP₁ 完毕之后，接着发生 VP_2。

其三，"VP_1 了"可以表述已然的、现实（actual）的事件，如（6）（7）；也可以表述未然的、非现实的事件，但后者有 VP_2 做参照时间，保证了 VP_1 的先时性，如（4）（5）（8）（9）。其实在这里已然未然、现实非现实并不重要，重要的是必须保证 VP_1 的相对先时。

其四，"了"是新信息，是叙述的焦点，而与之组合的 VP 则是旧信息。如例（6），前面已经有"往看之"，"看"是旧信息；"看了"不在于说明"看"是否发生，而是要说明"看"这一过程的"了"（完毕、终结）。例（4）"理会这事了"要说明的也是"理会这事"这一过程"了"（完毕）没"了"的问题，而不是"理会"没"理会"的问题。

其五，对"了"可以用副词"未"直接否定。例（4）（8）中"了"与"未了"相对，正说明"了"是对比焦点，也说明"了"仍具有较强的动词性。

1.2　《朱子》中的"毕、竟、讫、罢"也具有以上特点。例如：

毕：东坡注《易》毕，谓人曰："自有《易》以来，未有此书也。"（1630 页）｜《论语》已看九章，今欲看毕此书，更看《孟子》，如何？（2789 页）｜作两小山于门前，烹狗置之山上，祭毕，却就山边吃，却推车从两山间过，盖取跋履山川之义。（2291 页）——比较：用牲为两断，车过其中，祭了却将吃，谓之"饯礼"。（2292 页）

竟：每诵其疏一段竟，又问云："王安石，是如此也无？"（3100 页）

讫：每看一代正史讫，却去看《通鉴》。（2813 页）｜食讫，即逐人以所定事较量。（2648 页）

　　　　罢：先生与泳说："看文字罢，常且静坐。"（2794 页）
丨 长孺起，先生留饭，置酒三行，燕语久之，饭罢辞去，退
而记之。（2862 页）

　　其中"毕"与"了"一样，也可处于"VO 毕"、"V 毕"、
"V 毕 O"三种格式，尽管《朱子》中"V 毕 O"仅有一例。

　　1.3　据 Comrie（1976）、陈平（1988）、Smith（1997）、戴
耀晶（1997），体范畴反映了人们对事件的不同观察方式。如前
所述，与"了"结合的事件都属于延续情状，本来具有一个动
态的，可延续一定时段的过程，但加"了"之后则表明这一过
程已经终止，即 VP_1 与 VP_2 所述事件在时轴上不能同时出现。
如例（9）"做了县尉，归家去款款读书"，是做完太尉再读书，
"读书"的时候"做太尉"的过程已经结束。可见，"了 a"反
映的是对延续情状的终结点加以观察。"了 a"（包括"毕、竟、
讫、罢"）的时间结构可图示为：

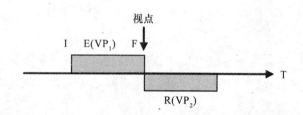

　　图中 T 代表时轴；E 代表事件，图示为 ▭；I 代表事件的起点；
F 代表事件的终点；R 代表参照时间；下指箭头指向观察点。下同。

2　表动作有结果的"了 b"

　　所谓动作有结果，是指动作对受事施加了一定的影响，造成
了受事的消失、减少，或者获得、保留。

2.1 现代汉语中，"有些动词后面的'了'表示动作有了结果，跟动词后的'掉'很相似"，可用于处置式、祈使句，或在动词前加助动词（吕叔湘等 1980：315；1999：352），仍具有补语性质（马希文 1983）。这类例子《朱子》中十分常见，主要处于"V＋了＋O"格式，"V＋了"格式中也有一些。例如：

（1）切须去了外慕之心！（147 页）

（2）若恁地看文字，终不见得道理，终不济事，徒然费了时光。（2889 页）

（3）今日是，明日非，不是将不是底换了是底；今日不好，明日好，不是将好底换了不好底。只此一心，但看天理私欲之消长如何尔。（225 页）

（4）须常照管，不要失了。（864 页）

（5）若识得些路头，须是莫断了。（132 页）

（6）如人一日只吃得三碗饭，不可将十数日饭都一齐吃了。（166 页）

现代汉语的这类"了"前主要是"减"类动词，通常不能是"加"类动词（沈家煊 1999：163），如沈先生的例：

把货卸了　　　＊把货装了

他把房子卖了　＊他把房子买了

在《朱子》中，这类动词也主要是减类动词，如（1）—（6）。而且在《朱子》八百多例"V 了 O"中，约 75% 为减类动词。如"罢、剥、拆、吃、除、掉、翻、反、放、废、费、改、割、勾、关、害、耗、阖、坏、换（换下）、漏、灭、破、弃、欠、去（去除）、阙、散、杀、伤、舍、失、输、死、缩、退、忘、瞎、消磨、遗、折、走"等。当"加"类动词与"减"类动词相对举时，通常前者之后用"得"，后者之后用"了"。例如：

（7）才这边长得一寸，那边便缩了一寸，到今销铄无余矣。（2620 页）

（8）与贤说话，却似扶醉汉，救得一边，倒了一边。（2904 页）

（9）扶得东边，倒了西边；知得这里，忘了那里。（3140 页）

（10）解得这一处，碍了那一处。（2021 页）

（11）众人缘不见得，所以说得一头，又遗了一头。（494 页）

2.2 《朱子》这类"了"前也有一些"加"类动词或无所谓加减的中性动词，如"加、添、帖、多、占、留、护、胜；过、对、说、看、许"等。此时有两种情况：其一，仍是造成消减性结果，如：

（12）"敏于事"，是合当做底事，须便要做了。（527 页）

（13）看《诗》，不要死杀看了，见得无所不包。（2084 页）

孤立地看，例（12）"须便要做了"，可理解为：（a）要给它做掉，不要总是拖着；（b）原来不需要做，现在需要做了。即：

（a）须便要 | 做了　　　（b）须便要做 | 了

据文义当为（a）。若理解为（b），则是下文将要讨论的"了 d"。例（13）有所虚化，是从造成消减性结果发展而来，但更靠近表示时间。

其二，造成获得性结果，如：

（14）喻之以物，且须先做了本子。本子既成，便只就这本子上理会。（227 页）

（15）才着个要静底意思，便是添了多少思虑。（2857 页）

此时"了"与"得"相同。试比较：

> （16）a. 譬之此烛笼，添得一条骨子，则障了一路明。
> （1655 页）
>
> b. 此譬如烛笼，添了一条竹片，则障了一路明。
> （1655 页）

2.3 "了"、"得"之外，《朱子》中表结果的半虚化形式还有"却"和"取"。"了、却、取、得"分为两组："了、却"一组，"取、得"一组。

2.3.1 "却"与"了"相似，主要与减类动词结合，表示消减性结果。在《朱子》表结果的 108 个"却"字例中，减类动词与加类动词之比是 93:15。如减类动词例：

> （17）今日这段失去了，明日那段又失，一向失却，便不是。（1406 页）
>
> （18）凡看文字，专看细密处，而遗却缓急之间者，固不可。专看缓急之间，而遗却细密者，亦不可。（182 页）
>
> （19）当静坐涵养时，正要体察思绎道理，只此便是涵养，不是说唤醒提撕，将道理去却那邪思妄念。（217 页）

试比较：

> （20）a. 才先引此，便是先瞎了一部文字眼目！（2091 页）
>
> b. 只用他这一说，便瞎却一部诗眼矣！（539 页）
>
> （21）a. 只除了不弘，便是弘；除了不毅，便是毅。（928 页）
>
> b. 除却不弘，便是弘；除了不毅，便是毅。（928 页）
>
> （22）a. 今若此，可谓是"飏了甜桃树，沿山摘醋梨"也。（飏：抛弃）（2843 页）

b. 所谓"弃却甜桃树，缘山摘醋梨"！（2938 页）

"却"也常与"得"对举，"得"用于加类动词之后，"却"用于减类动词之后：

（23）范氏议论多如此，说得这一边，便忘却那一边。（793 页）

（24）少间遇事做得一边，又不知那一边。见得东，遗却西。（1425 页）

（25）如今宰相思量得一边，便全然掉却那一边。（2733 页）

"却"和"了"一样，有时也可以跟在加类动词之后，表示获得性结果。如：

（26）a. 前汉初立三宗，后王莽并后汉末又多加了"宗"字，又一齐乱了。（2297 页）

b. 又加却"乐天知命"四字，加此四字又坏了这乐。（795 页）

（27）a. 某时坐轿有碍，后于轿顶上添了一圈竹。（2326 页）

b. 章句云"健顺五常之德"，何故添却"健顺"二字？（1490 页）

（28）a. 便颜子也只是使人心听命于道心，不被人心胜了道心。（2885 页）

b. 若读书上有七分志，科举上有三分，犹自可。若科举七分，读书三分，将来必被他胜却，况此志全是科举！（243 页）

不过，虽然是表示获得性结果，这类句子多少都带有一定的消极意义，其所表结果通常是说话者不希望发生的。

2.3.2 "取"与"得"类似，主要用于"加"类动词之后，也偶可用于减类之后。前者如例（29）（30），后者如（31）：

（29）且就本文上看取正意，不须立说别生枝蔓。（435页）

（30）如公资质如此，何不可为？只为源头处用工较少，而今须吃紧着意做取。（2782页）

（31）如此读书三年，无长进处，则如赵州和尚道：截取老僧头去！（173页）

2.3.3　"了、却"与"取、得"在选择上的相对分工表明：在语法化过程的某一阶段上，原来的词汇意义会在一定程度上保留在已经有所虚化的形式之中，并对其功能具有限制作用，只有进一步虚化，才有可能完全摆脱限制①；同时还表明，《朱子》中的"了b"与"取、得、却"一样，都还没有完全摆脱限制，还保留有一定的词汇意义，在一定程度上具有补语性质。

2.4　《朱子》"了b"还有如下一些特点：

其一，与"了"结合的 VP 大多属于终结情状，包括终结动

---

①　这种现象具有普遍意义，Hopper（1991）称之为语义**滞留原则**（persistence），是他所揭示的语法化的五个原则中的第四个原则。汉语中"了"的语法化案例，也能对其余四个原则加以验证：一是形式**层叠原则**（layering），即具有某一功能的新表达形式出现之后，旧形式未必消失，而是与新形式共存并互相影响。唐宋时期，表完毕的"了"出现之后，"毕、竟"等旧形式并未随即消失，表结果的"了"出现之后，原有的"却、得、取"仍然存在，这都属于形式层叠。二是**歧变原则**（divergence），一个实词虚化为语法形式之后，源体会继续作为实词独立存在，会与其他实词一样经历语法化。"了"虚化为结果补语或体标记之后，"完毕"义的"了"曾经继续独立使用，又虚化为表可能的补语（V 了、V 得了、V 不了）。三是**择一原则**（specialization），在一定时期，某一功能的表达可能有许多语义微殊的形式，后来只有少数形式保留下来，承担更广泛的语法意义。在唐宋时期，"取、得、却、了"均表结果而略有区别，后来集中于"了"。五是**降类原则**（De-categorization），即名词、动词这种基本词类的词，在虚化过程中失去该词类的句法特点、形态标记和话语独立性。"了"作为动词本来可以作谓语、可以受副词修饰，伴随着它的语法化，这些功能便逐渐消失。

词如"断、灭、破、阙、失、死、忘"等，或由此构成的终结情状短语，如"去外慕之心、忘那里、遗一头"等。其中减类动词绝大多数是终结动词（例外很少，如"吃"），加类动词略微复杂，既有终结动词，也有延续性动词。

其二，"VP 了"（V 了 O、V 了）通常是前景事件，上举诸例大多如此；属于背景事件的例子很少，如：

（32）武王既杀了纣，有微子贤，可立，何不立之？（908 页）

（33）恰似剥了一重，又有一重。（321 页）

（34）须先去了小序，只将本文熟读玩味，仍不可先看诸家注解。（2085 页）

（35）水自是元有，只被塞了，才除了塞便流。（2833 页）

因为有 VP$_2$ 作参照时间来保证背景事件的相对先时性，所以，表明动作有结果，也就隐含着 VP$_1$ 的完成。因此也可以把这些背景信息中的"了 b"分析为"了 c"（参下节）。

其三，"VP 了"大多表述未然事件或非现实的事件，包括 V 前有助动词的句子、祈使句、假设复句等，前举诸例大多如此。但偶尔也可以是已然事件：

（36）今砖瓦之费已使了六万，所余止一万，初料得少，如今朝廷亦不肯添了。（2656 页）

（37）恐只是汉世不柰诸侯王何，幸因他如此，便除了国。（2307 页）

（38）他言语只说得里面一边极精，遗了外面一边，所以其规模之大不如程子。（419 页）

（39）诸公致知、格物之说，皆失了伊川意。（422 页）

已然和未然语境中的"了"意义似乎有所区别：在前者，

事件已经成为现实,"了"也表事件的完成;在后者,事件尚未成为现实,"了"表示可能会出现某种拟想的结果。试比较:

(40) a. 旧来失了此物多时,今收来尚未便入腔窠,但当尽此生之力而后已。(2618 页)

b. 处乡曲,固要人情周尽;但须分别是非,不要一面随顺,失了自家。(2808 页)

(41) a. 日所以蚀于朔者,月常在下,日常在上,既是相会,被月在下面遮了日,故日蚀。(13 页)

b. 盖仁多,便遮了义;义多,便遮了那仁。(57 页)

其实 a 与 b 的"了"可统一解释为表示出现某种结果,如"旧来失了此物"是说旧来曾出现"失此物"这样的结果,"不要……失了自家"是说不要出现"失自家"这样的结果。已然语境中出现某种结果,也就隐含着事件已经完成。

二、三两条是统一的:已然是以说话时间为参照的先时,背景事件是以前景事件为参照的先时。在先时语境中动作有了结果便隐含着动作已经完成;而在后时语境中,动作有结果并不等于完成。即如下图所示,以 A 点为参照,把事件作为一个整体来观察,那么"了"表示尚未出现的结果;以 B 点为参照,则"了"表示已经出现的结果(隐含完成):

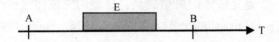

以 A 点为参照时间的用法是典型的表结果,以 B 点为参照时间的用法介于表结果和表完成之间。为便于说明,我们也可以把后者归入"了c"类。于是二、三两条可重新表述为:

其二,"VP 了"(V 了 O、V 了)一般只表述前景信息。

其三，"VP了"（V了O、V了）一般只表述未然事件或非现实事件。

这样，"了b"的时间结构则可图示为：

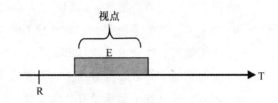

其四，从信息结构看，似乎很难分清 VP 与"了"孰重孰轻，在句中没有对比焦点的情况下，往往是"VP了"共同充当句子的焦点，如例（4）"须常照管，不要失了"，否定的焦点是既非"失"也非"了"，而是"失了"。

其五，否定形式是在 VP 前加否定词，如"不要失了"，再如：

（42）理是此心之所当知，事是此心之所当为，不要埋没了它，可惜！（558 页）

（43）不可掉了易底，却先去攻那难底。（1479 页）

3　表事件完成的"了c"

"了c"是完成体的典型成员。典型的完成体（perfect）是完整体（perfective）的次范畴（Comrie 1976，Smith 1997，戴耀晶 1997）。完整体是把事件作为一个不加分解的整体加以观察，而完成体则是在此基础上把事件与说话时间或其他参照时间联系起来，表明该整体事件先于该参照时间发生。

3.1　汉语中最能体现这一特点的是先时语境中与终结情状结合的"了"。例如：

甲组——处于句中

（1）"先庚、后庚"，是说那后面变了底一截。（1862页）

（2）义如利刀相似，都割断了许多牵绊。（120页）

（3）所谓"予之不仁"者，便谓他之良心已死了也。（1190页）

乙组——处于背景事件末尾

（4）事事须先理会，知得了，方做得行得。（2894页）

（5）若如此说，不解亦自分明，但今解者便添入许多字了说。（1995页）

（6）如人行路，行到一处了，又行一处。（360页）

丙组——处于前景事件句尾

（7）及嫂叔无服，这般处皆是大项事，不是小节目，后来都失了。（2283页）

（8）想见他看见天下之事，才上手来，便成四截了。（2543页）

（9）大率人难晓处，不是道理有错处时，便是语言有病；不是语言有病时，便是移了这步位了。（339页）

从句法看，以上诸例有"V了、VC了O、V了也、VC了、VO了、V了O了"等，共同点是，与"了"结合的VP都表先时，都是终结情状。终结情状是瞬间完成而不能延续的，自身有终结点，因此事件的完成或终止严格地说并不是"了"决定的。但在此终结点出现之前有一个变化过程，尽管这个变化过程可能非常短暂，比如从没死到死、没断到断等。"了"的作用在于反映人们把这一变化过程看作一个不可分割的整体来加以观察，并表明该瞬间过程在参照时间之前已经发生。

上述举有三组例子，其体意义是相同的，区别在于：甲组

"了"处于句中,单纯表示体意义,如上举三例分别用于修饰语中、VO之间和表语气的"也"之前。乙组"了"用于连续事件句的前一事件句尾,表述背景时间信息,后面语意未完,在体意义之外一定程度上还具有表示相对先时的功能,因此可以按"后(之后、以后)"来理解;丙组"了"处于表示前景信息的句尾,在体意义之外还具有提示新信息的语气意义(参见6.2节)。

3.2 "了c"也可与延续情状结合。延续情状本来具有可以延续的线状特征,可以有始有终有续段,但如果把它看作一个整体而不加分解,则与之结合的"了"也表完成。如:

甲组——处于句中

(10)今之学者,看了也似不曾看,不曾看也似看了。(171页)

(11)古人自少小时便做了这工夫。(217页)

乙组——处于背景事件末尾

(12)又如服药,吃了会治病,此是药力;或温或凉,便是药性。至于吃了有温证,有凉证,这便是情。(2438页)

(13)《诗》,如今怎地注解了,自是分晓,易理会。(2086页)

丙组——处于前景事件句尾

(14)也只是这道理,先辈都说了。(2765页)

(15)又如临事时虽知其不义,不要做,又却不知不觉自去做了。(228页)

"看、做、做这工夫、吃、注解、说"本来都可以对其过程加以分解,但上例中都是作为一个整体看待的。如例(10)两句都是"看了"与"不曾看"正反相对,仅仅位置颠倒一下,据此可知"看了"重点在于说明"看"作为一个不加分割的事件已经发生，而不是把"看"分为开始、持续、结束等部分之后专指结束。例（12）"吃了会治病"，不是对"吃"进行分解，强调"吃"这一过程完毕之后才会治病，而是在于说明"吃"这一整体事件一旦发生就会治病。

3.3　从语义重心看，"VP了"的焦点已不是"了"，而是"了"前的成分。如"先辈都说了"，焦点在"说"；"割断了许多牵绊"，焦点是"断"。这与"了 a""了 b"有明显不同。

这类"VP了"的否定形式是在 VP 前加否定词，而"了"不出现：

（16）且如致知、格物而后诚意，不成说自家物未格，知未至，且未要诚意，须待格了，知了，却去诚意。安有此理。（300 页）

综上可见：第一，"了 c"既可与终结性情状结合，也可以与延续性情状结合，但都是对事件不加分解；第二，"了 c"既可表述前景信息，也可以表述背景信息；第三，既可用于已然语境，又可以用于未然语境，但必须是相对先时；第四，"VP了"的焦点是 VP 而不是"了"；第五，"VP了"的否定形式是"未 VP"。

"了 c"的时间结构是：

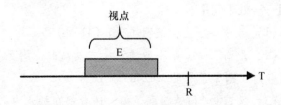

表示对事件从整体观察而不加分解。"了"处于背景事件中，R 是后一事件；处于前景事件时，R 通常是说话时间。

4 表状态实现的"了 d"

4.1 这里所说的"实现"是指一种静态的出现。当"了"与静态情状结合时，不是表明该静态情状的终止、消失或完成，而是表示该静态的出现。如：

（1）到得旱了赈济，委无良策。（2640 页）

"旱"是形容词，本来表示一种静态，"旱了赈济"是说出现了"旱"这种状态之后便"赈济"，不是说"旱"这种状态终止、消失或完成之后才"赈济"。

其实，静态的出现是变化的结果，即从没有这种静态变为有这种静态。"了"本来反映的是人们对这一变化过程进行整体观察，可见它与表示终止、消失、完成的"了"是一脉相承的。然而，与"了"结合的静态情状本身并没有显示变化，它所显示的恰恰是变化完成后所呈现出的状态。于是给人的感觉是，"了"不是反映人们对变化完成的观察，而是对静态出现的观察。于是在一定程度上就非常接近起始体（inchoative）的体意义。

4.2 静态情状的表达形式既可以是静态动词（包括形容词），也可以是静态短语（包括否定结构、助动词短语等）。如：

甲组——处于句中

（1）若放些子出，便粗了也。（41 页）

（2）形而下者，则不能通，故方其动时，则无了那静；方其静时，则无了那动。（2403 页）

（3）又曰："须是踏翻了船，通身都在那水中，方看得出。"（2756 页）

（4）太极分开只是两个阴阳，括尽了天下物事。（2365

页）

乙组——处于背景事件末尾

（5）人之有才者出来做得事业，也是它性中有了，便出来做得。（97 页）

（6）须先其易者，难处且放下，少间见多了，自然相证而解。（2251 页）

（7）知得分明了，方能慎独涵养。（2490 页）

（8）且如深衣有大带了，又有组以束之，今人已不用组了。（2326 页）

丙组——处于前景事件句尾

（9）薄太后以帽絮提文帝，则帽已自此时有了。（2326 页）

（10）本是要说得高，不知却反说得低了。（2590 页）

（11）如诸侯祭天地，大夫祭山川，便没意思了。（47 页）

（12）先主孔明正做得好时，被孙权来战两阵，到这里便难向前了。（2476 页）

（13）谓如今日在这一处，明日自是又衮动看些子，又不在旧时处了。（15 页）

（14）汉世说甚安期生，至唐以来，则不见说了。（44 页）

（15）如陈蕃杀宦者，但读前面，许多疏脱都可见了。（197 页）

（16）恐他自不肯去澄治了。（2428 页）

需要说明的是，动补结构本该属于终结情状，但在"VC了"中，"了"的语义指向是 C，而 C 大多表示静态，如（6）（7）（10）"多"、"分明"、"低"。此外否定结构、助动词短语也属于静态性质的，如（13）—（16）。例（14）的"了"不是与"说"结合，而是与"不见说"结合；例（16）的"了"也不是与"澄治"结合，而是与"不肯去澄治"结合，因此该例之类用于未然语境或非现实语境的"了"并不是"表示事态将有变化"①，而是说这种未然或非现实的状态已经出现。

静态情状没有终结，所以与"了d"结合的事件虽然先于参照时间，但可以延续到参照时间，并且有可能继续延续下去。"了d"的时间结构可图示为：

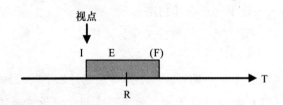

"了"处于背景事件中，R是后一事件；处于前景事件时，
R通常是说话时间；F通常是不存在的，故加了括号。

4.3　总体来看，"了d"与"了c"在所与结合的情状类型方面是互补的，而在其他方面则基本相同：既可表述前景信息，也可表述背景信息；既可用于已然语境，又可用于未然语境，但必须是相对先时；"VP了"的焦点是VP而不是"了"；"VP了"的否定形式是"未VP"。如"了d"否定形式的例：

　　（17）意未诚，则全体是私意，更理会甚正心！然意虽诚了，又不可不正其心。（342页）

---

　　① 吕叔湘主编：《现代汉语八百词》（增订本），商务印书馆1999年版，第352页。同样，《现代汉语八百词》"快放假了"的"了"是说"快放假"这种状态已经出现，而不是"放假"将要出现。

因此，"了 c"与"了 d"也可以合并。不过二者的时间结构已有所不同，而且因为从选择限制看，《朱子》前景句尾的"了"绝大多数与静态情状结合（"了 e"丙组），很少与延续、终结情状结合（"了 d"丙组），这也表现出分化的倾向。

5　纯表语气的"了 e"

有些处于前景事件句尾的"形容词 + 了"不表示变化，主要表示程度或原因，此时"了"不再具有体意义，主要作用是提示新信息。如：

（1）李延平不著书，不作文，颓然若一田夫野老，然又太和顺了。（2601 页）

（2）横渠说自好，但如今日所论，却是太局促了。（2489 页）

（3）今已不知沱所在。或云蜀中李冰所凿一所，灌荫蜀中数百里之田，恐是沱，则地势又太上了。澧水下有一支江，或云是，又在澧下，太下了。（2027 页）

（4）孟子曰："臣弑其君者有之，子弑其父者有之。孔子惧，作《春秋》。"说得极是了。（2145 页）

（5）韩退之虽知有这物事，又说得太阔疏了。（2497 页）

石毓智（1992）曾经谈到，能够加"了"的词语都有一个"实现过程"。"'实现过程'是指词语所代表的行为、动作、性质、状态等从时间位于其出现前的某一'点'到自身出现的发展过程。"① 双向变化的反义形容词都可以加"了"。如：

---

① 石毓智：《论现代汉语的"体"范畴》，《中国社会科学》1992 年第 6 期。

天气已经冷了。　　　　　天气已经热了。

　　而单向变化的反义形容词，如：生→熟、小→大、矮→高、新→旧，左端的词是"初始性质"，没有实现过程，因此不能加"了"；右端的词有实现过程，因此可以加"了"。如：

　　*他孙子的个子矮了。　　他孙子的个子高了。

　　石氏的观察就体意义的表达而言当然是正确的。但是单向变化的反义形容词如"生→熟、小→大"等，左端的词在一定语言环境中是可以加"了"的。如：

　　他孙子的个子矮了，所以没能当上兵。

　　形容词前还可以加上主观性色彩较强的程度副词"太"：

　　他孙子的个子太矮了，所以没能当上兵。

　　这种用法的"了"不表示变化，主要功能是提示新信息。

　　实际上，双向变化形容词和处于右端的单变形容词加"了"之后，有的是有歧义的，如："他孙子的个子高了"，可以理解为（a）叙述句，意思是原来没这么高，现在变高了；也可以理解为（b）评议句，此时可以充当因果复句的原因分句："他孙子的个子高了，进不了门。""高"前也可以加"太"："他孙子的个子太高了，进不了门。"理解为（a），有"实现过程"，是上节讨论的"了 d"；理解为（b），没有"实现过程"，是本节讨论的"了 e"。这也说明"了"确实有不表示变化、专用于提示新信息的用法。

　　当然，这里所举的两个例子都是说明原因的，原因小句在一定程度上具有背景信息的性质，但它们也可以表示前景信息，如感叹句：

　　他孙子的个子太矮了！

　　他孙子的个子太高了！

　　金立鑫（1998）注意到现代汉语中这种用法的"了"，把它看作纯语气词，并指出"谓语中总是有程度副词'太''最'伴随"①。《朱子》中的情形与此相同。

6 结论

6.1 通过分析比较可以发现，就"了"的语法化程度而言，从"了 a"到"了 e"大体上构成一个语法化斜坡（cline）：

了 a > 了 b > 了 c > 了 d > 了 e

也就是：

完毕义动词 > 动相补语 > 完成体标记 > 起始体标记 > 纯语气词

在此斜坡中，从左到右，语法化程度渐次提高，词汇意义越来越虚，到最右端已经完全失去了词汇意义。

通过比较还可以发现，与该斜坡相关的参项也存在着一系列平行的变异：

首先是"了"所附着的成分：

（1）情状类型：大体上从延续性情状，到终结性情状，再到静态情状。动作性渐次减弱，状态性渐次增强。

（2）事件类型：总体上从表示背景事件变为表示前景事件。

（3）信息结构：总体上从旧信息渐变为新信息，从非焦点变为焦点。而与之结合的"了"则从焦点渐变成了非焦点。

其次是"VP 了"的否定形式："VP + Neg + 了"→"Neg + VP + 了"→"Neg + VP"。

再次是，说话人对事件的观察角度也发生了渐变：对动作的

---

① 参见金立鑫《试论"了"的时体特征》，《语言教学与研究》1998 年第 1 期。

终结点加以观察 > 对动作的结果加以观察 > 把事件不加分割，从整体加以观察 > 对状态的起始点加以观察 > 心理视点

"了"的语法化斜坡及相关参项可列表说明如下：

了 \ 参项		情状类型			事件类型		焦点	否定形式	观察点
		延续	终结	静态	背景	前景			
了 a	词汇形式	+			+		了	VP + Neg + 了	动作终结点
了 b	动相补语	+	+		(+)	+	VP 了	Neg + VP + 了	动作结果
了 c	完成体标记	+	+		+	+	VP	Neg + VP	事件整体
了 d	起始体标记			+		+	VP	Neg + VP	状态起始点
了 e	纯语气词			+		+	VP	Neg + VP	心理视点

这些参项以不同的方式与"了"的语法化程度相联系，其中在"了"的语法化斜坡的前部，直接影响"了"的语法化程度的最重要的无疑是 VP 的情状类型。与"了"结合的 VP 从延续性情状，到终结性情状，再到静态情状，其实是一种功能扩展。这就是说，功能扩展是导致"了"的体意义变异的主要因素。

6.2　以上主要是从体意义着眼，下面我们主要从语气角度观察。

不少学者把句尾的"了"称作语气词，如朱德熙先生把语气词分为三组，"第一组表示时态，包括'了''呢₁''来

着'",其中"'了'表示新情况的出现"①。北京大学中文系
1955、1957 级语言班编著的《现代汉语虚词例释》也称作语气
词,云:"放在句尾,表示一种肯定、确定的语气,而又着重说
明变化,即着重说明一种情况的已经发生。"② 这都是把体意义
与语气意义放在一起加以表述。分开来看,我们可以这样认为,
句尾"了"的语法意义实际可以包括两个方面:一方面是体意
义,表示完成或实现;另一方面是语气意义,——其主要作用在
于提示新信息。

如果分别考虑"了"体意义和语气意义,理论上有三种可
能的组合:

	体意义	语气意义
(A)	+	−
(B)	+	+
(C)	−	+

这三种组合正反映了"了"的语气意义从无到有、从弱到
强的过程。

(A)大体对应于"了 a"、"了 b"。"了 a"处于背景事件句
中,且本身就是新信息,这正与"了"表语气的典型环境(前
景事件句尾)和主要功能(提示它所附着的成分是新信息)相
矛盾。"了 b"处于前景事件句尾时,可以说与语气意义更接近
一步,但如前所述,这类句子在很大程度上是对动作结果加以观
察,而不是对动作本身加以观察,"了"在一定程度上还具有焦
点性质,所以不可能具有明显的提示新信息的功能。此外
"了 c""了 d"小类中处于背景句或者虽处于前景句,但不在句

---

① 参见朱德熙《语法讲义》,商务印书馆 1982 年版,第 208—209 页。
② 见该书,商务印书馆 1982 年版,第 313 页。

尾的"了"（即前述三、四两节的甲、乙两组）也不具有语气意义。如"了也"同现于前景句尾时，"也"表语气，"了"只表体意义。

（B）对应于"了 c"、"了 d"中的丙组。"了 c"、"了 d"中相应的甲、乙、丙三组的相同点在于，（Ⅰ）观察"了"前事件；（Ⅱ）与某一参照时间联系起来，表明事件先于参照时间发生。丙组的独特之处在于：处于前景事件句尾，参照时间通常是说话的当时或某一情境的当时。这样的语境便与说话人联系起来，与当时联系起来，"VP 了"自然具有了提醒听话人注意 VP 所表示的新信息的功能。可见，"了"的语气意义的产生，是说话人在话语中留下自我印迹的结果，亦即主观化（subjectivisation）的结果。而这一主观化过程是以"了"的体意义为基础的，因此这种环境中的"了"既具有体意义，又具有提示新信息的功能。例如：

> 及嫂叔无服，这般处皆是大项事，不是小节目，后来都失了。（2283 页）

> 太极是个藏头底，动时属阳，未动时又属阴了。（2372 页）

前例是"完成＋提示新信息"，后例是"实现＋提示新信息"。

（C）对应于"了 e"。我们说"了 e"不表示变化，其实准确地说，是不表示现实中的变化过程。"了 e"实际上反映的是一个心理上的变化过程，即预想中没有这么高的程度，实际结果高于预想结果。在预想结果与实际结果之间有一个变化过程。可见"了 e"的主观化程度高于"了 c"、"了 d"，是进一步主观化的结果。

6.3　本文揭示的序列大体上也适合于现代汉语的"了"。

现代汉语中除上述"了 a"之外，其余大体相应，当然有些用法可能有更进一步的发展。如：

了 b：你把苹果吃了！

了 c：那就吃了再走吧。吃了也是白吃。我把苹果都吃了。

了 d：苹果熟了才好吃。既然熟了，就吃吧。满树的苹果全都熟了。

了 e：这苹果太好吃了，再来一个。

如前所述，"了 c"与"了 d"大体互补，因此从简化和便于教学的角度考虑，可以把"了 c"与"了 d"合并，于是从体意义角度看，现代汉语的"了"有：

甲类：表示结果（了 b）

乙类：表示完成与实现（了 c、了 d）

丙类：纯表语气（了 e）

也可以着眼于语气意义的有无，对乙类重新加以区分：处于句中或处于背景事件中不含语气意义的算一类，处于前景事件句尾兼表体意义和语气意义的算一类。于是有：

甲类：表示结果

乙$_1$类：表示完成与实现

乙$_2$类：表示完成与实现＋表语气

丙类：纯表语气

由于甲类和乙$_1$类都不含语气意义，所以也可以合并。合并之后，现代汉语的完成体的体意义实际包括结果、完成、实现三个次类，三者构成一个连续统。这样又可重新分类为：

Ⅰ类：表示结果、完成、实现

Ⅱ类：表示结果、完成、实现＋提示新信息

Ⅲ类：提示新信息

如果重新定义"了₁"、"了₂"，把Ⅰ类记作"了₁"，把Ⅲ类记作"了₂"，那么Ⅱ类是"了₁₊₂"。这样定义和区分现代汉语的"了₁"与"了₂"，也许会减少一些混乱和争论。例如：

（1）关于现代汉语中"了"的语法意义：既不能认为它只表完成，甚至只表示动作的结束，也不能认为只表示实现，说"'了'所表现出来的'完成'义只能是某种条件下的偶发现象，而不可能是它本身固有的语义特征"（刘勋宁1988）。正确的看法应该是，完成体作为一个范畴，其内部成员的地位并非整齐划一，"结果、完成、实现"都是其成员。当然这些成员有典型和非典型之别：相对而言，完成是典型成员，结果是尚未完全语法化，实现是过度语法化。至于把该范畴称作"完成"还是"实现"倒不是十分重要。

（2）关于"了₁"和"了₂"之别：不少人根据《八百词》对"了₁""了₂"的区分来讨论二者的关系，或认为语法意义相同，或认为不同。有时同一个句式中的"了"有的认为是"了₁"，有的认为是"了₂"，于是又有人进一步讨论二者的区别。从上文讨论中可以看到，我们有必要从体意义和语气意义两个角度分别考虑问题，在分别考虑时还必须具有非离散的观念。就《现代汉语八百词》对"了"分类来说，大体上是：

动＋了₁＋宾——有体意义（结果、完成、实现），无语气意义。

动＋宾＋了₂——兼有体意义（实现）和语气意义。

动＋了₁＋宾＋了₂——"了₁"有体意义，无语气意义；"了₂"兼有体意义和语气意义。

动＋了——a）b）两组兼有体意义和语气意义，c）组只有体意义。

形＋了——有两类：一类兼有体意义和语气意义，一类只有语气意义。

　　动词、形容词谓语后有数量词——"了₁"有体意义，无语气意义；"了₂"兼有体意义和语气意义。

　　名词、数量词加"了₂"——兼有体意义和语气意义。

　　总体来看，《现代汉语八百词》的"了₁"只有体意义，而没有语气意义，其体意义又存在结果、完成和实现的细微差别。"了₂"包括两类：一类兼有体意义和语气意义，其体意义以表实现者居多；一类只有语气意义。

主要参考文献

曹广顺：《祖堂集中的"底（地）"、"却（了）"、"着"》，《中国语文》1986 年第 3 期。

曹广顺：《近代汉语助词》，语文出版社 1995 年版。

曹广顺：《语气词"了"源流浅说》，《语文研究》1987 年第 2 期。

陈平：《论现代汉语时间系统的三元结构》，《中国语文》1988 年第 6 期。

戴耀晶：《现代汉语时体系统研究》，浙江教育出版社 1997 年版。

邓守信：《汉语动词的时间结构》，《语言教学与研究》1985 年第 4 期。

冯春田：《〈朱子语类〉"得"、"了"、"着"的主要用法分析》，载程湘清主编《宋元明汉语研究》，山东教育出版社 1992 年版。

龚千炎：《汉语的时相时制时态》，商务印书馆 1995 年版。

胡明扬：《B. Comrie〈动态〉简介》，《国外语言学》1996 年第 3 期。

江蓝生：《语法化程度的语音表现》，载《中国语言学的新拓展》，香港城市大学出版社 1999 年版；收入江蓝生《近代汉语探源》，商务印书馆 2000 年版。

蒋绍愚：《近代汉语研究概况》，北京大学出版社 1994 年版。

金立鑫：《试论"了"的时体特征》，《语言教学与研究》1998 年第 1 期。

竞成：《关于动态助词"了"的语法意义问题》，《语文研究》1993 年第 1 期。

李讷、S. A. Thompson、R. M. Thompson：《已然体的话语理据：汉语助词"了"》（1982），载戴浩一、薛凤生主编《功能主义与汉语语法》，北京语言学院出版社 1994 年版。

李讷、石毓智：《论汉语体标记诞生的机制》，《中国语文》1997 年第 2 期。

李铁根：《现代汉语时制研究》，辽宁大学出版社 1999 年版。

李兴亚：《试说动态助词"了"的自由隐现》，《中国语文》1989 年第 5 期。

刘坚、曹广顺、吴福祥：《论诱发汉语词汇语法化的若干因素》，《中国语文》1995 年第 3 期。

刘丹青：《东南方言的体貌标记》，载张双庆主编《动词的体》，香港中文大学中国文化研究所吴多泰中国语文研究中心，1996 年。

刘勋宁：《现代汉语句尾"了"的来源》，《方言》1985 年第 2 期。

刘勋宁：《现代汉语词尾"了"的语法意义》，《中国语文》1988 年第 5 期。

刘勋宁：《现代汉语句尾"了"的语法意义及其与词尾"了"的联系》，《世界汉语教学》1990 年第 2 期。

卢英顺：《谈谈"了₁"和"了₂"的区别方法》，《中国语文》1991 年第 4 期。

吕叔湘等：《现代汉语八百词》（修订本），商务印书馆 1999 年版。

马希文：《关于动词"了"的弱化形式》，《中国语言学报》1983 年第 1 期。

梅祖麟：《现代汉语完成貌句式和词尾的来源》，《语言研究》1981 年第 1 期。

梅祖麟：《先秦两汉的一种完成貌句式——兼论现代汉语完成貌句式的来源》，《中国语文》1999 年第 4 期。

木村英树：《关于补语性词尾"着/zhe/"和"了/le/"》，《语文研究》

1983 年第 2 期。

木霁弘：《〈朱子语类〉中的时体助词"了"》，《中国语文》1986 年第1 期。

沈家煊：《R. W. Langacker 的"认知语法"》，《国外语言学》1994 年第1 期。

沈家煊：《"有界"与"无界"》，《中国语文》1995 年第 5 期。

沈家煊：《不对称和标记论》，江西教育出版社 1999 年版。

沈家煊：《语言的"主观性"和"主观化"》，《外语教学与研究》2001 年第 4 期。

沈家煊：《〈语法化学说〉导读》，载《语法化学说》，外语教学与研究出版社 2001 年版。

石毓智：《论现代汉语的"体"范畴》，《中国社会科学》1992 年第6 期。

孙朝奋：《〈虚化论〉评介》，《国外语言学》1994 年第 4 期。

孙锡信：《近代汉语语气词》，语文出版社 1999 年版。

太田辰夫：《中国语历史文法》，蒋绍愚、徐昌华译，北京大学出版社1987 年版。

王还：《再谈现代汉语词尾"了"的语法意义》，《中国语文》1990 年第 3 期。

文旭：《〈语法化〉简介》，《当代语言学》1998 年第 3 期。

吴福祥：《敦煌变文语法研究》，岳麓书社 1996 年版。

吴福祥：《重谈"动词＋了＋宾"格式的来源和完成体助词"了"的产生》，《中国语文》1998 年第 6 期。

徐烈炯、刘丹青：《话题的结构与功能》，上海教育出版社 1998 年版。

杨永龙：《〈朱子语类〉完成体研究》，河南大学出版社 2001 年版。

杨永龙：《先秦汉语语气词同现的层次》，《古汉语研究》2000 年第4 期。

张敏：《认知语言学与汉语名语短语》，中国社会科学出版社 1998 年版。

张秀:《汉语动词的"语气"系统》,载《语法论集》(第三集),中华书局1959年版。

张伯江、方梅:《汉语功能语法研究》,江西教育出版社1996年版。

张国宪:《现代汉语形容词的体及形态化历程》,《中国语文》1998年第6期。

张双庆:《动词的体》,香港中文大学中国文化研究所吴多泰中国语文研究中心,1994年。

赵金铭:《敦煌变文中所见的"了"和"着"》,《中国语文》1979年第1期。

Ronald、W. Langacker:《语言研究中的认知观》,沈家煊译,《国外语言学》1991年第4期。

Comrie, B. , 1976, *Aspect*, Cambridge: Cambridge University Press.

Comrie, B. , 1985, *Tense*, Cambridge: Cambridge University Press.

Hopper, P. J. , 1991, "On Some Principles of Grammaticization", in Traugott, E. C. & B. Heine (eds.), *Approaches to Grammaticalization*, Vol. 1.

Hopper, P. J. & S. A. Thompson, 1980, "Transitivity in Grammar and Discourse", *Language*, 56: 251—299

Hopper, P. J. & E. C. Traugott, 1993, *Grammaticalization*, Cambridge: Cambridge University Press.

Smith, C. S. , 1997, *The Parameter of Aspect* (*Second Edition*), Studies in Linguistics and Philosophy, Vol. 43, Dordrecht: Kluwer Academic Publishers.

[原载《中国社会科学院博士后学术报告》,中国社会科学出版社2003年版,略有改动后收入《语法化与语法研究》(一),商务印书馆2003年版]

明代以前的"VO 过"例

1　明代的"VO 过"

近代汉语中有没有"VO 过",这是许多学者都很感兴趣的一个话题。梅祖麟(1994)曾经谈到:"刘坚先生指出,上海话说'我从来呒没看见伊过'(我从来没有看见过他),'侬阿曾看见伊过?'(你有没有看见过他?)可能文献中有'VO 过'词序的例句,只是目前还没看到。"①刘坚(1998)指出,在读到梅先生上面这段话之后,他"一直在文献中寻找'VO 过'"②,终于在《初刻拍案惊奇》卷1"转运汉巧遇洞庭红"中找到一例:

(1)众人走海过的,都是熟主熟客,只是文若虚不认得。

刘先生在该文附记中又补上曹广顺在《二刻拍案惊奇》卷17"同窗友认假作真"中发现的一例:

(2)昨日回了小娘子,小娘子教我问一问两位管家,多说道舍人并不曾聘娘子过。

---

　　①　梅祖麟:《唐代、宋代共同语的语法和现代方言的语法》,载《中国境内语言暨语言学》,1994年;转引自刘坚《时态助词的研究与"VO 过"》,《人与文——忆几位师友论若干语言问题》,北京语言文化大学出版社1998年版,第136页。

　　②　参见上注刘坚先生文,第137页。

其他学者如李讷、石毓智（1997），俞光中（1999），曹小云（2000）等也曾举过明代"VO 过"例①：

（3）那婆娘提醒了他当初曾担水过这句话。（《醒世恒言》卷1）

（4）我又不是不曾担水过的，两只手也会烧火。（同上）

（5）士兵斟到第四杯酒，前后共吃了七杯酒过。（《水浒全传》26 回）

（6）也曾有人在这里打野火过。（《平妖传》卷31）

（7）又是王小姐说："他服事先边老爷过，知事，便留他罢。"（《型世言》18 回）

上述各家所举都是明代的例子，而且除例（5）可看作表完毕的"过₁"之外，大多是表曾经的"过₂"。

我们以刘先生、曹先生的引例为线索，在"二拍"中另外找到一些例子：

（8）但只是道："去便去，只不知几时可来。……"王氏道："等见夫人过，住了几日，觑个空便，可以来得就来。"（《初刻拍案惊奇》卷 27）

（9）或在庵过夜，或几日停留。又有一辈妇女，赴庵

---

① 例（3）（4）引自李讷、石毓智《论汉语体标记诞生的机制》，《中国语文》1997 年第 2 期。例（5）（6）引自俞光中《近代汉语语法研究》，学林出版社 1999 年版，第 178、180 页。例（7）引自曹小云《〈型世言〉中的"VO 过"》，《语文研究》2000 年第 2 期。俞光中（1999 年，第 178 页）另举有两个"VO 过"例：

（1）读数过辄能诵，今二十年矣，追思尚记首尾。（《游宦记闻》卷3）

（2）这道理自是长在天地间，只借圣人来说一遍而已，且如《易》只是一个阴阳之理而已。（《朱子语类辑略》卷2）

但例（1）的"过"是动量词，"读数过"即读几遍；例（2）孙锡信在《汉语历史语法要略》（复旦大学出版社 1992 年版，第 139 页）中也已举过，只是还不够典型，对此下文还将讨论。

一次过，再不肯来了的。（同上卷 34）

　　（10）闽中有一人名曰陈福生……被洪大寿痛打一顿。那福生才吃得饭过，气郁在胸，得了中懑之症，看看待死。（《二刻拍案惊奇》卷 31）

　　（11）岂知渐渐有人晓得他曾做仆射过的，此时朝政紊乱，法纪废弛，也无人追究他的踪迹。（《二刻拍案惊奇》卷 22）

　　（12）州牧几日前曾见这张失事的报单过，晓得是真情。（《初刻拍案惊奇》卷 22）

　　（13）可见前日心性，只是不曾吃得苦楚过。世间富贵子弟，还是等他晓得些稼穑艰难为妙。（《二刻拍案惊奇》卷 22）

例（8）—（10）是表完毕的"过$_1$"，（11）—（13）是表曾经的"过$_2$"。

2　明代以前的"VO 过"

　　明代以前有没有"VO 过"？孙锡信《汉语历史语法要略》（复旦大学出版社 1992 年版）曾举有《朱子语类辑略》一例："这道理自是长在天地之间，只借圣人来说一遍过。"该例见于《朱子语类》（中华书局 1986 年版）第一册 156 页，上文是"不应说道圣人不言，这道理便不在"。据上下文意，此处"过"是表示结果的实现，似乎还不能看作典型的"过$_1$"或"过$_2$"。我们在《朱子语类》中另外找到五例"VO 过"：

　　（14）子路品格甚高，若打叠些子过（谓粗暴），便是曾点气象。（《朱子语类》1029 页）

　　（15）如今读书，恁地读一番过了，须是常常将心下温

过，所以孔子说"学而时习之"。(《朱子语类》1633 页)

(16) 讲论自是讲论，须是将来自体验。说一段过，又一段，何补? (《朱子语类》2879 页)

(17) 小补，只是逐片逐些子补缀; "上下与天地同流"，重新铸一番过相似。(《朱子语类》1440 页)

(18) 如今不曾经历得许多事过，都自揍他道理不著。(《朱子语类》1659 页)

五例的"过"虚化程度不尽相同。可分三类: 第一例是一类，"过"表示结果，含有去除义，仍是补语性质; 中间两例是一类，表示动作的完毕，可看作"过₁"; 最后两例是一类，表示经历，可看作"过₂"，其中例 (18) 的宾语是普通名词，而且前面有"不曾"与之呼应，是比较典型的"过₂"。

更早的例子见于《太平广记》卷 380 所引唐代李复言的《续玄怪录》:

(19) 又检诉状被屈事，……检状过，判官曰: "名姓偶同……"

"检状过"即"检过状"，"过"表完毕，是"过₁"。

3 "VO 过"的地域分布

朱熹是南方人，记录朱熹语录的弟子也大多是南方人，因此《朱子语类》掺杂有南方话是可以理解的。前面所举的明代"VO 过"例分别见于"三言二拍"、《平妖传》、《型世言》，这些语料也都或多或少体现了南方话的特点，而在以北方话为基础的语料如《三朝北盟会编》、《老乞大》、《朴通事》中，却找不到"VO 过"例。看来"VO 过"格式主要存在于南方话中。

现代汉语中也有类似的倾向。刘丹青在《东南方言的体貌标记》中指出："东南某些方言中，经历体的'过'可与动词分离：苏州话'我碰这俚三趟过哉'、汤溪话'渠先头做生意过的'。"① 在浙江卫视 2000 年 8 月 12 日下午播出的"法庭聚焦"中，有个长兴县人就说过这样一句话："我没有打他过。"

但是例（19）《续玄怪录》的作者李复言是陇西人，其方言基础应该是西北方言，不过生卒事迹不详，难以确定。而老舍是地地道道的北方人，其作品中却有"VO过"例子②：

（20）她从来没有像近来这样关心国事过。

可见也并不能说北方话中绝无"VO过"的说法。

附记：在第九届近代汉语学术研讨会（温州，2000 年 10 月）上有幸读到崔山佳先生提交的《近代汉语中的"VO过"和"V得O过"》一文，崔文中举有《型世言》、《鼓掌绝尘》、《连城璧》、《醉醒石》等明清语料中的"VO过"用例十余条，可以参看。

（原载《语文研究》2001 年第 4 期）

---

① 张双庆主编：《动词的体》，香港中文大学中国文化研究所吴多泰中国语文研究中心，1994 年，第 24 页。

② 引自房玉清《实用汉语语法》，北京语言文化大学出版社 1998 年版，第 460 页。

汉语方言先时助词"着"的来源

0　引言

　　在汉语方言口语中有一个表示先时、类似于"再说"的助词"着",如:"先别走,等吃了着。"意思是,先别走,等吃了再走。这一语法要素已经引起众多学者的关注,尽管各家对"着"的定性或称谓不尽相同①,但一般都赞同"着"的基本语法意义与"再说"类似,表示暂且先 VP,然后再做别的事情。在诸家论著中,萧国政先生(1996、2000)两篇论文甚为详细全面,不仅全面分析了武汉方言中"着"的三种用法和相关句式,而且还进一步讨论了"着"的来源。就来源而言,萧文认为,"武汉方言的'着'是'再说'快读,前声后韵反切形成的合音新词,即合音造词","总的来说,武汉方言的'着'是从'再说'衍生出来的"②。

---

　　① 陈小荷(1990)称"句末语素";王晖(1991)称"时间助词";伍云姬(1994)称"接续态助词";黄伯荣(1996)称"先行体";萧国政(1996)细分为三,分别称作"先动态"、"暂续态"、"条件态";萧国政(2000)称作"先事助词"。笔者认为,从时间意义的角度看,"着"主要表示相对先时,可看作时标记。对此本文不作进一步讨论,以免节外生枝。

　　② 参见萧国政(2000:59—60)。

　　不可否认，语言的共时变异是历时演变的结果，共时平面的语言要素中存在着不同的历时层次；对共时语料进行科学严谨的分析，可以构拟出某一语言要素的来源和演变进程。但是如果这一构拟的过程是正确的，那么它应该经得起历时语料的验证，也经得起其他方言中同类现象的验证。就"着"而言，如果认定它是"再说"的合音，那么至少应该经得起以下检验：（一）其他方言如果也有这个"着"，它应该也是"再说"的合音；（二）历时语料中，"着"的出现时代应该不早于"再说"的出现时代。

　　下面我们将对这两个方面加以检验，并尝试提出不同于萧文的看法，以就教于萧先生和方家同好。

1　方言验证

　　在现代汉语方言中，语法意义类似于"再说"的"着"分布区域相当广大，仅就目前所见资料而言，湖北方言中，除武汉话以外，亦见于天门（邵则遂1991）、荆沙（王群生1994）、阳新（黄群建1995）、英山（陈淑梅1989）等地；湖北以外同属于北方方言区的四川绵阳（陈小荷1990），贵州贵阳（徐凤云1997）、大方（李蓝1998），江西九江（张林林1991），青海西宁（陈小荷1990），宁夏中宁（李倩1997），陕西清涧（陈小荷1990）、神木（邢向东1997），山西大同（马文忠1992）、洪洞（乔全生1989），山东淄川（孟庆泰、罗福腾1994）、临朐（王晖1991）、寿光（张树铮1995），甚至北京（许宝华1999，陈小荷1990）等地也都有这个"着"。不仅如此，在赣方言区的南昌（陈小荷1990，谢留文1998），安义（谢留文1998），丰城、高安、临川、崇仁、宜春（陈小荷1990），湘方言区的长沙（伍云

姬 1994)、益阳（崔振华 1998）、祁阳（李维琦 1998）、双峰
（陈小荷 1990），吴方言的金华岩下（许宝华 1999）等地也有这
个"着"。例如下表（注音、例句分别摘自上述各家文献）：

北京	[təʔ/tʂə]①	等我先看一会儿着∣让我说完了着
山东临朐	[tʂuo]	玩玩着（再走）∣好好地睡一觉着（再走）
山东寿光	[tʂuə]	你先等等，我和他说句话着
山西洪洞	[tʂo]	别慌，吃饱了着∣看完了着
陕西神木	[tʂəʔ]	不要忙，等考完试着
宁夏中宁	[tʂʅ]	娃子啥时候结婚呢？——房子盖好了着
湖北英山	[tʂo]	等我说完着∣让他们先上去着
江西九江	[tʂo]	看完新闻联播着，衣服等下洗∣小伢儿先吃着，大人等下儿
贵州贵阳	[tau]	先搞清楚倒，（再说）∣不要收桌子，等大家吃完倒
贵州大方	[tso]	等我吃了饭着∣你说的事情等明天着
江西南昌	[tsɔʔ]②	人啊渴得死，吃口水着［人都渴死了，先喝口水（再说）］
江西丰城	[tsoʔ]	明日着（明天再说）∣长大了着（长大了再说）
湖南长沙	[tso]	你屋里买电视机不啦？——等我有钱着
湖南益阳	[tsa]	你侬先走，我收咖衣咋（你们先走，我收了衣服再去）
湖南祁阳	[dʑyo]	吃过饭着∣菜还冒上来，动盘棋着
浙江金华岩下	[dʑyo]	走着立（累）吧，歇下着∣吃饱着再去嬉

---

① 此处注音据陈小荷（1990），例句引自许宝华（1999），许先生音［tʂau］。
② 注音例句均据谢留文（1999），陈小荷记作［tsoʔ］。

　　从上表例句可以看到，以上各方言中"着"的句法环境和时间意义是相同的：（一）都是用于祈使句或表示愿望的陈述句句尾。（二）从绝对时制的角度看，"着"所附着的事件都是尚未发生的，是将来时；但是从相对时制的角度看，"着"具有表示相对先时的功能，即先 VP 之后再考虑别的。

　　从例句还可以看到，对这一语法要素，除个别学者记作"倒"、"咋"外，绝大多数研究者都用"着"字来记录。① 根据各方言的实际读音情况和古今语音对应关系，可以认为这一语法要素的本字确实应该是"着"。"着"字原本作"著"，依《广韵》有三个读音：一个去声，陟虑切，知母御韵。另外两个是入声，其中一个是清声，张略切，知母药韵；一个是浊声，直略切，澄母药韵。去声的"著"即"显著"的"著"，与这里涉及的"着"关系不大；入声的"著"后来即写作"着"。从语音关系上看，以上各方言中该词的读音与《广韵》入声的"著"（即后来的"着"）存在相当严整的对应关系。简单地说，声母方面，"着"是知组字，所以北京、山东、山西、陕西等知组与精组有别的地区读 [tʂ]，而西南官话和赣方言、湘方言等知组与精组无别、把知组读同精组的地区读 [ts]；"着"有清浊两读，所以湖南双峰、浙江金华岩下等保留浊音的地区可以有浊音读法，而赣方言中古全浊声母字通常读送气音，所以会有临川、崇仁等地的送气音读法；因为"古无舌上音"，所以一些方言中读 [t]、[d]，这是保留古音的结果。韵母方面，由于"着"是处于句末的助词，而且多数地区读轻音，所以呈现出比较纷繁的局面②，尽管如此，仍有相当严整的规律，大体上从复韵母

---

①　萧国政先生先记作"左"（萧国政 1996），后改作"着"（萧国政 2000）。

② 　这种局面可能也与不同记音者的主观差异有一定关系。

[uo]、[yo]、[uə] 到单韵母 [o]、[ɔ]、[ə]、[a]，正可以构成一个渐变序列。有的地方仍保留入声读法，只是韵尾有所变化，从 [-k] 变成了 [-ʔ]。这一方面与入声舒化的总趋势有关，另一方面也可能与"着"因虚化而读轻声有关。

总之，从语法功能和语音关系两方面综合来看，表先时的"着"并不是武汉话特有的语法要素，武汉话中的"着"与上举其他方言的"着"是同一个东西。如果武汉话的"着"是"再说"的合音，那么其他方言的"着"也应该是"再说"的合音。而"再"是精组字，"再说"的合音词声母应该是不卷舌的 [ts]，不仅知组与精组无别的武汉话应该如此，知组与精组有别的北方话中也应该如此，但事实上北京、山东、陕西等区分 [tʂ] 和 [ts] 的地区"着"的声母是卷舌的 [tʂ]，而不是 [ts]。可见，如果仅从武汉或其他知组与精组不分的地区来看，勉强可以推测"着"是"再说"的合音，但如果把不同方言的同类现象联系起来加以考察，就很容易看到这种推测是靠不住的。

2 历时语料验证

历时语料也不支持"着"是"再说"合音的看法，因为表先时的"着"元末明初已见，而表先时的"再说"直到清代才可以见到。

2.1 先看"着"字用例。表示先时、相当于"再说"的"着"在元末明初的《水浒传》中已能见到，在其后的《西游记》、《拍案惊奇》、《二刻拍案惊奇》、《金瓶梅》等语料中已经相当常见了。例如：

（1）这短命，等得我苦也！老娘先打两个耳刮子着。

（《水浒传》21 回）

（2）一把扯住文若虚，对众客道："且慢发货，容我上岸谢过罪着。"（《拍案惊奇》卷 1）

（3）你且先去看看柜里着，再来寻秤不迟。（《二刻拍案惊奇》卷 36）

（4）打的书童急了，说："姐，你休鬼混我，待我扎上这头发着！"（《金瓶梅》31 回）

（5）那妇人便道："怪行货子，且不要发讪，等我放下这月琴着。"（《金瓶梅》27 回）

（6）"……教他与列位递酒，倒还强似唱。"西门庆道："且教他孝顺众尊亲两套词儿着。"（《金瓶梅》32 回）

（7）扈老道："知他是甚样人家，便好如此草草！且留他住几时着。"（《拍案惊奇》卷 16）

（8）"……把这和尚拿来，奉献大王，聊表一餐之敬。"洞主道："且莫吃他着。"（《西游记》20 回）

（9）银角道："……等我去拿他来。"金角道："兄弟，你有些性急，且莫忙着。"（《西游记》32 回）

（10）西门庆交温秀才写孝帖儿……伯爵道："这个礼上说不通。……等我慢慢再与他讲，你且休要写着。"（《金瓶梅》63 回）

如例所示，"着"所在的句子都是表示祈使或愿望，对此吕叔湘（1941）、太田辰夫（1958）、冯春田（1991）、许仰民（1992）、孙锡信（1999）等或多或少都曾有所涉及，如吕先生举过上面的例（1），其他先生举过一些《金瓶梅》的例子。

这些例中的"着"可分为两类：一类可对译为"再说"，如上举前七例。这类"着"前 VP 是肯定性成分，"VP 着"意思是"暂且先做 VP"，同时表明或隐含其他事情暂时不做或暂缓考虑。如例（1）是说先打他两个耳刮子，隐含其他的事情暂不考虑；例（2）是说先让我上岸谢过罪，发货之事暂时缓一缓。这类 VP 从情状类型看通常是有界的（参见沈家煊 1995），形式上可以由动补结构、动词重叠形式、带"了"、"过"的短语以及"先"、"等"、"待"、"且"等表示先时的词语做标志。再如：

（11）伯爵道："咱时候好去了。"西门庆道："也等吃了早饭着。"（《金瓶梅》1 回）

（12）月娘道："你到明日请他来走走。"王姑子道："我知道。等我替你老人家讨了这符药来着。"（《金瓶梅》40 回）

（13）伯爵道："拉回贼小淫妇儿来，休放他去了，叫他且唱一套儿与我听听着。"（《金瓶梅》45 回）

（14）玳安道："琴童往六娘房里去取皮袄，便来也，教他叫去，我且歇歇腿儿，烤烤火儿着。"（《金瓶梅》46 回）

另一类"着"不能对译为"再说"，如例（8）（9）（10）。这类"着"前 VP 是否定性短语，而否定性短语通常表示一种状态，属于静态的无界情状。这类"着"虽然不能对译为"再说"，但"VP 着"仍可以理解为"暂且先 VP"，即暂且先保持着某种状态，等一等再考虑是否改变这种状态。如例（8）"且莫吃他着"意思是"暂且先别吃他"，例（9）"且莫忙着"是"暂且先别忙"。

萧文所说的"着₁"相当于这里的前一类，"着₂"相当于这里的后一类。萧文的"着₃"从他所举的例子看，都是用于回答别人指令的话语中，实际是前一类"着"在一定语境中的变体。这种例子明代语料中也可以见到。如：

（15）参将也自喜欢道："……你快改了妆，趁他今日

荣归吉日，我送你过门去罢!"小姐道："妆还不好改得，且等会过了魏撰之着。"(《二刻拍案惊奇》卷17)

（16）桂姐道："去罢，应怪花子!"伯爵道："我去罢?我且亲个嘴着。"于是按着桂姐亲了一个嘴，才走出来。(《金瓶梅》52回)

由此可见，萧文所述武汉方言"着"的三种用法在明代都已经出现。

2.2　下面看"再说"用例。虽然"再说"连用处于句尾的例子在变文中已能见到，如：

（17）廿五年前教法，为我再说。(《变文》，维摩诘经讲经文)

但是，这里"说"是言说义动词，"再说"明显属于谓词性短语。在清初以前，不仅助词"再说"尚未出现，即使这类处于句尾的"再说"连用的例子也相当罕见。下面是一些元明语料中"再说"连用的总例次和连用后处于句尾的例次：

	连用总例次	处于句尾例		连用总例次	处于句尾例
《西厢记》	1次	0次	《喻世明言》	51次	0次
《全元散曲》	0次	0次	《警世通言》	35次	2次
《孝经直解》	5次	0次	《老乞大》	1次	0次
《三国演义》	3次	0次	《朴通事》	1次	0次
《水浒传》	105次	2次	《金瓶梅》（前50回）	6次	0次
《西游记》	6次	1次	《拍案惊奇》	21次	3次
《醒世恒言》	41次	2次	《二刻拍案惊奇》	14次	4次

在以上14种语料中，"再说"连用处于句尾的例子总共只

有 14 次。例如：

（18）正在那里说话，一个狱卒推着背道："快进狱去，有话另日再说。"（《醒世恒言》20 回）

（19）顺哥被父亲抢白了一场，满面羞惭，不敢再说。（《警世通言》12 回）

（20）宋江对吴用道："不听贤弟之言，险些儿不得相见。"吴用道："且到寨中再说。"众人次第入到寨里，把那兵败被困遇神的事备述。（《水浒传》95 回）

（21）八戒近前道："师父，你是要来这里吊了要子，不知作成我跌了多少跟头哩。"沙僧道："且解下师父再说。"（《西游记》72 回）

（22）打得口里乱叫："老爷！相公！亲爹爹！且饶狗命！有话再说。"（《二刻拍案惊奇》18 回）

这些例中的"再说"都是谓词性短语。例（18）（19）"说"仍是明显的言说义动词。例（20）整个语境隐含有"说"的受事，"说"也还是"言说"之意——吴用的意思是，详细情况等到了寨中再慢慢地说，下句"把……备述"正与此相应。例（21）沙僧的意思是叫八戒先别在那里抱怨师父，有怨言等到把师父解下来后再说也不迟，相对来说，此例的"再说"虚化程度高一些，助词"再说"应该正是从这种用法进一步凝固而成。当然在凝固过程中应该经历了"说"的意义的泛化，即由言说义泛化为安排、处置之类的意思。例（22）的"有话再说"就已经不是实指，"话"是指有关事情，"说"是指安排、处理。但是这类"再说"也仍是谓词性短语。作为典型的助词"再说"，至少应该同时具备两个条件：

其一，"说"不能具有言说义；

其二，"再说"只能是句子的次要成分而不能是中心成分

（在句中不能是谓语部分）。

以此检验近代汉语的基本语料，可以发现，同时具备这两条的例子要到清代才能见到。如《红楼梦》用例：

（23）又听他妻子这话，笑接道："姥姥既如此说，况且当年你又见过这姑太太一次，何不你老人家明日就走一趟，先试试风头再说。"（6 回）

（24）况且冯紫英又即刻回家亲自去求他，务必叫他来瞧瞧。等这个张先生来瞧了再说罢。（11 回）

（25）他后来，先罚他和了诗。若好，便请入社；若不好，还要罚他一个东道再说。（38 回）

（26）这有什么这样的，要使一二百两银子值什么，多的没有，这还有，先拿进来，你使了再说，如何？（73 回）

在《红楼梦》前 80 回中，出现于句尾的"再说"共 20 例（包括"再说罢" 4 例），同时符合前述两条的只有 6 例，可见比例还不是很高。而且这 6 例"再说"多多少少还具有一定的词汇意义，还可以进行重新分析。如例（23）"先试试风头再说"，可以分析为连动式，把"再说"仍看作谓词性短语，义为再作打算；也可以把"再说"看作助词，去掉之后对句子结构和句义不会产生很大影响。在另外 14 例中，有 9 例的"说"明显属于言说义动词，如（27）；有 5 例的"说"词义已经虚化，相当于处理、考虑，虽不是言说义，但明显是动词性质，如（28）（29）：

（27）麝月忙道："嫂子，你只管带了人出去，有话再说。"（52 回）

（28）若是老太太归西去了，他横竖还有三年的孝呢，没个娘才死了他先纳小老婆的！等过三年，知道又是怎么个光景，那时再说。（46 回）

（29）如今且浑着，等再过二三年再说。（36回）

例（29）与前举例（23）—（26）有些类似，但是如果与例（28）"等过三年……那时再说"作一比较就不难看出，例（29）的"再说"仍以分析为中心成分为佳。当然"再说"紧跟在 VP 之后，其虚化程度当然比跟在 NP 之后高一些。

综上可见，在汉语史上表先时的"着"先于"再说"出现，而且在"着"字广泛运用的明代，即使是处于句尾的谓词性短语"再说"也很少见，这说明"着"不可能来自"再说"的合音。

3 "着"的来源

"着"并非"再说"的合音，这是可以肯定的，但究竟从何而来，尚需进一步考察。陈小荷（1990）、谢留文（1998）认为江西丰城、南昌的"着"是动词，那么按常理推测，"着"应是从动词虚化来的。但从历史语料来看，它应该是由唐代以降表祈使的"着"发展而来。

唐代以降，汉语中有一个十分常见的语气助词"着（著）"，通常用在祈使句尾，表示祈使语气，偶尔也用在表达说话者主观愿望的陈述句尾。吕叔湘先生（1941）对此早有详细论述，冯春田（1991）、孙锡信（1999）亦有所补充。如（前4例引自吕叔湘1941）：

（30）裴尚书休为谏议大夫，形质短小，诸舍人戏之曰："如此短，何得向上立？"裴对曰："若怪，即曳向下著。"（《因话录》5）

（31）鬼史曰："你头手已入镬中煮损，无由可得，且与你别头手著。"（《勾道兴搜神记》10）

（32）如说妄说幻为不好底性，则请别寻一个好底性来换了此不好底性著。（《河南程氏遗书》1）

（33）您二人……如今与这众人为长著。（《元朝秘史》3）

（34）你疾快做着五个人的饭着。（《老乞大》）

（35）如意道："爹真个来？休哄俺每着。"（《金瓶梅》卷74）

为行文方便，我们把这种用法的"着（著）"记作"着₁"，把明代以来相当于"再说"的"着（著）"记作"着₂"。吕叔湘（1941）、太田辰夫（1958）、孙锡信（1999）对"着₁"、"着₂"不加区分；冯春田（1991）、许仰民（1992）则认为两者"在语法意义上说为不同的助词"①。笔者认为，"着₁"与"着₂"的语法意义已经有较大差别，应该加以区分，但二者确实关系密切，是源与流、父与子关系。两者的异同可归纳比较如下：

着₁：A. 表祈使或愿望

着₂：A. 表祈使或愿望 + B. 暂且先（VP）+ C. 别的暂缓考虑（隐含）

A项为"着₁"与"着₂"所共有，B项、C项为"着₂"所特有。

笔者认为，"着₂"的形成过程是：

A→ ［A＋B］ → ［A＋B＋C］

唐代以降的"着₁"原本只具有A项功能而不具有B项功能，即使句中有"先、且"等表先时的词语时也是如此。如［例（36）引自孙锡信1999］：

（36）问："向上一路，千圣不传，未审和尚如何传？"

---

① 冯春田（1991：159）。

师曰："且留口吃饭著。"（《五灯会元》卷7）

（37）把从前，万事对酒，且休问著。（奚汉《解连环》词）

（38）先将孝道治天下着，小名分的人不着落后了，休道大名分人有。（《孝经直解》）

但是，"先、且"等词语使整个句子具有了"暂且先VP"之类的意思，"着₁"经常用在这种语境之中，便逐渐沾染上"暂且先（VP）"之意，于是其功能也就逐渐由 A 变为 [A+B]。下面前三例"着"的功能正介乎 A 与 [A+B] 之间，而后两例则明显属于 [A+B]：

（39）孙立道："说得是。"便令兄弟孙新与舅舅乐和："先护持车儿前行着，我们随后赶来。"孙新、乐和簇拥着车儿先行了。（《水浒传》48回）

（40）乐和听罢，分付说："贤亲，你两个且宽心着。"（同上）

（41）因叫他近前："你且替我吃了这钟酒着。我吃了这一日，吃不的了。"（《金瓶梅》52回）

（42）你都站开，等我再叫他变一变着。（《西游记》3回）

（43）伯爵用箸子又拨了半段鲥鱼与他，说道："我见你今年还没食这个哩，且尝新着。"（《金瓶梅》52回）

观察 2.1 节所举各例可以发现，明代的"着₂"大都与"先、等、待、且"等配合使用，从中仍可以看出 B 项功能与"先、且"等表先时的词语之间的密切联系。同时，"着"字单用就具有 B 项功能的例子明代也能看到一些，这说明在当时 B 项功能已经成为"着"的语法意义的一个不可分割的组成部分。如：

（44）闻得说我阳寿未尽，未可入殓。你们守我十来日着，敢怕还要转来。（《二刻拍案惊奇》卷 16）

（45）抽马听得是他声音，且不开门……富家子道："有不是处且慢讲，快与我开开门着。"（同上卷 33）

（46）程宰夜间与美人说起，口中啧啧称为罕见。美人抚掌大笑道："郎如此眼光浅，真是夏虫不可语冰！我教你看着。"说罢，异宝满室……（同上卷 37）

（47）西门庆叫道："我的儿，把身子调正着，休要动。"（《金瓶梅》34 回）

"暂且先 VP"可以隐含"其他 VP 暂缓考虑"，因此，从 B 项功能引申出 C 项功能是很自然的，［A＋B］很容易再进一步演化为［A＋B＋C］。

这类同时具有 ABC 三项功能的"着"字用例上节已经举了很多，可分为两类：一类句中另有别的成分明确标明"其他 VP 暂缓考虑"，如（2）（3），再如：

（48）慌的妇人没口子叫："来安儿贼囚，且不要叫他进来，等我出去着。"（《金瓶梅》67 回）

"等我出去着"意思是"等我先出去"，隐含"他进来之事暂缓考虑"。句中又另有"且不要叫他进来"，与"着₂"所隐含的 C 项功能重合，二者分别从正反两个方面加以说明。另一类句中没有别的表明"其他 VP 暂缓考虑"的语言成分，C 项功能由"着₂"单独表示，如例（6）（7）（8）。再如：

（49）任医官道："且待脉息定着。"定了一回，然后把三个指头按在脉上……（《金瓶梅》54 回）

"且待脉息定着"是说等待脉息定了之后再号脉，"再号脉"之意由"着₂"所隐含，句中没有另外的明确表达这一意义的语言成分。就"着"而言，前一类 C 项功能较弱，后一类 C 项功能较强，显然后一类的"着₂"又是前一类"着₂"进一步延伸的结果。①

可见，从单纯表示祈使/愿望的"着₁"，到用于表示祈使/愿望的句子中，兼有"暂且先（VP）"之意，再到同时具有进而独立承担 ABC 三项功能的"着₂"，可以构成一个渐变序列。因此笔者认为明代以来"再说"义的"着"是从唐宋以降表示祈使/愿望的"着"演化而来。

主要参考文献

陈淑梅：《湖北英山方言志》，华中师范大学出版社 1989 年版。

陈小荷：《汉语口语里表"…再说"的语素"着"》，载《语言学与汉语教学》，北京语言学院出版社 1990 年版。

崔振华：《益阳方言研究》，湖南教育出版社 1998 年版。

冯春田：《近代汉语语法问题研究》，山东教育出版社 1991 年版。

黄伯荣：《汉语方言语法类编》，青岛出版社 1996 年版。

黄群建：《阳新方言志》，中国三峡出版社 1995 年版。

李蓝：《贵州大方话中的"ᶜ到"和"起"》，《中国语文》1998 年第 2 期。

李倩：《宁夏中宁方言的虚词"着"》，《语文研究》1997 年第 4 期。

李维琦：《祁阳方言研究》，湖南教育出版社 1998 年版。

吕叔湘：《释〈景德传灯录〉中"在"、"著"二助词》，《汉语语法论文集》，商务印书馆 1984 年版。

马文忠：《大同方言语助词"着"》，《中国语文》1992 年第 1 期。

孟庆泰、罗福腾：《淄川方言志》，语文出版社 1994 年版。

梅祖麟：《汉语方言里虚词"着"字三种用法的来源》，《中国语言学报》1988 年第 3 期。

---

① 两类的分别直到现代汉语方言中仍是如此，萧文称前一类为"彼 VP 显现"，后一类为"彼 VP 隐含"，对此有很好的论述，可参看。

乔全生:《洪洞方言"着"的共时研究》,《语言研究》1989 年第 1 期。

邵则遂:《天门方言研究》,华中师范大学出版社 1991 年版。

沈家煊:《"有界"与"无界"》,《中国语文》1995 年第 5 期。

孙锡信:《近代汉语语气词》,语文出版社 1999 年版。

太田辰夫:《中国语历史文法》,蒋绍愚、徐昌华译,北京大学出版社 1987 年版。

王晖:《山东临朐话的时间助词"着"》,《中国语文》1991 年第 2 期。

王群生:《湖北荆沙方言》,武汉大学出版社 1994 年版。

伍云姬:《长沙方言的动态助词》,《方言》1994 年第 3 期。

萧国政:《武汉方言助词"左"》,载胡明扬主编《汉语方言体貌论文集》,江苏教育出版社 1996 年版。

萧国政:《武汉方言"着"与"着"字句》,《方言》2000 年第 1 期。

谢留文:《南昌县(蒋巷)方言的两个虚词"是"和"着"》,《中国语文》1998 年第 2 期。

邢向东:《陕西神木话的助词"着"》,《中国语文》1997 年第 4 期。

徐凤云:《贵阳方言的语气助词》,《中国语言学报》1997 年第 8 期。

许宝华:《汉语方言大词典》,中华书局 1999 年版。

许仰民:《论〈金瓶梅词话〉的助词"着"与"来"》,《信阳师范学院学报》1992 年第 2 期。

张林林:《九江话里的"着"》,《中国语文》1991 年第 5 期。

张树铮:《山东省寿光方言的助词》,《方言》1995 年第 1 期。

(原载《语言研究》2002 年第 2 期)

叁　语气词

也说"而已者也"不可连读

　　《周易·系辞上》："子曰：夫《易》，何为者也？夫《易》，开物成务，冒天下之道，如斯而已者也。"朱承平《先秦汉语句尾语气词的组合及组合层次》（《中国语文》1998 年第 4 期）认为这里是"而已"、"者"、"也"三个语气词连用。叶爱国《"而已者也"不可连读》（《中国语文》1999 年第 5 期），则尖锐地指出："如朱先生所说，则'如斯而已者也'六字当读作'如斯丨而已者也'，其实大误。"叶先生的批评当然是正确的，但叶先生认为"此六字当读作'如斯而已丨者也'"似乎亦未中肯綮，因为这里的"者也"同样处在不同的组合层面。

　　从总体上看，先秦汉语中"者"可以加在谓词性成分（包括数词）之后构成"V 者"，也可以加在体词性成分之后构成"N 者"。"V 者"中，"者"具有指代作用，一般看作代词，与前面的谓词性成分构成体词性"者"字结构，如"隐者"、"勇者"、"力不足者"等，常在句中充当主语、宾语和判断句的谓语等。当"V 者"作宾语处于句尾或充当判断句的谓语时，其后可能会出现语气词"也"，如：

　　　　（1）今也则亡，未闻好学者也。（《论语·雍也》）
　　　　（2）民之于仁也甚于水火。水火，吾见蹈而死者矣，未见蹈仁而死者也。（《论语·卫灵公》）

（3）子曰："隐者也。"（《论语·微子》）

（4）子曰："我非生而知之者，好古，敏以求之者也。"
（《论语·述而》）

（1）（2）例"好学者"、"蹈仁而死者"分别作"闻"、
"见"的宾语，其中的"者"与句尾的"也"处于不同层次；
（3）（4）例"隐者"、"好古、敏以求之者"作判断句的谓语，
其中的"者"与句尾的"也"同样处于不同层次。用叶先生的
话说，这里的"者也"不可连读。

"N者"中的"者"一般认为是语气词，当"N者"处于句
尾与"也"同现时，通常称之为语气词连用。此时"者也"似
乎处在同一组合层面，如：

（5）故齐之苏秦，楚之州侯，秦之张仪，可谓态臣者
也；韩之张去疾，赵之奉阳，齐之孟尝，可谓篡臣也；齐之
管仲，晋之咎犯，楚之孙叔敖，可谓功臣矣；殷之伊尹，周
之太公，可谓圣臣矣。（《荀子·臣道篇》）

四个分句句式相同，第一个分句之后是"者也"，其余各分
句之后均无"者"，可见"者也"等于"也"，"可谓态臣者也"
当读作"可谓态臣｜者也"。但是，若联系上下文来看，这样分
析也未必恰当。该例上文是：

（6）有态臣者，有篡臣者，有功臣者，有圣臣者。内
不足使一民，外不足使距难，百姓不亲，诸侯不信，然而巧
敏佞说，善取宠乎上，是态臣者也。……是篡臣者也。……
是功臣者也。……是圣臣者也。（同上）

"是态臣者也"等判断句是对上面的"有态臣者"等加以进
一步说明。"是态臣者也"中的"态臣者"也就是"有态臣者"
中的"态臣者"，两者并无二致。例（6）中的"态臣者"也是
与此相同的结构体。这里的"者"有表示类属的功能，和名词

"态臣"组合，指"态臣"这一类别。"者"与句尾的"也"处在不同的结构层面，即"者也"不可连读。同类的例子又如：

（7）故有俗人者，有俗儒者，有雅儒者，有大儒者。不学问，无正义，以富利为隆，是俗人者也。……是俗儒者也。……是雅儒者也。……是大儒者也。（《荀子·儒效》）

朱文所举例中，"何为者也"、"如斯而已者也"与上举的（3）（4）例同类，"何为"（即"为何"，宾语前置）与"如斯而已"都是谓词性短语，同代词"者"组合后充当判断句的谓语。"何为者也"、"如斯而已者也"的组合层次是：

何为　者　也　　　如斯　而已　者　也

正如"隐者也"不能分析为"隐｜者也"一样，"如斯而已者也"也不能分析为"如斯而已｜者也"。

（原载《中国语文》2001 年第 3 期）

先秦汉语语气词同现的结构层次[*]

许多讨论语气词连用的论著都曾举过下面的例子：

（1）既使我与若辩矣，若胜我，我不若胜，若果是也，我果非也邪？（《庄子·齐物论》）

句尾的"也邪"，一般称作"语气词连用"，表示一种复合语气（王力 1962，郭锡良 1988、1989），朱承平（1998）叫做"语气词组合"；何金松（1994）解释为"吗"，认为"二字同义"；《汉语大词典》看作一个词："语气助词，表疑问。"看法各有不同，但共同点在于把同现于句尾的语气词看作处在同一结构层面。笔者认为，句尾语气词同现，虽然位置紧邻，但却未必处在同一结构层面。本文拟在前人研究的基础上对同现语气词的层次加以讨论，并尝试对语气词同现的位序进行解释。

1 语气词在句中的组合层次

语气词是句子的重要组成部分。有研究表明，现代汉语中，"吗"、"了"等语气词"既可能属于全句，也可能只属于句中部

   * 本文写作中曾与高顺全博士讨论，初稿写成后又蒙胡奇光、孙锡信、吴福祥、杨荣祥诸师友审阅并赐教，《古汉语研究》编辑部提出了中肯详细的修改意见，谨此致以诚挚的谢意。

分成分"（黄国营 1994），先秦汉语中同样存在这种现象。

　　1.1　当单个语气词出现于句尾时，有时会出现该语气词与谁组合的问题。如：

　　　　（2）a.（晋侯）杀舟之侨以徇于国，民于是大服。君子谓文公其能刑矣，三罪而民伏。（《左传·僖公二十八年》）

　　　　　　b.（太子）告之曰："帝许我伐有罪矣。"（《左传·僖公十年》）

　　画线部分从表面看都是［NP＋V＋S'＋矣］。但（2a）句意相当于"君子谓：文公其能刑矣"，"矣"与"文公其能刑"组合，属于句中短语，其组合层次为［NP＋V＋（S'＋矣）］。（2b）据上下文意义相当于："我伐有罪，帝许矣"，"矣"与"帝许我伐有罪"组合，属于全句，其组合层次为［（NP＋V＋S'）＋矣］。再如：

　　　　（3）a. 则此语天之贵且知于天子，不知亦有贵知于天者乎？曰：天为贵、天为知而已矣。（《墨子·天志》）

　　　　　　b. 老子曰："子不知吾所谓乎？"（《庄子·庚桑楚》）

疑问语气词一般属于全句，如（3b），其组合层次为［（子不知吾所谓）乎］，但也有属于句中部分成分的，如（3a），其组合层次是｛不知［（亦有贵知于天者）乎］｝，删去"不知"不影响句子的理性意义。① 又如：

――――――――――――

　　① "不知/识＋S'＋乎/欤"、"敢问＋S'＋乎/欤"等结构中，"乎/欤"属于S'的情况相当常见，其中的"不知"、"敢问"已经虚化，近于话语标记。如：

　　王使人来曰："……不识可使寡人得见乎？"（《孟子·公孙丑下》）｜今又弃寡人而归，不识可以继此而得见乎？（同上）｜子路曰："敢问持满有道乎？"（《荀子·宥坐》）｜今君曰"将有乱"，敢问天道乎，抑人故也？（《国语·周语下》）

（4）晋平公问叔向曰："昔者齐桓公九合诸侯，一匡天下，不识臣之力也，君之力也？"（《韩非子·难二》）

（5）齐人无以仁义与王言者，岂以仁义为不美也？（《孟子·公孙丑下》）

孤立地看，例（4）"不识臣之力也"有歧义：可理解为"不知道是臣子的力量"，又可理解为"是不知道臣子的力量"。前者应分析为 a)｛不识［（臣之力）也］……｝，"也"属于小句；后者应分析 b)［（不识臣之力）也］，"也"属于全句。根据上下文，当分析为 a)，因为这里"臣之力也"是与"君之力也"相并列的判断句式，二者一同作"识"的宾语。例（5）"以仁义为不美也"也有两种分析之可能：a)［以（仁义为不美也）]①，b)［（以仁义为不美）也］。从上下文看，"以仁义为不美也"是说明"齐人无以仁义与王言"的原因，"也"用于对原因加以判定，因此应该分析为 b)。

1.2　例（4）（5）分析至此还不够全面，还应该把语气因素也考虑进来。试以下例与例（5）作一比较：

（6）唯君亦以我为知难而行也。（《左传·定公六年》）

抛开语气，"以仁义为不美也"与"以我为知难而行也"结构相同，均为［（V+S'）+也］。但例（6）是陈述句，"也"表示判断确认语气，属于整个句子。而例（5）则是反问句，反问语气由"岂"与语调表示，"也"仍表判断确认，本身并不负载反问信息，因而只属于句中部分成分。可见，如果把语气因素也考虑进来，那么例（5）的层次应分析为：

---

① "以……为……"的"以"有不同的看法：或看作动词，"认为"的意思；或看作介词，相当于"把"。我们取前一种看法。若按后一种看法理解，该句子仍存在"也"与"不美"组合还是与"以仁义为不美"组合的问题，并不影响本文立论。

岂 以仁义为不美 也[M] （[M]代表语气要素）

同理可知，例（4）的组合层次应分析为：

不识 臣之力 也，君之力 也 [M]

把语气因素考虑进来之后，一些看起来非常简单的句子也存在着语气词属于整个句子还是仅属于句中部分成分的问题。如：

（7）子张问："十世可知也？"子曰："殷因于夏礼，所损益，可知也……"（《论语·为政》）

例中有两个"也"，前一个用于疑问句尾，但仍表判断，不负载疑问信息。"十世可知也"中应有个诸如疑问语调之类的语气要素与之组合，所以"也"并非真正属于整个句子。而后一个则用于陈述句尾，表示判断，属于全句。

1.3　汉语的语气要素可以是语调，也可以是句尾语气词，书面语中语调是隐含的，因而语气词就显得格外重要。以上（4）（5）（7）都有一个隐含的语气要素，即语调，并且该语调所表示的语气与该句语气词所表示的语气并不一致。我们可以在各句句尾加上一个与该句语调所表语气相一致的语气词而基本上不改变句子的含义：

（4'）不识臣之力也，君之力也［邪］？［比较例（1）：若果是也，我果非也邪？］

（5'）齐人无以仁义与王言者，岂以仁义为不美也［哉］？［比较：岂非计久长，有子孙相继为王也哉？（《战国策·赵策四》）］

（7'）子张问："十世可知也［与］？"［比较：季康子问："仲由可使从政也与？"（《论语·雍也》）］

显然，（4'）中所加的"邪"与其前的"也"属于不同结构层面。同理可知，本文开始所举的例（1）中，"也"与"邪"亦分别属于不同的层面："我果非也"与"若果是也"是并列结构，其中的"也"用于判断句式之尾，分别与"我果非"、"若果是"组合；"邪"则与该并列结构组合。即：

{［（若果是）也，（我果非）也］邪}

可见，"也邪"没有直接结构关系，也不是"二字同义"，更不能说已凝固为"语气助词"。本文把"连用"改称"同现"就是想避开"连用"可能带来的误解。例（5'）（7'）用于比较的例子中的"也"与"哉"、"也"与"与"同样属于不同的组合层次：

{［岂（非计久长，有子孙相继为王也）］哉}

［（可使从政也）与］

2 句尾语气词同现的组合层次

句尾语气词同现，有二词同现的，有三词同现的。为便于说明，我们把每句中同现的语气词从后往前依次记作 P_1、P_2、P_3；与之相应的直接组合成分依次记作 S_1、S_2、S_3。

2.1 二词同现在句中的组合层次

二词同现，陈述句尾主要有"而已也、而已耳、而已矣、耳矣、焉矣、也矣、也已"等，疑问句尾有"而已乎、已乎、已邪、也与、也邪、也哉、矣乎"等，反问句尾有"焉哉、也哉、矣哉、而已哉、耳哉、乎哉"等，感叹句尾有"焉哉、也哉、矣哉、也乎、也夫、矣夫、已夫"等（参见郭锡良 1988、1989，赵长才 1995，朱承平 1998）。这些语气词在句中处于不同的结构层面，可概括为两种组合类型：

A 式：$[（S_2+P_2）+P_1]$（其中 $S_2+P_2=S_1$）。例如：

（8）官爵可买，则商工不卑也矣。（《韩非子·五蠹》）

（9）不恤君之荣辱，不恤国之臧否，偷合苟容以持禄养交而已耳，谓之国贼。（《荀子·臣道》）

（10）子将大灭卫乎？抑纳君而已乎？（《左传·哀公二十六年》）

（11）子张问曰："令尹子文三仕为令尹，无喜色……何如？"子曰："忠矣。"曰："仁矣乎？"曰："未知，焉得仁？"（《论语·公冶长》）

（12）一日克己复礼，天下归仁焉。为仁由己，而由人乎哉？（《论语·颜渊》）

（13）此何木也哉？……此果不材之木也，以至于此其大也。（《庄子·人间世》）

（14）然而至此极者，命也夫！（《庄子·大宗师》）

（15）久矣哉，由之行诈也！（《论语·子罕》）

以上按陈述句、疑问句、反问句、感叹句为序各举两例。这些句子中，都是第一个语气词先与前面的谓语部分组成一个结构体（S_2+P_2），然后该结构体再与后一个语气词（P_1）组合。如例（8）"也"表确认语气，与"不卑"组合，"矣"与"不卑也"组合。例（10）为选择问句，前后两个"乎"呼应，"纳君而已"与"大灭魏"相对，可见"乎"的直接组合成分不是"而已"，而是"纳君而已"。例（11）前云"忠矣"，后接"仁矣乎"，显然"仁矣"一个层次，然后再与"乎"组合。

同现的语气词通常具有不同的语法功能，以便各司其职。"而已耳"、"乎哉"似有争议，但"而已"语义较实，"还带有动词性"（郭锡良 1989），"V 而已"［如例（9）"偷合苟容以持禄养交而已"］意义相当于"止于 V"，"耳"是彻底虚化的表限止的语气词，依附于"V而已"，因此"而已耳"同样处于不同结构层面。"乎哉"一般也是各司其职，处于不同平面。如例（12），"乎"表疑问，与"由人"组合，"由人乎"加上表感叹的"哉"之后就成了语气较为强烈的反问句。但"乎哉"有例外，如《晏子春秋·外篇》："公喟然太息曰：'悲乎哉！子勿复言。'"该例纯表感叹，很难说"乎哉"处于不同层次。

B 式：$\{[X + (S_2 + P_2)] + P_1\}$ （其中 $S_2 + P_2 < S_1$）。例如：

（16）战而胜，则无以加焉矣。（《战国策·东周策》）

（17）靡笄之战，献子师胜而退，范文子后入。武子曰："燮乎，女亦知吾望尔也乎?"（《国语·晋语》）

（18）今人君急逐乐而缓治国，岂不过甚矣哉?（《荀子·王霸》）

（19）位其不可不慎也乎!（《左传·成公二年》）

该类与 A 式不同之处在于 $S_2 + P_2 < S_1$，即第一个语气词和某一谓词性成分组合之后，先与其他成分（记作 X）组合，然后才一起与后一语气词发生关系。如例（16）"焉"（P_2）的直接成分是"加"（S_2），"加焉"与"无以"组合，然后"无以加焉"（S_1）再与"矣"组合。X 可以只有一个层次，如上例"无以"和例（19）表测度的副词"其"，也可能包含两个以上的层次，如例（17）（18）。例（17）"也"与"吾望尔"组合，"吾望尔也"作"知"（X_a）的宾语，"亦"（X_b）修饰"知吾望尔也"，层层组合之后才与句尾的"乎"联系上。例（18）"矣"与"过甚"结合，然后一起与"不"组合，再然后与"岂"组合，最后一起与"哉"组合。X 的层次不同，同现语气词的层级差也会不同，但相同点在于同现的语气词都处在不同层面，而且层次相差较远。

2.2　三词同现在句中的组合层次

三词同现主要有"焉耳矣、也已矣、焉耳乎、也与哉、也乎哉"。与二词同现一样，各语气词相互之间没有直接结构关系。也有两种结构类型：

C 式：$\{[(S_3 + P_3) + P_2] + P_1\}$（其中 $S_3 + P_3 = S_2$，$S_2 + P_2 = S_1$）。例如：

（20）寡人之于国也，尽心焉耳矣。（《孟子·梁惠王上》）

（21）子游为武城宰。子曰："女得人焉耳乎?"曰："有澹台灭明者，行不由径，非公事，未尝至于偃之室也。"（《论语·雍也》）

（22）至曰："然则王者多忧乎?"文子曰："我王者也乎哉?"（《国语·晋语》）

例（20）"焉"仍有一定的指代性，与"尽心"组合后意为在处理政务方面尽心，加"耳"说明在这方面尽心就可以了，再一起与"矣"组合，是说已经做到了这一步。例（21）"焉"与"得人"组合，说明得人的处所；"耳"表限止，在此与语意不合，但"通行本作'尔'"①，"尔"表提示语气，与"得人焉"组合；"乎"用于全句之尾，表示疑问语气。例（22）"我王者也"为判断句式，加"乎"表疑问，再加"哉"便为反问句。

D 式：$\{\{[X + (S_3 + P_3)] + P_2\} + P_1\}$（其中 $S_3 + P_3 < S_2$，$S_2 + P_2 = S_1$）。例如：

（23）子曰："其心三月不违仁，其余则日月至焉而已矣。"（《论语·雍也》）

---

① 参见杨伯峻《论语译注》，中华书局1980年版。

（24）其人曰："死乎？"曰："独吾君也乎哉！吾死也？"（《左传·襄公二十五年》）

例（23）"焉"与"至"组合，"至焉"与"日月"（X）组合，而不是直接与"而已"联系，所以 S_3+P_3（至焉）小于 S_2（日月至焉）。例（24）"吾君也"是判断句式，与"独"（X）组合，意为"仅仅是我的国君"；加"乎"意为："仅仅是我的国君吗？"最后再加"哉"，意为："难道只是我的国君吗？"

以上四种结构类型可按同现语气词层次关系的远近分为两组。A、C 一组，$S_3+P_3=S_2$，$S_2+P_2=S_1$，同现语气词 P_1、P_2、P_3 所处的层次是相邻的，层级差等于1；B、D 一组，或 $S_2+P_2<S_1$，或 $S_3+P_3<S_2$，其中 P_2 或 P_3 属于更小层次，同现语气词 P_1 与 P_2 或 P_2 与 P_3 的层级差大于1。无论层级差大于1还是等于1，同现语气词都不在同一层面上。

王力（1962）、郭锡良（1988、1989）曾精审地观察到，语气词连用，语气重心在最后一个语气词。显然，之所以如此，是因为只有最后的语气词才可能是真正的句尾语气词，才可能属于整个句子，它前面的语气词严格地说仅仅属于句中短语或小句而已。

3　同现位序的制约因素

郭锡良（1988、1989）发现："语气词连用有很强的规律性，疑问语气词、感叹语气词往往殿后，论断语气词'也'一般只能在前。"朱承平（1998）对此也有详细论述。参照郭、朱之说，先秦语气词同现的位序大致可概括为：

焉＞而已＞耳＞也＞矣＞乎/邪/与＞哉/夫

陈述语气词＞疑问语气词＞反问/感叹语气词（＞读作"先

于")

那么，这种位序又是由什么决定的呢？对此我们尝试从层次制约、语义制约、句类转换制约三方面加以考察。

3.1　层次制约

传统语法将虚词排除在句子成分之外，分析句子结构当然不包括句尾语气词。现代研究表明，语气词不仅是句子的重要组成部分，而且在句中有不同的组合层次。朱德熙（1982）、陆俭明（1993）、黄国营（1994）都曾讨论现代汉语中句尾语气词的层次地位。前面我们对古汉语中语气词的层次地位也作了分析，可以看出，语气词同现时各语气词在具体句子中的所属层次是不同的。所属层次不同，自然也就限制了各自在句中的位序。这一点在 B 式、D 式中看得最清楚。B 式中 $S_2 + P_2 < S_1$，P_2 只是句中更小层次的直接组成成分，当然不可能置于 P_1 之后。D 式中 $S_3 + P_3 < S_2$，P_3 也不可能置于 P_2 或 P_1 之后。A 式、C 式结构比较简单，有些似乎可以互换，但互换后各自的层次地位会发生变化，而且整个句意或句类也会发生变化。

3.2　语义制约

句尾语气词的词汇意义、句类意义的强弱各有差异，如"焉、而已"，词汇义很强，句类义很弱，以至于它们是不是语气词也有争议。[1]"也、矣"分别表示确认和实现，有传信功能和体貌意义，但句类义较弱，基本上可用于陈述、疑问、感叹等

---

[1]　"焉"字何乐士（1996）认为《左传》中97%都是兼词，语气词只有两例，郭锡良（1988、1989）认为"焉"的指代作用有时较清楚，有时不明显，"倒不如全算作语气词"。"而已"郭锡良（1988、1989）认为"有连词'而'，'已'仍是动词性质"，而朱承平等则把"而已"看作语气词。

各种句类。"与（欤）、耶（邪）"句类义较强，通常只表疑问，但同时有表示探询的功能。"乎、哉、夫"句类义很强，专用于表示疑问和感叹，词汇义很弱。显然，词汇义越强，就越容易与短语组合，位序也就越容易靠前；而句类义越强，则越容易属于句子，位序就越容易靠后。越是靠近边缘的，虚化程度越高。

3.3　句类转换制约

一般人们按语气将句子分为四个句类：陈述句、祈使句、疑问句、感叹句，各句类间存在着一定的转换规则。但祈使句中没有语气词同现的情况，可不必讨论。反问句无疑而问，与感叹句一样都是渲染性地给予信息，具有较强的感情色彩；二者的句类标记也有交叉，如"哉"既可用于反问句尾，也可用于感叹句尾，呈现出互补局面：句中有疑问标记时是反问句，无疑问标记时是感叹句。所以反问句与感叹句之间不存在转换关系。存在转换关系的有：

一是陈述句与疑问句、反问句、感叹句：陈述句是最常见的句类，是构成其他句类的基础，语气较弱，甚至可以不带任何感情色彩。句类标记主要有句类义很弱或较弱的语气词"焉、而已、耳、也、矣"等，或者是零标记。陈述句可以通过添加疑问句句类标记"何、乎"等转换为疑问句，添加反问句的句类标记"岂、哉"等转换为反问句，添加感叹句的句类标记"哉、夫"等转换为感叹句。但疑问句、反问句、感叹句转换为陈述句则需要删除这些句类标记，而不能通过在这些语气较强的句子末尾添加句类义很弱或较弱的"而已、也"之类来实现。如：

（A）周公旦非其人也。→（B）周公旦非其人也邪？
→（C）*周公旦非其人也邪也。

（A）晋害我。→（B）晋岂害我？→（C）*晋岂害我也。

（A）然而至此极者，命也。→（B）然而至此极者，命也夫！→（C）＊然而至此极者，命也夫也。

A组是陈述句，可添加相关句类标记转换为B组，但B组添加"也"变成C组后，句子不能成立。"晋岂害我也"可以成立，但却是反问句（句尾要改成问号），此时"也"属于句中短语而不是整个句子。

二是疑问句与反问句：我们先按有无疑问代词把疑问句分为两类，无疑问代词的一类可以通过添加反问句的句类标记直接转换为反问句。如：

我王者也乎？→ 我岂王者也乎？/我王者也乎哉？/我岂王者也乎哉？

但要想把反问句再转换为疑问句则只能去除反问标记，而不能再于其后添加疑问语气词。

有疑问代词的一类在句类标记上与反问句有交叉，二者都可以用疑问代词作标记。但反问句中，疑问代词通常与"敢、能、可"等语气副词及"不"等否定副词同现，且大多在句中作状语。而疑问句却没有这些限制。从这个意义上我们也可以相对地说，疑问句是无标记的，反问句是有标记的。所以，疑问句加上反问标记可转换为反问句，如：

夫子何哂由也？→ 夫子何敢哂由也？/夫子何敢哂由也哉？

而反问句加上疑问标记则不能转换为疑问句。如果加上"乎"则变为：a. "夫子何敢哂由也乎？"b. "夫子何敢哂由也乎哉乎？"结果b不成立，a仍表反问。当然a有歧义，也可以表疑问。但a的歧义是从既可表反问也可表疑问的"夫子何敢哂由也？"沿袭过来的，a表疑问并非加"乎"的结果。

　　因为可以在陈述句末尾加上相关句类标记转换为疑问句、反问句、感叹句,所以会有"陈述语气词 > 疑问/反问/感叹语气词"的位序,而不可以在疑问句、反问句、感叹句句尾添加陈述句句类标记使其转换为陈述句,所以不会有与之相反的位序;同时,疑问句加上反问标记也可以转换为反问句,所以有"疑问语气词 > 反问语气词"的位序,而反问句也不能靠加上疑问句句类标记转换为疑问句,所以不会有"反问语气词 > 疑问语气词"的位序。①

主要参考文献

郭锡良:《先秦语气词新探》(一)(二),《古汉语研究》1988 年创刊号、1989 年第 1 期。

何金松:《虚词历时词典》,湖北人民出版社 1994 年版。

何乐士:《〈左传〉的"焉"》,《古汉语研究》第一辑,中华书局 1996 年版。

何乐士、敖镜浩、王克仲、麦梅翘、王海棻:《古代汉语虚词通释》,北京出版社 1985 年版。

黄国营:《句末语气词的层次地位》,《语言研究》1994 年第 1 期。

刘晓南:《先秦语气词的历时多义现象》,《古汉语研究》1991 年第 3 期。

陆俭明:《十年来现代汉语语法研究的理论和方法管见》,《国外语言学》1989 年第 2 期。

王力:《古代汉语》,中华书局 1962 年版。

---

　　① 先秦汉语中"哉 > 乎"仅有一例(赵长才,1995),即:"悲哉乎,汝为知在毫毛,而不知大宁。"(《庄子·列御寇》)或断为:"悲哉乎汝为知,在毫毛而不知大宁。"有人把"乎"看作语气词,表感叹;有人把"乎"看作介词。有一点比较肯定,即"哉乎"同现并非"反问语气 > 疑问语气"。不过,若"乎"表感叹,则"哉乎"处于同一平面,是例外。

王海棻、赵长才、黄珊、吴可颖：《古汉语虚词词典》，北京大学出版社 1996 年版。

赵长才：《先秦汉语语气词连用现象的历时演变》，《中国语文》1995 年第 1 期。

朱承平：《先秦汉语句尾语气词的组合及组合层次》，《中国语文》1998 年第 4 期。

朱德熙：《语法讲义》，商务印书馆 1982 年版。

（原载《古汉语研究》2000 年第 4 期）

句尾语气词"吗"的语法化过程[*]

1 引言

"吗"是现代汉语最重要的疑问语气词之一，对它的来源和形音流变，吕叔湘（1956）、太田辰夫（1958）、王力（1958）、黄国营（1986）、江蓝生（1992）、孙锡信（1995、1999）、吴福祥（1997）、钟兆华（1997）、刘子瑜（1998）、冯春田（2000）等均有论及，有关该词的来源和发展过程大体上已经比较清楚，可粗略概括为：

"吗"在唐代写作"无"，"无"本来是"Vp + neg"式反复问中处于 neg（negative，否定词）位置的否定词，唐代虚化为句尾语气词。成为语气词后，先后出现了"磨、摩、麼、嘛、末、吗"等多种书写形式："磨"、"摩"见于敦煌文献，《祖堂集》中也有大量的"摩"字用例；宋代以后一般写作"麼"[①]；金元

---

 * 本文要点曾经在中国社会科学院语言研究所青年报告会（2002 年 5 月）等多个场合宣读，有幸得到许多先生的指教。江蓝生先生于百忙中审阅了拙稿，提出了非常详细的修改意见。谨在此一并致以诚挚谢意。文中错误和不足之处，概由本人愚钝所致。

 ① "麼"虽然在后世刊刻的中晚唐诗人的作品中已有用例，如："众中遗却金钗子，拾得从他要赎麼？"但在同时资料中却没有这种写法，因此太田辰夫（1958）认为这些"麼"可能都是后人改写的。

以后偶或写作"嘛"、"末";清代中期以后写作"吗"①,但直到现当代文献中仍能见到写作"麼(么)"的例子。例如:

(1) 草树云山如锦绣,秦川得及此间无?(李白《上皇西巡南京歌》,引自太田辰夫 1987:333)

(2) 锦衣公子见,垂鞭立马,肠断知磨?(敦煌写本《云谣集》,引自太田辰夫 1987:334)

(3) 六祖见僧,竖起拂子云:还见摩?(《祖堂集》2,引自太田辰夫 1987:334)

(4) 先生笑问有酒麼?(杨万里诗,引自太田辰夫 1987:334)

(5) 孩儿,莫不是俺无分共伊嘛?(《董西厢》卷1,引自钟兆华 1997)

(6) 那不是紫鹃姐姐来了吗?(《红楼梦》97 回,引自孙锡信 1999:161)

(7) 我问,有什么困难么?(1997 年 9 月 7 日《文汇报》)

---

① 有人著文指出"吗"字在南宋《绿窗新话》卷下"党家妓不识雪景"中已有用例:"我前画大虫,犹用金箔贴眼,我便消不得一对金眼睛吗?"但是国家图书馆所藏旧抄本《绿窗新话》没有该条。该条见近人周夷校补本《绿窗新话》(古典文学出版社 1957 年版),所引文字实出自周夷所附相关资料。

也有人撰文举出明代杂剧《红梅记》和小说《石点头》中若干例子,如《红梅记》第 17 出:"(净)你还与他有账吗?"《石点头》卷 13:"可是你藏在里边的吗?"但前者依据的是王起主编《中国戏曲选》(人民文学出版社 1994 年版),后者依据的是弦声校点《〈石点头〉三种》(江苏古籍出版社 1994 年版)。今按,(一)该文所举《红梅记》三例并不见于明代周朝俊的《红梅记》,实出自《剑啸阁新改红梅记》之《鬼辩》(《中国戏曲选》附在《红梅记》17 出之后),而且这些例中的"吗"在王星琦校注本(上海古籍出版社 1983 年版)中均作"麼"。(二)《石点头》有明末叶敬池刻本,核国家图书馆缩微胶片,所引"吗"字均写作"麼"。明代可靠文献中是否有写作"吗"的用例,可以进一步考察,但无论有无,均不影响本文立论。

尽管如此，仍有一些问题须要进一步探讨，如，"无"本为否定词，该否定词是如何演变为语气词的？其语法化过程如何？本文将在前人研究的基础上，试图对此做一些探讨。

2 语义泛化：从"有 N 无"到 "Aux + V(O) + 无"

"吗"是在"VP + 无"格式中语法化的。在"无"进入"VP + neg"格式之前，汉语史上已经出现过"VP + 不/否/非/未"式反复问句，其中的"不"也曾经历由否定词语法化为语气词的过程（黄国营 1986、吴福祥 1997、刘子瑜 1998、遇笑容、曹广顺 2002）。"VP 无"的出现，无论作为反复问句，还是是非问句，都是步"VP 不"的后尘。从这个角度说，"VP 无"的出现是词汇兴替现象。但是，"无"进入该格式后自身也经历了一个语法化过程。这一过程可以从两个方面来观察：一方面是"无"的语义泛化（generalization），另一方面是"VP 无"句式的主观化（subjectivisation）。本节先看语义泛化。

所谓语义泛化，是指某一词汇形式具体实在的词汇意义越来越少，组合能力越来越强，适用范围越来越大。"无"的语义泛化是在"VP 无"框架内逐步实现的：

2.1 "有 N + 无"

"无"本为动词，秦汉时期已经可以加在"有"的前面用作副词。在中古译经中，可以看到许多"有 N + 无"例。张敏在博士论文中曾举过两例（转引自蒋绍愚 1994：244）：

（8）世间赢瘦，<u>有剧我者无</u>？（《贤愚经》卷1）

（9）不知彼<u>有法无</u>？（《佛说义足经下》）

再如：

（10）舍利弗复问女："有佛法无有佛法，<u>有异无</u>?"女答："尊者舍利弗，近空及远空<u>有异无</u>?"舍利弗答言："无异。"（西晋竺法护译《佛说阿阇贳王女阿术达菩萨经》，《大正藏》12 册，No. 337）

（11）呵雕阿那鋡问比丘言："佛称誉我时，<u>边有白衣无</u>?"比丘言："<u>无有白衣</u>。正使有白衣，有何等嫌疑那?"……"佛称誉我时，<u>边有白衣无</u>?"我言："<u>无白衣</u>。正使有白衣，有何嫌疑?"（东晋竺昙无兰译《佛说呵雕阿那鋡经》，《大正藏》14 册，No. 538）

（12）"如人有物，如人有眷属。置物已，置眷属已，<u>有余名无</u>?"答曰："无余名。"（萧齐伽跋陀罗译《善见律毗婆沙》卷四，《大正藏》24 册．No. 1462）

（13）善业白言："若有逮是功德，<u>有从他方佛刹来生者无</u>?"佛言："有。"（吴支谦译《大明度经》卷4，《大正藏》8 册，No. 225）

（14）摩哂陀因树而问："大王，此是庵罗树耶?"王即答言："是庵罗树。""置此庵罗树，<u>更有树无</u>?"答言："更有。""复置此树，<u>更有树无</u>?"答言："更有。""复置此树，<u>更有余树无</u>?"即答言："有。"（萧齐伽跋陀罗译《善见律毗婆沙》卷2，《大正藏》24 册，No. 1462）

例中 VP 限于"有 N"。对"有 N 无"的回答，肯定时可以用"有"，如例（13）（14）；否定时可以用"无 N"或"无有N"，如例（10）（11）（12）。例（11）前面是"无有白衣"，后面转述时成了"无白衣"。可见，同样的意思既可以用"无N"表达，又可以用"无有 N"表达。两种表达式意思相同，但"无"的词性有别，否定辖域（negative scope）也不同："无 N"

中"无"是动词，是直接对 N 的存在进行否定；"无有 N"中，"无"是副词，是对动宾短语"有 N"加以否定。后一种情况下，"无"的语义已经开始泛化。

如果根据答语来推测"有 N 无"中"无"的词性，那么用"无有 N"回答者是副词，如例（11）前一个"有白衣无"；但是用"无 N"回答的可能是动词，也可能是副词，如例（11）后一个"有白衣无"和其他例子。不过，无论"有 N 无"的"无"是动词还是副词，这一时期的"无"都是与"有"相对的否定词，是对"有（N）"的否定。

2.2 "V（O）+无"

入唐以后，"无"的适用范围逐渐扩大，动词从"有"扩展到"在、存"，并进而扩大到其他非存在义动词，如：

（15）庭中犊鼻昔尝挂，怀里琅玕今在无？（李颀《别梁锽》，《全唐诗》1352 页，据中华书局 1960 年版，下同）

（16）学书弟子何人在，点检犹存谏草无？（綦毋潜《经陆补阙隐居》，《全唐诗》1371 页）

（17）知尔素多山水兴，此回归去更来无？（刘商《送刘寰北归》，《全唐诗》3458 页）

（18）归时自负花前醉，笑向儵鱼问乐无？（独孤及《垂花坞醉后戏题》，《全唐诗》2779 页）

"存在"义动词与"有"意义相去不远，但已有发展；而"来"、"乐"则与"有"义相去甚远，此时"V（O）无"已经很难还原为"无 V（O）"，"无"的词义进一步泛化。"无"尽管仍然可以看作否定词，但否定范围已经扩大到"有"以外的"V（O）"。然而如果 V 前有副词，该副词并不包括在"无"的否定域之内，如"犹存谏草无"，等于

"犹存谏草无存谏草"，"无"的否定辖域是"存谏草"，不包括"犹"。

2.3 　"Aux + V（O）+无"

中唐以后，"无"的语义进一步泛化，组合能力进一步提高，"无"的辖域扩展到"Aux + V（O）"（Aux 即 auxiliary，是与时、体、情态有关的助动词、副词等）。① 在白居易（772—846）诗中，"VP 无"共 60 例，其中"Aux + V（O）+无"有 28 例，元稹（779—831）诗中"VP 无"共 9 例，其中"Aux + V（O）+无"5 例。例如：

（19）晚来天欲雪，能饮一杯无？（白居易《问刘十九》，《全唐诗》4900 页）

（20）前日狂风昨夜雨，残芳更合得存无？（白居易《惜小园花》，《全唐诗》4942 页）

（21）彼此业缘多障碍，不知还得见儿无？（元稹《哭子十首》，《全唐诗》4514 页）

（22）野人爱静仍耽寝，自问黄昏肯去无？（元稹《晨起送使病不行因过王十一馆居二》，《全唐诗》4576 页）

（23）香浓酒熟能尝否，冷澹诗成肯和无？（白居易《闲夜咏怀因招周协律刘薛二秀才》，《全唐诗》4954 页）

（24）老去还能痛饮无，春来曾作闲游否？（白居易《兼呈微之》，《全唐诗》5002 页）

"Aux + V（O）"因为含有时、体、情态等，已经是可以独立的小句形式，"无"是加在这一小句形式之上的。例（23）

---

　① 在盛唐诗中，偶可以见到"Aux + VP + 无"例如李白（701—762）"秦川得及此间无"。但当时这类例子极少。

(24)"无"与"否"互文。"否"是兼含谓词性成分于其内的一个具有称代性的否定词（吕叔湘1956），可以直接置于"VP+neg"格式的neg位置，用于对各种意义和各种层次的谓词性成分进行否定，但从不用于修饰动词，构成"否吃"之类的说法，因此如果句中有Aux，一定包括在它的辖域之内。处于"Aux+V（O）+无"格式中的"无"在这一点上与"否"相同，其辖域也是包括Aux在内的小句形式，如"能饮一杯无"是对是否"能饮一杯"进行提问。

　　因此，从句法结构看，"Aux+V（O）+无"的结构层次是：
［Aux+V（O）］+无

2.4　小结

　　至此，"无"的否定域从"有"的宾语到动词"有"，进而到存在义动词、其他动词，再到包括助动词/副词在内的整个小句，随着时间推移，否定的层级逐渐提高。在句法上，"无"的组合功能逐渐增强，结构层次逐渐向句子层面提升，最终占据句尾语气词的位置。

　　此时的"无"在语义上可以重新分析：一方面，仍可以分析为否定词，其否定域是"Aux+V（O）"，此时"能饮一杯无"可理解为"能饮一杯不能"；另一方面，句尾语气词通常加在一个命题之上，而"Aux+V（O）"能够独立表述一个命题，因此已经占据语气词位置的"无"也可以视为针对其前命题发问的语气词，不再具有否定意义，此时"能饮一杯无"可理解为"能饮一杯吗"。

　　上面从句法入手对"无"的语义泛化过程进行了探索，可以看到，"无"实义减弱的过程也正是其组合能力增强、句法功能扩展的过程：

　　第一，处于"有（N）+无"格式，专用于对"有"进行否定；

第二，处于"V（O）+无"格式，否定范围扩大到"有"以外的动词及动词短语；

第三，处于"Aux + V（O）+无"格式，范围扩大到"助动词/副词 + V（O）"构成的小句形式。

3　主观化：从中性问到无疑而问

如前所述，"Aux + V（O）+无"已经占据语气词位置，正处于可以重新分析的节点上。因此不同学者对这类"无"的性质有不同看法，如王力（1980）把唐诗"未知肯听无"中的"无"看作疑问语气词，而吴福祥（1997）则认为是否定词。其实"无"从否定词到语气词也有个过程问题，本来不容易一刀两断。但这一过程并不是处于"Aux + V（O）+无"中的"无"自主语法化的结果，它是在经历前述语义泛化的同时和之后，伴随着"VP无"格式表义功能的演化而最终实现的。

3.1　"VP 无"句式的主观化过程

我们注意到，"VP 无"从反复问句到是非问句的演变，正好经历了一个主观化过程（subjectivisation），即经历了一个在语言中逐步加入说话人对命题或所说内容的主观态度和倾向性的过程。早在"无"的语义泛化阶段，它所在的"VP 无"句式的主观化过程已经开始。整个过程大体经历了四个阶段：

（A）典型的反复问句是把肯定和否定两方面都说出来，让听话者从中加以选择。其中不包含说话者的态度和倾向性，疑问程度是全疑。

（B）说话者虽然对答案的肯定与否心存疑问，但却表达了一种愿望，尤其当 VP 前有能够反映说话者主观态度的助动词时，"VP 无"往往具有了一定的倾向性，句子的疑问程度已经有所降低。

（C）"VP＋无"表测度问时，说话者对答案已有所知，但不很确定，要求对方加以证实。此时的疑问程度已经相当低，说话者的倾向性也相当明显。

（D）反诘问是无疑而问，是说话者为了表达比较强烈的感情色彩而采用的一种修辞性问句，说话者的倾向性十分明确。

下面举例略加申说。

3.1.1　阶段（A）：最早出现的"有＋N＋无"是该阶段的代表形式，这种形式始于中古时期。前文例（8）—（14）属于此类。再看两例：

（25）阿逸菩萨即起前长跪叉手，问佛言："阿弥陀佛国中诸阿罗汉，宁颇<u>有般泥洹去者无</u>？愿欲闻之。"佛言："若欲知者……"（吴支谦译《佛说阿弥陀三耶三佛萨楼佛檀过度人道经》卷 1，《大正藏》12 册，No. 362）

（26）海神变身，作一夜叉……问估客曰："世间可畏，<u>有过我者无</u>？"贤者对曰："更有可畏剧汝数倍。"……海神复更化作一人，形体痌瘦……问诸人曰："世间羸瘦，<u>有剧我者无</u>？"贤者答言："更有羸瘦甚剧于汝。"……海神复化更作一人，极为端政……问诸商客："人之美妙，<u>有与我等者无</u>？"贤者答曰："乃有胜汝百千万倍。"（元魏慧觉等译《贤愚经》卷 1，《大正藏》4 册，No. 202）

例（26）与前面例（8）为同一段文字，这是明显的中性疑问。值得注意的是例（25），从形式看该例是"宁颇……无"，前面有"宁"与"颇"连用。如果把"宁"一概看作反复问句的形式标志，进而认为"宁"后的 neg 已经虚化为语气词，那

么势必会认为例（25）中的"无"已经是语气词。但该例的
"无"与其他各例的"无"是同一的，都是对"有（N）"加以
否定，属于没有说话人倾向性的有疑而问。至于"宁颇"，其实
处在"无"的否定辖域之外。

　　通过形式标志来判定虚化程度是比较客观的，也很便于操
作。但是有时也不容易全面把握。一方面，哪些形式可以用作标
志不同学者有不同看法；另一方面，不具有这些标志但确实已经
语法化的情况很可能存在，但却可能被排除在外。其实，句法上
的形式标志是语用/语义功能的外在表现，从表达功能方面同样
能够分辨"VP无"的"无"是否完全虚化。根据语用/语义功
能所作的鉴别与通过形式标志所作的鉴别其结果应该是一致的，
而且应该具有更高的概括力。当然，在实际分析过程中，意义和
形式的相互印证自然是必不可少的。

　　3.1.2　阶段（B）：该阶段的典型形式是盛唐至中唐出现的
"Aux + V（O）+无"（参2.3）。须要说明的是，句子形式与主
观性的程度有一定的联系，但也不是完全对等的。在"有 N 无"
和"Aux + V（O）+无"之间还有"V（O）+无"式，有的
可能不具有倾向性，有的则可能具有一定的倾向性，而且即使是
"Aux + V（O）+无"形式，所表现的主观化的程度也不尽相
同。如：

　　（27）宫人早起笑相呼，不识阶前扫地夫。乞与金钱争
借问，外头还似此间无？（王建《宫词一百首》之六十九，
一作花蕊夫人诗，《全唐诗》3443 页）

　　（28）江州司马平安否，惠远东林住得无？（杨巨源
《寄江州白司马》，《全唐诗》3724 页）

　　（29）江城多暇日，能寄八行无？（权德舆《送孔江
州》，《全唐诗》3637 页）

例（27）表达的是"宫人"对外面世界的好奇，疑问程度高，倾向性弱；例（28）是表可能的"V得"加"无"，主要表达作者的问候和关心，不一定须要回答，在一定程度上表现出作者的情感；例（29）是"能……无"，这是通过问句形式表达作者的希望，也不一定须要回答，具有较高的主观性。

3.1.3　阶段（C）：表示推测的语法手段很多，比较典型的是"莫……无"，该形式见于中唐以后。如：

（30）拟提社酒携村妓，擅入朱门莫怪无？（白居易《令公南庄花柳正盛欲偷一赏先寄》，《全唐诗》5177 页）

（31）山僧未肯言根本，莫是银河漏泄无？（曹松《山寺引泉》，《全唐诗》8245 页）

（32）僧曰："莫便是传底人无?"（《祖堂集》3.098，引自吴福祥 1997）

（33）项羽遂乃高声唱："帐前莫有当直使者无?"（《敦煌变文集》37 页，同上）

反复问句是以肯定形式加否定形式构成，当肯定形式部分不表示肯定而表示测度时，或者肯定部分有否定词时，或者整个句子表示反诘时——"反诘实在是一种否定的方式"（吕叔湘 1956），那么它后面的 neg 就彻底失去了否定意义，从而完全变成了语气词。

3.1.4　阶段（D）："VP无（磨、摩）"表反诘的用法在五代成书的《祖堂集》中可以见到。字形已经可以写作"磨"、"摩"，这也表明该主观化阶段的"无"已经彻底失去了否定意义。例如：

（34）直得趁着，还不丧身失命也无？（《祖堂集》424 页，日本禅文化研究所 1994 年）

（35）山代云："只到这里岂是提得起摩？"（同上，241页）

（36）向佛未出世时体会，尚自不得一个半个。是伊与摩，驴年得一个半个摩？（同上，548页）

从形式上看，例（34）VP 中有否定词，例（35）VP 中有表反诘的副词，而例（36）则是通过语境体现出来的。

须要说明的是，"VP 磨"表反诘的用法在敦煌写卷王梵志诗已有两例（引自吴福祥 1997）：

（37）损失酬高价，求嗔得也磨？（借物莫要索）

（38）将他物己用，思量得也磨？（偷盗须无命）

通常认为王梵志是初唐诗人，然而根据我们上面所揭示"VP无"的语法化过程和主观化阶段，初唐时期不可能有"VP 磨"，更不可能有"VP 磨"表反诘的例子。这对上面的结论似乎是一个致命的挑战，但是，据项楚（1991）等先生考证，王梵志诗并非一人一时之作，有后人之诗托名于王梵志名下者。例（37）（38）只见于"编写于晚唐时期"（项楚 1991：前言）的一卷本，而不见于初唐三卷本。而且写卷上显示的抄写年代看，在敦煌 35 种王梵志诗写卷中，有抄写于初唐的本子，也有许多抄写于五代和宋初的本子。上述用法的"磨"见于五代宋初抄本，而不见于初唐抄本。① 其中例（37）所在的写卷标有抄写时间"开宝三年壬申"，"开宝"是宋太祖的年号。该诗另有四个写卷（"也磨"又写作"也摩"、"夜摩"），其中两个也标有抄写年代，分别为清泰四年、乾祐二年，是五代后唐、后汉的年号。例（38）有三个写卷，"也磨"出自伯三七一六，另两卷作"也

① 笔者孤陋寡闻，总以为王梵志是初唐诗人，因此对其中出现表反诘的"VP也磨"曾一度百思不得其解。幸蒙江蓝生先生赐教，顿觉豁然开朗。

魔"、"夜魔",其中一卷有"清泰"年号,可见也当是五代写本。由此看来,例(37)(38)并不是可靠的唐初语料,而应该是晚唐五代作品。

3.2　小结

综上所述,随着时间的推移,从(A)到(B),到(C),到(D),"VP 无"格式的疑问程度逐渐减弱,而说话者的主观倾向性逐渐增强,构成一个具有不同主观化等级的连续统(continuum)。可图示为:

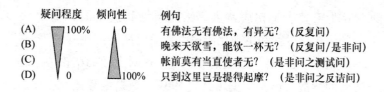

	疑问程度	倾向性	例句
(A)	100%	0	有佛法无有佛法,有异无? (反复问)
(B)			晚来天欲雪,能饮一杯无? (反复问/是非问)
(C)			帐前莫有当直使者无? (是非问之测试问)
(D)	0	100%	只到这里岂是提得起摩? (是非问之反诘问)

图 1

这一连续统体现了"VP 无"格式的主观化过程,与此同时也体现了"无"从否定词渐变为纯语气词的过程。

4　功能扩展:语法演变并非新陈代谢,更像四世同堂

4.1　如前所述,从中古译经到《祖堂集》,"VP 无"句式先后经历了 A、B、C、D 四个主观化阶段,每一阶段产生一种新的表义功能:(A)不带倾向性的有疑而问;(B)带有一定倾向性、疑问程度略低的有疑而问;(C)有较大倾向性的测度问;(D)倾向性很强的反诘问。这四种功能构成一个语法化/主观化

斜坡（cline）：

A > B > C > D

对（A）以后的任一节点来说，都是从它前面的节点演化而来，但是相互间不是新陈代谢，而更像四世同堂。也就是说，当新的功能产生之后，旧的功能并不一定随即消失。单个虚词的语法化如此，特定句式的语法化也是如此。从这个角度说，通常所说的"甲变为乙"往往只意味着乙的产生途径，并不意味着甲的消亡；一般所说的语义演变严格地说并不是"演变"，而是语义功能的扩展。"VP 无"的扩展过程可图解为：

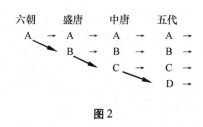

图2

4.2　如果把图（1）中出自不同时代、具有不同性质的例句都替换为虚化以后的"摩"，可以看到，它们的表达功能总体不变，只是都成了是非问而已：

A. 有佛法无有佛法，有异摩？

B. 晚来天欲雪，能饮一杯摩？

C. 帐前莫有当直使者摩？

D. 只到这里岂是提得起摩？

《祖堂集》的"VP 摩"（202 例）正是同时具有上述四种表达功能，既有表达中性疑问或略带倾向性的，也有表达测度问和反诘问的。这正是不同时间层次的用法在五代时的体现，是"VP 无"功能扩展的结果。如：

A

(39) 师问僧："你还有父母摩?"对云："有。"(《祖堂集》290 页，禅文化研究所 1994 年)

(40) 六祖见僧，竖起拂子云："还见摩?"对云："见。"祖师抛向背后云："见摩?"对云："见。"(同上 97 页)

B

(41) 其僧三五日后便辞。峰云："什摩处去?"对云："湖南去。"峰云："我有同行在彼，付汝信子得摩?"僧云："得。"(同上 274 页)

(42) 石头曰："今夜在此宿，还得摩?"对云："一切取和尚处分。"(同上 186 页)

C

(43) 僧到参次，师便把住，云："莫屈著兄弟摩?"对云："不屈。"(同上 408 页)

(44) 对云："与摩相见，莫不当摩?"(同上 571 页)

D

(45) 师于窗下看经次，蝇子竞头打其窗，求觅出路。弟子侍立，云："多少世界，如许多广阔，而不肯出头，撞故纸里，驴年解得出摩?"(同上 618 页)

直到现代汉语中，句尾语气词"吗"仍然既可以用于中性疑问，也可以用于反诘问，主要功能可概括为：

第一，全疑而问：说话者对答案的肯定否定一无所知。如：

(46) 那个警察在楼道里见人就问："见过照片上这个人吗?"

第二，半疑而问：说话者对答案的肯定或否定具有一定的倾向性。如：

（47）你想回家吗？好的，我马上送你回去。（倾向于肯定）

（48）你现在就想回家吗？才刚刚出来几分钟。（倾向于否定）

第三，无疑而问：说话者完全知道答案是肯定还是否定的。如：

（49）这是人说的话吗？（肯定形式表否定）

（50）这不是欺负人吗？（否定形式表肯定）

"吗"的上述不同用法也反映了不同的时间层次，反映了不同的语法化和主观化程度。

4.3 当然，新旧功能不可能一直同堂，随着时间的发展、地域的差异，有的功能可能会逐渐消失或萎缩，而有的功能则会进一步膨胀。就"VP吗"而言，虽然直到现在还保留上述三项功能，但各个功能的出现频率存在较大差异。据黄国营（1996）的统计，宋代以后"吗"用于反诘问句的例子逐渐增多，用法更为丰富，到清初以后，"VP吗"的主要功能就在于表示反问。在《茶馆》和《赵树理小说选》中，反诘问的频率竟高达百分之八九十。这其实正是"VP吗"主观化的进一步延伸。

主要参考文献

冯春田：《近代汉语语法研究》，山东教育出版社2000年版。

黄国营：《"吗"字句用法初探》，《语言研究》1986年第2期。

江蓝生：《疑问副词"颇、可、还"》，原载刘坚等《近代汉语虚词研究》，语文出版社1992年版；收入江蓝生《近代汉语探源》，商务印书馆2000年版。

蒋绍愚：《近代汉语研究概况》，北京大学出版社1994年版。

刘勋宁：《〈祖堂集〉反复问句的一项考察》，原载日本《中国文化》53号，收入刘勋宁《现代汉语研究》，北京语言文化大学出版社1998年版。

刘子瑜：《汉语反复问句的历史发展》，载郭锡良主编《古汉语语法论集》，语文出版社 1998 年版。

吕叔湘：《中国文法要略》，商务印书馆 1982 年版。

沈家煊：《不对称和标记论》，江西教育出版社 1999 年版。

沈家煊：《语言的"主观性"和"主观化"》，《外语教学与研究》2001 年第 4 期。

孙锡信：《语气词"么"的来历》，《中国语言学报》1995 年第 7 期。

孙锡信：《近代汉语语气词》，语文出版社 1999 年版。

太田辰夫：《中国语历史文法》，蒋绍愚、徐昌华译，北京大学出版社 1987 年版。

孙锡信：《汉语史通考》，江蓝生、白维国译，重庆出版社 1991 年版。

王力：《汉语史稿》，中华书局 1980 年版。

吴福祥：《从"VP-neg"式反复问句的分化谈语气词"麽"的产生》，《中国语文》1997 年第 1 期。

伍华：《论〈祖堂集〉以"不、否、无、摩"收尾的问句》，《中山大学学报》1987 年第 4 期。

项楚：《王梵志诗校注》，上海古籍出版社 1991 年版。

遇笑容、曹广顺：《中古汉语中的"VP 不"式疑问句》，《纪念王力先生百年诞辰学术论文集》，商务印书馆 2002 年版。

张伯江：《疑问句功能琐议》，《中国语文》1997 年第 2 期。

钟兆华：《论疑问语气词"吗"的形成与发展》，《语文研究》1997 年第 1 期。

Hopper, P. J. & E. C. Traugott, 1993, *Grammaticalization*, Cambridge: Cambridge University Press.

Stein, D. & S. Wright, eds., 1995, *Subjectivity and Subjectivisation*, Cambridge: Cambridge University Press.

Traugott, E. C. & R. B. Dasher, 2002, *Regularity in Semantic Change*, Cambridge: Cambridge University Press.

（原载《语言科学》2003 年第 1 期）

肆 句式

句式省缩与相关的逆语法化倾向

——以"S＋把＋你这NP"和"S＋V＋补语标记"为例

1 引言

本文讨论如下句式演变，并进而探讨与之相关的句式省缩：

（一）处置式省去谓语，变成"S＋把＋你这NP"，如：

A式：我把你这个孽障，直打杀你！＞B式：我把你这孽障！

（二）补语句省去补语，变成"S＋V＋补语标记（以下省作'补标'）"，如：

A式：我吓得来要死。＞B式：我吓得来！

演变之后，A、B两式结构大不相同，B式省去了A式中作为句法上的主干和语义上重心的谓词性成分，但句式意义基本不变，仍然还是（一）表示威胁和骂詈，（二）表示程度高。

这种句法演变现象不同于一般所说的"省略"。一般所说的"省略"有两个条件："第一，如果一句话离开上下文或者说话的环境意思就不清楚，必须添补一定的词语意思才清楚；第二，经过添补的话是实际上可以有的，并且添补的词语只有一种可能。"（吕叔湘1980［1990：534]）即，一般的省略，通常是共时的、临时的、依赖特定语境的，可以补出具体省略成分；而这里所说的省略是历时的、固定的、可以不依赖特定语境的，不能或不必补出具体省略成分。

不过，从源头上看，B式确实是由A式省缩而成（详下），只是省去的不是具体的词，而是特定句式的一个重要组成部分。为便于区别和说明，我们把这种省掉特定句式的一个组成部分，从而缩减为一个新的句式，在整体上不影响原句式的构式意义的语法演变现象称作"句式省缩"。须要说明的是，这里所说的"句式"，即我们以往所说的"句法结构式"（江蓝生1992），如果说词缀、词、短语、单句、复句等任何一个语言层面的"形式－语义匹配"（form-meaning pair，Goldberg，1995：4）都是一个构式（construction）的话，那么"句式"就是单句层面的构式，"句式省缩"就是"构式省缩"的一种。对复句层面的构式省缩，我们已有专文讨论（江蓝生2005），本文将讨论单句层面的构式省缩。

以往对"S＋把＋你这NP"的句法语义特点，刁晏斌（1987）、高万云（1997）等已经进行了详细讨论，但对其产生过程和原因目前尚无系统研究；对"V得来"的省缩过程和原因，我们（江蓝生1992）曾予以讨论，但那篇文章的重点在于探讨吴语助词"来"、"得来"的来源和演化过程。本文将在以往研究的基础上，把上述两种句式演变联系起来，以此为例探索句式省缩的过程和动因，附带讨论与之相关的逆语法化（de-grammaticalization）倾向。

2　元明以来的"S＋把＋你这NP"

现代汉语中，可以见到"后面没有动词"的"我把你这个……"句式（吕叔湘等1999：56），如：

（1）我把你这个小淘气鬼！｜我把你这个胡涂虫啊！

这类句式虽然没有动词，但语感上是自足的，在历史上已经沿用了五百多年，而且西北方言中至今仍广泛使用。

2.1　在《元曲选》宾白和明清小说中，这类例子已经相当常见。刁晏斌（1987）、张美兰（2001）、王文晖（2001）、黑维强（2002）、许光烈（2005）等都举过一些例子。如：

（2）我把你个无分晓的老无知！……我把你个老不死的老贼！（《生金阁》，三折白，《元曲选》）

（3）我把那精驴贼丑生弟子孩儿，原来则这个醋务巷！着我沿城走了一遭，左右则在这里。（《魔合罗》，二折白，《元曲选》）

（4）行者骂道："我把你这个泼怪！谁是你浑家？连你祖宗也还不认得哩？"（《西游记》31 回）

（5）西门庆也不等夏提刑开言，就道："我把你这起光棍，如何寻这许多人情来说？"（《金瓶梅》35 回）

（6）大喝一声："我把你这孽障！你认得我么？"（《封神演义》63 回）

（7）晁思才说："我把这不识抬举不上芦苇的忘八羔子！"（《醒世姻缘传》57 回）

（8）尤氏因悄骂凤姐道："我把你这没足厌的小蹄子！这么些婆婆婶子来凑银子给你过生日，你还不足，又拉上两个苦瓠子作什么？"（《红楼梦》43 回）

（9）林之洋指着药兽道："俺把你这厚脸的畜牲！医书也未读过，又不晓得脉理，竟敢出来看病！岂非以人命当耍么！"（《镜花缘》22 回）

（10）何氏大喊道："你们众人打我么！把你们这一群傍虎吃食、没良心的奴才！"（《绿野仙踪》85 回）

（11）用手一指骂道："我把你不知死活的小畜生！我与你旧仇未报，你又来欺负我的兄弟，我若不将你拿来劈做

万段，誓不为人！"（《儿女英雄传》48 回）

上述作品一般认为都是用北方官话写成的，其中《西游记》略带江淮官话特色，而像《海上花列传》等具有明显吴方言色彩的作品中未见用例，"三言"、"二拍"这类南方人编写的作品虽然总体上也属于官话系统，但只能见到极少例子，如：

（12）李信扑地一掌打过去道："我把你这瞎眼的贼秃！我是斋公么？"（《二刻拍案惊奇》卷 21）

2.2　在现代汉语方言中，这种句式仍然十分活跃，如下表：

地　域	例　句	出　处
山西运城	我把你个贼羔！｜把你个死挨刀的。｜我把你个聋耳朵，连我的声音都听不出来了！	王雪樵（1986）
山西临汾	我把你马日的！｜我把你个贼坯子！｜我把你个贼东西，你死到哪里去哩呢？	乔全生（2000）
内蒙古	走！我把你个老糊涂！｜把你个没头鬼！｜把你个没良心的！｜把个挨刀子的！	乔全生（2000）
陕西户县	我把你个狗日的！｜我把你个碎崽娃子小崽子！｜把这号这种没良心的！｜把这些不懂王法的娃娃！｜把乃那伙吃屎吃尿的东西！	孙立新（2003）
甘肃环县	我把你个骚货！｜我把你个狼不吃的！	自调查①
青海	我把你个死娃！｜我把你个贼骨都比喻不争气的人！	靳玉兰（1995）
新疆	把这么个怪张人。｜我把这个胖儿子呀！｜我把你这个机灵鬼。	王景荣（2002）
中亚东干汉语	我把你这个没良心的东西！｜（我）把你这个哈尔瓦尼小畜生，往几时里睡呢？	海峰（1993）
湖北孝感	我把你个没良心的家伙。｜我把你个苕东西。｜我把你这个小妖精。	左林霞（2001）
湖北武汉	我把你个苕傻东西 ·ə！	朱建颂（1995）

---

① 该方言资料是向清华大学解志熙教授调查所得，特表感谢。

　　从所见报告看，这种句式主要分布在西北的官话区和晋语区（中亚东干语是西北官话的方言岛），其他地方这类报告很少，如湖北武汉、孝感。

　　2.3　对这种句式的构成，刁晏斌（1987）、高万云（1997）、张美兰（2001）、王文晖（2001）、邹洪民（2000）、许光烈（2005）等先后都有论述，意见不尽相同。参照各家说法，结合例句，可归纳如下：

　　（一）S 是第一人称代词单数形式"我"，偶用"俺"（如例9）；可以不出现。

　　（二）"把"的位置只能出现"把"，不能是"将"等。

　　（三）"你这 NP"是同位语短语，最完整形式是：

　　第二人称代词＋指示代词＋量词＋修饰语＋名词中心词

如"你这个没良心的东西"。可以从语义角度看作"NP_1＋NP_2"。NP_1用于定指听话者，形式上通常是"你这个"，可省作"你这"、"你个"、"这个"、"这"。其中指示代词偶见"那"，甚至用"那"指第三者（如例3）；量词偶用"号、起、些、伙"等。NP_2用于对听话者进行定性归类，大多具有贬义色彩，形式上通常是"修饰语＋名词中心词"，如"没良心的东西"。由"的"字结构作修饰语时，中心词有时可以不出现，如"没良心的"；修饰语偶尔也可以不出现，如"东西"，但中心词一般应该含有修饰成分，如"孽障"、"机灵鬼"。有少量不具有贬义色彩的例子，如新疆汉语方言的"我把这个胖儿子呀"、"我把你这个机灵鬼"。

　　（四）"S＋把＋你这 NP"后面不出现 VP，但却是一个独立的感叹句。有时可以带后续小句，但它与后续小句都是各自独立的，如例（3）（5）。

　　2.4　对该句式的意义，各家看法也不尽相同：吕叔湘等

（1999：56）认为"表示责怪或无可奈何"；刁晏斌（1987）认为表示威胁恐吓；张美兰（2001）认为"整个句子不强调动作的处置，以表达骂詈有力为目标"，"有时这种詈骂还带有嘲讽、戏谑、亲昵的语气"；高万云（1997）认为其深层逻辑语义是："你这个 NP，我 D（处置）你！"许光烈（2005）说它"表示对对象的定性和处置"。

这些说法表面差异较大，但就各自所举例子来看都有一定道理，其实这种差异是不同的时间层次、不同的典型性程度、不同的语用环境造成的。从来源和典型性角度看，该句式的意义可概括为：表示惩处威胁和骂詈。惩处威胁源自特定处置式，骂詈源自特定的表示定性归类的同位语短语。①

该句式在有些语境中可能具有嬉闹、亲昵色彩，如恋人嬉闹的时候说："我把你这个坏东西！"这时既非惩处，也非骂詈，但是严格地说，嬉戏、亲昵之类并非"S＋把＋你这 NP"专有的意义，在这种场合如果换成"我拧死你"（威胁）、"你这个坏东西"（骂詈）、"我拧死你这个坏东西"（威胁加骂詈）等其他说法，甚至不使用语言而通过语言之外的动作行为，如举手作出要打的架势，同样可能具有亲昵色彩。可见，这种亲昵是威胁、骂詈这类言语行为甚至肢体动作在一定场合所共有的意思。俗语说"打是亲，骂是爱"，这话正好道出了打骂与亲爱的联系，也正好是对本来表示威胁和骂詈的"S＋把＋你这 NP"为什么会

---

① 同位语短语"$NP_1 + NP_2$"表示定性归类，本来没有骂詈的意思，但是如果 NP_1 指听话者，NP_2 又是贬义词，那么，认定听话者是那个贬义词所指之物，自然就有骂詈的意思了。在新疆汉语方言中，NP_2 有时可以是褒义词或中性词，此时整个句式就不会有骂詈义。如"我把这个胖儿子呀"、"我把你这个机灵鬼"。我们把"S＋把＋你这 NP"的意义概括为"表示惩处威胁和骂詈"是就绝大多数用例而言的，更高一层的概括应该是"表示惩处和定性"。

有亲昵色彩的一个精彩注释。请看《红楼梦》中的例子：

　　（13）黛玉听了，翻身爬起来，按着宝玉笑道："<u>我把你烂了嘴的</u>！我就知道你是编我呢。"说着，便拧的宝玉连连央告。（《红楼梦》20 回）

　　（14）凤姐笑道："鸳鸯小蹄子越发坏了，我替你当差，倒不领情，还抱怨我。"……（平儿）口内笑骂"<u>我把你这嚼舌根的小蹄子</u>！"……凤姐也禁不住笑骂道："死娼妇！吃离了眼了，混抹你娘的。"（《红楼梦》38 回）

这两例都具有亲昵色彩，但例（13）"按着宝玉"、"拧的宝玉连连央告"暗示出惩处威胁，例（14）"我把你这嚼舌根的小蹄子"与"鸳鸯小蹄子"、"死娼妇"这类表定性骂詈的短语具有同样的亲昵色彩。

　　威胁和骂詈两个方面或强或弱，或隐或显。在敌对的场合、愤怒的场合，往往是典型的威胁和骂詈；而在嬉闹的场合、亲昵的场合，当然不是真打真骂。而且我们在调查咨询中注意到，西北一些方言中"S＋把＋你这 NP"有两种重音模式：模式一，"把"重读；模式二，NP 重读。两种模式的意义有区别：重读"把"，强调的是惩处威胁；重读 NP，强调的是定性骂詈。如：

　　（15）a. 我′把你这个贼坏子！（重在惩处威胁）

　　　　　b. 我把你这个′贼坏子！（重在定性骂詈）

3　"S＋把＋你这 NP"的来源和省缩过程

　　对"S＋把＋NP＋VP"以往有两种对立的意见：一种认为是把字句的省略形式，一种认为不是省略而是自足的句子。我们的看法是，从来源看是省略而成，但省略之后则变成了一个自足的句式。下面将通过历时语料显示这一省缩过程。

3.1 基础句式：把字句

以"把"为标记的处置式自唐代产生以后得到迅速发展，到元明时期使用频率已经很高，在《元曲选》、《水浒传》、《醒世姻缘传》中，把字句的出现次数都远远超过了 1000 次（据张美兰 2001：202）。把字句的高频使用为该句式的省缩奠定了基础。

一般把字句的构成是"S + 把 + NP + VP"，其句式意义即王力（1943、1944）早已指出的"处置"，也就是 S 对 NP 施加影响，至于所施加的具体是什么影响，通过什么方式来影响，在具体句子中可能千差万别，如：

（16）前日把亚爹袄子上许多饿虱都烫杀了。（《张协状元》21 出）

（17）凛凛地身材七尺五，一只手把秀才捽住，吃搭搭地拖将柳阴里去。（《董西厢》卷 1）

（18）他若说道是得了个小厮儿呵，那老子偌大年纪，则怕把那老子欢喜杀了。（《老生儿》，一折白，元曲选）

（19）众人只得把石板一齐扛起。（《水浒传》1 回）

（20）反贼，你如何不识羞耻！昨夜引人为打城子把许多好百姓杀了，又把许多房屋烧了，……早晚拿住你时，把你这厮碎尸万段！（《水浒传》34 回）

从上述例子可以看到，具体的影响有损害、移动、变化等，甚至有"欢喜杀了"之类，难以全部列举。有的影响是已经发生的，有的是将要发生或尚未发生的。例（20）有三个把字句，前两个是陈述已经发生的事情，后一个是预示将会发生的事情。正是因为具体处置方式不确定、已然未然不确定，而且具体的"处置"手段和结果主要是通过 VP 来体现的，VP 是句子的谓语部分，同时又是语义重心，所以 VP 是不能缺少的。如：

（21）＊前日把亚爹袄子上许多饿虱。｜＊一只手把秀才。｜＊众人只得把石板。

可见，一般把字句不是"S＋把＋你这NP"句式的直接来源，只是它产生的前提和基础，它的直接来源是一般把字句特定的下位句式——表示惩处威胁与骂詈的特定把字句。

3.2　特定句式：特定把字句

表示惩处威胁和骂詈的特定把字句是一般把字句的一种，是作为构式的一般把字句的一个特定的下位构式（sub-construction）。

3.2.1　在"S＋把＋你这NP"句式出现之前，有很多以损害、惩处为处置方式的把字句，前举（16）（20）属于此类。说话者可以用这种把字句表达自己将要对听话者加以惩处。这种未然的惩处也许真的将会实施，但更多的只是说话者借此表达对听话者的威胁与愤怒。[①]　例如：

（22）我将这快刀儿把你来挑断那脊筋，有一日掂折你腿脡，打碎你脑门。（《后庭花》，一折曲，《元曲选》）

（23）我如今赶着去，若赶的上呵，万事罢论，若赶不上呵，回来一把火烧了你这草团瓢，把你一家儿都杀了。（《朱砂担》，二折白，《元曲选》）

（24）鲁智深喝道："你这两个撮鸟，洒家不看兄弟面时，把你这两个都剁做肉酱！"（《水浒传》9回）

（25）刘高喝道："胡说！你们若不去夺得恭人回来时，

---

① 有时将要对听话者加以惩处，并不包含威胁的意思，如作品中描写人物的心理活动："张三心中暗想：一朝风云际会，我把你碎尸万段！"这只是一种隐性的威胁。

我都<u>把你们下在牢里</u>问罪。"（《水浒传》32 回）

（26）实对我说，饶你这条性命；但瞒了一句，先<u>把你剁做肉泥</u>。（《水浒传》46 回）

3.2.2 在"S＋把＋你这 NP"出现之前，汉语中还存在着"NP₁＋NP₂"这类名词性同位语短语，其中包括与本文论题有关的"你这 NP"，并一直延续至今。例如：

（27）师住后示众曰："我当时若入得老观门，<u>你这一队嗅酒糟汉</u>向甚么处摸索？"（《五灯会元》卷 7）

（28）只被<u>你个多情姐</u>，嗷得人困也、怕也！（《董西厢》卷 5）

（29）不是我自夸，我已经箱里真个强。<u>你个老畜生</u>！（《张协状元》19 出）

（30）田牛儿痛哭了一回，心中忿怒，跳起身道："我<u>把朱常这狗忘八</u>，照依母亲打死罢了！"（《醒世恒言》卷 34）

作为一个构式，这类短语的句式意义是认定 NP₁ 具有 NP₂ 所具有的属性，如"你个多情姐"含有"你是多情姐"的意思，"朱常这狗忘八"含有"朱常是狗忘八"的意思。如果 NP₂ 具有贬义，那么用于指人往往是对人的侮辱，因此这种句式可用于骂人，如例（29）（30）。其中（29）针对听话者，（30）针对第三者。

这类短语在句中可以充当主语、宾语，也可以独立成句。如（27）中作主语，（28）中作"被"的宾语，（29）中是独立的句子，（30）作"把"的宾语。

3.2.3 当面威胁和当面骂詈都是说话者对听话者怨恨、恼怒的一种发泄，所以二者可以在同一个句子中出现。当表示骂詈的"你这 NP"充当表示威胁的把字句中"把"的宾语时，便有了"我＋把＋你这 NP＋VP"句式。该句式在整体上表示威胁，同时又有骂詈的意思。在"S＋把＋你这 NP"经常出现的语料中，还可以看到这种"我＋把＋你这 NP＋VP"。如：

（31）你说出半个字来，我就知之，<u>把你这猢狲剥皮锉骨</u>，将神魂贬在九幽之处，教你万劫不得翻身！（《西游记》2 回）

（32）一朝风云际会，<u>把你这苗狗碎尸万段</u>！（《禅真逸史》37 回）

（33）驸马听言，心中大怒，说："<u>把你这奸贼碎尸万段</u>！"（《说唐后传》46 回）

（34）<u>我只把你这牢头淫妇，打下你下截来</u>！（《金瓶梅》8 回）

（35）我只将这简贴儿告与夫人去，<u>把你这小贱人，拷下你下半截来</u>！（《㑇梅香》，二折白，《元曲选》）

（36）（西门庆）提起拳来骂道："狠杀我罢了！不看世界面上，<u>把你这小歪剌骨儿，就一顿拳头打死了</u>！"（《金瓶梅》43 回）

（37）大圣骂道："你上来，你上来！<u>我把你这个孽障，直打杀你</u>！"（《西游记》53 回）

（38）爹来家等我说了，<u>把你这贼忘八，一条棍撺的离门离户</u>！（《金瓶梅》22 回）

（39）行者轮着铁棒道："<u>我把你这个孽畜，若到边前，这一棒就打死你</u>！"（《西游记》49 回）

（40）指着杜应元骂道："<u>我把你这两个贼胚死囚，不要忙，定弄得你家破人亡</u>，才见手段！"（《禅真逸史》24 回）

从意义上看，在上述特定把字句中，无论具体的 VP 是什么，——诸如"剥皮锉骨"、"碎尸万段"、"拷下下半截"、"一顿拳头打死"、"攮的离门离户"、"弄得家破人亡"，——都是对听话者加以惩处，都是充分表达说话者的愤恨和不满。这种句子用多了之后，只要说出前面一部分，后面一部分就会不说自明。既然怎么说都一样，说与不说都一样，从语义自足的角度看，VP 的存在就不是必需的了，"S + 把 + 你这 NP"便可能独立成句。

从形式上看，上述例子都属于结构完整的把字句，但仔细观察可以发现，在"S + 把 + 你这 NP"与后面的 VP 之间，存在几种不同的情况：（一）有的没有语音停顿，如（31）（32）（33）；（二）有的可以出现语音停顿，尤其是句子较长，结构较复杂时，如（34）以下各句；（三）有的可以加进副词或状语，如（36）的"就"，（37）的"直"，（38）"一条棍"（表工具，相当于"用一条棍"）；（四）有的甚至可以加进小句，如（39）的"若到边前"，（40）的"不要忙"。后三种情况的蕴涵关系是后者蕴涵前者，即，如果可以加进副词或状语，那么也可以加进语音停顿；如果可以加进小句，那么也可以加进副词或状语，还可以加进语音停顿。这实际上是从形式上反映了"S + 把 + 你这 NP"对 VP 的依赖程度的不同，从（一）到（四），"S + 把 + 你这 NP"对 VP 的依赖性逐渐减弱，独立性逐渐增强。试比较（34）（35）（37）：（34）有副词"只"置于"把"前，"把 + 你这 NP"在副词的辖域之内，独立性较弱；（37）的副词"直"置于 VP 前，"把 + 你这 NP"不在副词的辖域之内，独立性相对较强；（35）没有副词，大体介于二者之间。"S + 把 + 你这 NP"的独立性还可以从 VP 的宾语观察到，在典型的把字句中，VP 的受事就是"把"后 NP，VP 中不再重复出现该受事宾语，但是在一些特定把字句里，VP 中可以再次出现被处置者"你"，以至于这个"你"前后重复，如（37）（39）（40），这也表明"S＋把＋你这 NP"与 VP 各自独立性的增强。

由于各自独立性的增强，这类处于中间状态的"S＋把＋你这 NP＋VP"一方面可以看作特定把字句，另一方面又可以看作两个独立的句子。如（39）（40），一方面，"你这 NP"还可以看作 VP 的论元，看作其处置对象（把你这孽畜打死、把你这两个贼胚死囚弄得家破人亡）；另一方面，VP 后另有论元"你"，"你这 NP"可以不看作 VP 的论元，这样"S＋把＋你这 NP＋VP"就成了两个独立的句子：

（39'）行者轮着铁棒道："我把你这个孽畜！若到边前，这一棒就打死你！"

（40'）指着杜应元骂道："我把你这两个贼胚死囚！不要忙，定弄得你家破人亡，才见手段！"

3.3　省缩句式："S＋把＋你这 NP"

（39'）（40'）尽管可以分析为两个独立的句子，但两句有密切联系，句法语义限制还很明显：（一）前后句主语相同，都是"我"；（二）后句的 VP 具有惩处义；（三）前句"你这 NP"语义上相当于后句 VP 的受事。当"S＋把＋你这 NP"完全独立之后，即使后面跟有相关句子，也不再受到这种限制，如前面已经举过的（3）（4）（5）（6）。有时即使后面有表示惩处威胁的 VP，但如果"你这 NP"与之不具有题元关系，也会各自属于不同的句子。[①] 如：

---

① 这一点多谢刘丹青提醒。

（41）行者跑近身，掣棒高叫道："我把你这伙毛团！什么好机会？吃吾一棒！"（《西游记》79 回）

"S + 把 + 你这 NP"成为新的句式后，虽然在形式上没有表示惩处的 VP，但其句式意义仍然是原来句式的"惩处威胁与骂詈"。骂詈自不用说，惩处威胁的意思常常还可以从说话者的言语或行为中明显看出。如《西游记》例：

（42）被八戒喝声："那里走！我把你这个哄汉子的臊精！看钯！"（79 回）

（43）八戒骂道："我把你这个孽畜，你是认不得我！……若似前猖獗，钯举处，却不留情！"（20 回）

（44）八戒闻言大怒，举钉钯当面骂道："我把你这血皮胀的遭瘟！你怎敢变作你祖宗的模样，骗我师兄，使我兄弟不睦！"你看他没头没脸的使钉钯乱筑……（61 回）

（45）行者大怒，骂道："我把你这个偷灯油的贼，油嘴妖怪！不要胡谈，快还我师父来！"赶近前，轮铁棒就打。（91 回）

3.4　小结

综上可见，"S + 把 + 你这 NP"源于处置式，其省缩过程是：

（A）基础句式（把字句） > （B）特定句式（特定把字句） > （C）省缩句式（"S + 把 + 你这 NP"）

A、B、C 可以视为三个阶段，但 A 和 B、B 和 C 的关系是不同的：从 A 到 B 是意义的专门化、特殊化，形式总体上不变，意义有较大不同；从 B 到 C 是形式的省缩，意义总体不变，形式大为不同。相应的句法语义表现是：

句　式	形　式	意　义
（A）基础句式（把字句）	把＋NP＋VP	处置
（B）特定句式（特定把字句）	把＋你这NP＋VP	惩处骂詈
（C）省缩句式（S＋把＋你这NP）	把＋你这NP	惩处骂詈

4　"S＋V＋补标"句式的省缩

4.1　"S＋V＋来/得来"

在吴语中，"来"、"得来"可以放在形容词或某些心理动词后面，表示程度高或行为动作之强烈。如"远来"即很远，"哭来"即哭得很厉害，"时髦得来"即时髦得什么似的，"牵记得来"即非常牵挂。（参见闵家骥等1986，袁家骅等1983，江蓝生1992）。我们（江蓝生1992）曾经论证过这类"来"、"得来"的来源和演化过程，认为它们本来是引出补语的结构助词，因为省去补语，于是"S＋V＋来/得来＋C"变为"S＋V＋来/得来"。如果与上述"S＋把＋你这NP"句式联系起来，可以看到，它们的省缩过程和相应的句法语义表现是平行的。其省缩过程可概括为：

（A）基础句式（补语句）　＞　（B）特定句式（特定补语句）　＞　（C）省缩句式（"S＋V＋补标"）

相应的句法语义表现是：

句　式	形　式	意　义
（A）基础句式（补语句）	S＋V＋补标＋$C_{状态}$	状态
（B）特定句式（特定补语句）	S＋V＋补标＋$C_{程度}$	程度高
（C）省缩句式（S＋V＋补标）	S＋V＋补标	程度高

这一省缩过程和句法语义表现不仅适用于"V+来/得来"，也适用于其他"V+补标"（详下），这里先以"V+来/得来"为例略加说明：

补语句（吕叔湘等1999：35）由主语加上带状态补语的述补结构组成，形式上是"S+V+补标+C"。其中S可以不出现；V包括动词或形容词；"补标"即引出补语的结构助词，不同方言不尽相同；C是形容词、动词、谓词性短语、小句等。其中C是句子的语义重心，用于说明情况、结果，或程度（参见吕叔湘等1999：35）。如"S+V+来/得来+C"：

（46）铁砲砲来身粉碎，铁叉叉得泪汪汪。（《大目连变文》，《敦煌变文集》）

（47）他的母亲刘娘娘，也生来细腰长颈，甚是标致。（《何典》2回）

（48）如云有十二因缘，只是一心之发便被他推寻得许多，察得来极精微。（《朱子语类》卷16）

（49）女孩儿謔得来一团儿颤。（《董西厢》卷3）

特定补语句是补语句的一个次类，这里专指表示程度高、动作强烈的一类，是作为构式的一般补语句的下位构式。①其中V仍然是动词或形容词，但动词限于跟心理、情感活动有关的一类，如"謔、气、牵记"等；C仍然是形容词或谓词性短语，但无论具体的描写是什么，都是表明程度高、动作强烈，而且往

---

① 这类特定补语句可以直接称作"程度补语句"，但一般教材所说的"程度补语"一方面范围较窄，只涉及补语已经格式化的一类；另一方面，又有用"得"连接的（如"好得很"）和不用"得"连接的（如"好极了"）两类。特定补语句自然不包括不用"得"连接的一类。用"得"连接的一类中，大多是表示程度高的，如"好得不得了、好得要命、好得要死"，也偶有程度不太高的，如"闷得慌"，前面可以加"有点儿"（参见吕文华等2001：610），说明程度不是很高。特定补语句也不包括程度不高的一类。

往是非写实的，具有夸张色彩。"V＋来/得来＋C"例如：

（50）太守既到那里，飞虎諕来痴，群贼倒枪旗。（《董西厢》卷4）

（51）知远惊来魂魄俱离壳，前来扯定告娇娥。（《刘知远诸宫调》第十一）

（52）回头儿观觑女婵娟，早諕的来胆破心惊战。（《勘头巾》，四折曲，《元曲选》）

（53）俚哚小干仵碰着仔一点点事体，吓得来要死。（《海上花列传》25回）

（54）耐看俚，三日天气得来，饭也吃勿落。（《海上花列传》52回）

前四例是非写实的，补语"痴"、"魂魄俱离壳"、"胆破心惊战"、"要死"都是夸张的说法，用于极言程度之高。后一例可能是写实的，是因为生气而吃不下饭，但即使是写实的，"饭也吃勿落"也是对生气程度之高的描写，而且如果把它换成意义相反的"饭量特大"之类，仍然还是描写生气程度之高。可见，无论C具体是什么，特定补语句在整体上都是表示V的程度之高。而从形式上看，在"V＋来/得来"和C之间往往可以有语音停顿，补语部分越长、越复杂，就越是如此，这表明特定补语句中"V＋来/得来"对补语的依赖程度的减弱。下例"自家来哚笑"（自己在那儿笑）既可分析为补语，又可分析为独立的句子，这正是重新分析的体现，反映了省缩过程中的过渡状态：

（55）子富指道："哪，还有一位大太太，快活得来，自家来哚笑。"（《海上花列传》8回）

特定补语句省去补语，就成了独立的"V＋来/得来"。例如：

(56) 老三是丑来，倒贴我钱还不高兴哩。(《商界现形记》6 回；引自宫田一郎、石汝杰主编 2003)

(57) 阿唷，阿唷，我吓得来！(《海上花列传》5 回)

前一例有后续小句，"倒贴我钱还不高兴哩"还能勉强看作补语；但后一例则是彻底的省缩句式。

我们曾经指出，结构助词"来"、"得来"不是吴语所独有，也不限于南方某些方言，唐五代西北方言和金元燕京一带都使用这两个助词。(江蓝生 1992)近年的方言调查报告显示，在陕西神木、甘肃陇东话中"得来"至今仍在使用，而且有意思的是，含有"得来"的补语句（A）、专表程度的特定补语句（B）以及省缩句式"S + V + 得来"（C）一应俱全。如：

陕西神木（据邢向东 2002①）

(58) A. 我夜黑地瞌睡得来（了），甚响动也没听见。｜真真儿前晌公安局的来了，把花花怕得来（了），钻在门背后不敢出来。

B. 我这想孩伢子想得来（了），一满不行了。｜把个张柱柱喜得来（了），嘴也合不住。

C. 正房家买回来几个香瓜子，把咱秀秀爱得来

---

① 邢向东（2002：590）指出，神木话"得来[tə?⁴¹ɛ⁴⁴]"后面"都可加已然体助词兼语气词'了 lɛ²¹'"。今按，这种情况比较特殊，尤其是后面出现补语的情况下，还能加上具有已然体体意义、通常有结句功能的"了"，这是很难解释的。有一种可能是，这个"了"不是已然体助词"了"，而是"来"语音拖长之后孳生出来的音节变体，只有增强语气的作用而没有体意义。邢文提到："在部分陕北晋语中，'得来'后的'了'受'来'同化，也读 lɛ²¹，于是听起来就成了'得来来'。不过，神木话'了'的韵母仍与'来'不同，指示其他方言并不是选用'来来'"。不是选用"来来"的看法是正确的，但后一个"来"未必是由"了"变来，而可能是直接由"得来"语音拖长之后孳生出来的。神木的"（得来）了"倒可能是从"（得来）来"变来，是其弱化形式。

了！｜耀华把手割了，血糊害煞血淋淋地，把人圪瘆得来了！｜nie²¹³你婶婶家里红火得来了！

甘肃陇东（据吴怀仁 2004）：

(59) A. 我眼睛麻得来，啥也没看见哇。｜他妈把娃惯得来，一天光知道耍哩。

B. 他家里乱得来，像个狗窝样。｜这个东西真好得来，跟神物似的。

C. 我今年挣了几万元，把我高兴得来！｜娃从崖上跌下来，把人吓得来！｜我们食堂生意红火得来！｜庄稼今年长势好得来！

4.2　"S + V + 得"

"得"是近代汉语最重要的状态补语标记，与"来、得来"一样，"得"（也写作"的"）可用于一般补语句、特定补语句以及省缩句式"S + V + 得"中。如：

(60) A. 直欲危他性命，作得如许不仁。（《燕子赋》，《敦煌变文集》）

B. 喊得山崩石烈（裂），东西乱走，南北奔冲。（《庐山远公话》，《敦煌变文集》）｜你要问俺名姓？若说出来，直諕的你尿流屁滚。（《李逵负荆》，四折白，《元曲选》）

C. 贾母听了笑道："猴儿，把你乖的！拿着官中的钱你做人。"（《红楼梦》35 回）｜宝钗笑道："偏这个颦儿惯说这些白话，把你就伶俐的！"（《红楼梦》52 回）｜又叫他与王夫人叩头，且不必去见贾母，倒把袭人不好意思的。（《红楼梦》36 回）

下面的例子很好地反映了"V+得"与"V+得+C"的源流关系：

（61）凤姐道："你瞧瞧我忙的！那一处少了我？既应了你，自然快快的了结。"老尼道："这点子事，在别人的跟前就忙的不知怎么样，若是奶奶的跟前，再添上些也不够奶奶一发挥的。"（《红楼梦》15回）

（62）a. 把个张太太一旁乐的，张开嘴闭不上，说道……（《儿女英雄传》12回）

b. 把个舅太太乐得，倒把脸一整，说……（《儿女英雄传》22回）

（63）宝钗见他怔了，自己倒不好意思的，丢下串子，回身才要走，只见林黛玉蹬着门坎子，嘴里咬着手帕子笑呢。（《红楼梦》28回）

例（61）"忙的"、"忙的不知怎么样"所指相同，意义相同，前者是省缩句，后者是特定补语句。例（62）都是"把个N乐得，VP"，但（62a）"张开嘴闭不上"是说明"乐"的程度，是补语；（62b）"倒把脸一整"（倒，反倒；整，变严肃）与"乐"的状态无关，是与"把个张太太一旁乐得"有转折关系的另一个小句。因此（62a）是特定补语句，（62b）是省缩句。例（63）是省缩句，但又像是特定补语句："不好意思"已经熟语化，相当于一个动词[另见例（60C）]，"丢下串子"既可看作补语，属于前面；又可看作另一小句，属于后面。

值得注意的是，《红楼梦》、《儿女英雄传》的省缩句式"S+V+得"大多是"把"字句，即形式上是"把+N+V+得"，如（60C）类、（62），其他形式比较少见，如（61）（63）。

在现代北方方言中，"得"（有的记作"的"、"底"）仍然是最重要的、有的甚至是唯一的状态补语标记，其他方言也能见到，通常都可用于一般补语句、特定补语句以及省缩句中。前两类例多不举，这里只举省缩句。有的方言像《红楼梦》一样，省缩句通常以"把"字句的形式出现，有的方言则没有这种限制。不管有无限制，都是由表示程度的特定补语句"S（＋把＋N）＋V＋得＋C"省缩而成。有限制的如：

普通话（吕叔湘等1999）：

（64）这番话把他气得｜看把你美得｜瞧你说得

山西及内蒙古西部（乔全生2000）：

（65）把你美的｜把人晒的｜把俩他高兴的

内蒙古呼和浩特（李作南、辛尚奎1987）

（66）把你日能的｜把你美的｜看把你美的

陕西西安（王军虎1996）

（67）把人忙得｜把他急得｜娃不听话，把我气得｜看你□［tʂaŋˇ］得意得

甘肃户县（孙立新2004）：

（68）把娃吓得——把孩子吓得够呛｜看你把事办得——瞧你把好端端一件事办成什么样子了｜你看田禾长得——你看庄稼长得多么好哇｜写字写得——写字写得胳膊疼

新疆（王景荣2002）：

（69）把你翠底，一冬天连个棉裤都不穿｜舌头尖尖子上起咧个泡，吃开饭咧把人疼底｜把人渴底

不受限制的如：

甘肃陇东（"V＋得来"也可以说成"V＋得"，"得"音拖长。吴怀仁2004）：

（70）庄稼今年长势好得｜你买的这个东西，叫人家哄得

云南昆明（杨云2003）：

（71）你泡的茶浓得｜我最近烦得｜他让我担心得｜我

们被他骗得 | 他把自己夸耀得

广西南宁平话（覃远雄 1998）：

（72）今日热得今天热极了 | 佢高兴得他高兴极了 | 你看佢急得你看他急得要命 | 亚只笑话笑得这个笑话好笑极了

湖南长沙湘语（张斌 1997，张小克 1999）：

（73）这场球赛紧张的 | 喀碗汤咸得 | 大年三十晚上，街上热闹得 | 店子里人挤得 | 喀件事把他妈气得

4.3 其他 "S + V + 补标"

补语句不仅见于上述北方话和吴方言等，其他方言同样存在。其中补语标记除了"得"、"来"、"得来"以外，典型的还有客家话的"去"、粤语的"到"、闽语"遭"等。那么，这些方言的"V + 去 + C"、"V + 到 + C"、"V + 遭 + C"是否也可以从表程度的特定句式省缩为"V + 去"、"V + 到"、"V + 遭"呢？答案是肯定的。

4.3.1 平远客家话

据严修鸿（2001），平远客家话的状态补语标记比较多样化，有"得、去、成、倒、下、唻"等。如：

（74）老鼠分佢瘅得（去、成、倒、唻）怎怎子老鼠被他毒得晕晕的 | 我当昼食得（去、成、倒、唻）饱 kuꜛkuꜛ 尔我中午吃得饱饱的

其中"去、得、成"可以引出程度补语，如：

（75）我恼佢恼去会死我恨他恨得要死 | 佢气去话都讲唔出来 | 佢丑得会死他丑得很 | 佢两个人当时好得会死当初他俩好得很 | 佢急成会死他急得要命

"去、得"后面可以省去程度补语，但须加上"唻"，并把音节拖长，如：

（76）佢恼我恼去㗎——他恨我恨得要命｜佢气去㗎——他气得很｜街上人多得㗎——街上人多得要命｜身上疼得㗎——身上疼得很

4.3.2 香港粤语

据张洪年（1972）、张双庆（1998），香港粤语的状态补语标记是"得"和"到"，如：

（77）我食饭冇佢食得嗱多我吃饭没他吃得那么多｜你写到边个都唔识睇你写得谁也看不懂｜洗得/到好干净洗得很干净｜佢嬲得/到讲唔到话他气得说不出话来

但"得"和"到"分工明确："得"表状态，"到"表示所达到的程度。因此表程度的特定补语句中只能用"到"，一般不用"得"，如：

（78）靓到极美极了｜恶到得人惊凶得怕人｜瘆到死死吓吓累得半死｜俾佢激到又喊又笑给他气得哭笑不得

"V＋得＋C"不表程度，也不能省缩为"V＋得"；而"V＋到＋C"可以表程度，也可以省缩为"V＋到"。如：

（79）我辛苦到呀——｜睇你急到看你急得｜件事激到佢啊这件事将他气得

这种情况从一个侧面表明，省缩句式不能直接从基础句式省缩，只能从特定句式省缩而成。同时也表明，句式省缩过程中，基础句式和特定句式有时可以合而为一。

4.3.3 闽南话

据李如龙（2001），在泉州、漳州、厦门等闽南话中，状态补语句的结构助词有"遘、了、着、去"等。"去"不多见，"遘、了、着"大体可以互换，如（例句及标音以泉州话为准）：

（80）伊洗遘（了、着）野诚清气他洗得非常干净｜暗冥菜煮遘（了、着）伤咸晚上的菜煮得太咸其中"了、着、去"还兼用作动词体、态标记，补语标记的用法还没有完全从中分化出来，只有"遘"是最稳定最常见的结构助词。"遘"原是动词，义为"到"，虚化为助词，强调时读本音变调 kau$^{31-55}$，快说时脱落韵尾说成"甲"ka?^{5} ~ ka$^{31-55}$，甚至声母脱落说成"鸭"a?^{5} ~ a$^{31-35}$。例如：

（81）曝遘足燋则会做得种晒得足干才能作种子｜伊走遘（甲）直直喘他跑得一个劲地喘｜我辣甲归身过尽汗我热得满身都是汗｜皮鞋拭遘金遘会照得镜皮鞋擦得亮，亮得能当镜子照

"遘"（甲）也可以用在表程度的特定补语句"V＋遘（甲）＋C"中，如：

（82）许号息路辛苦遘哭爸/买命那种活儿辛苦得要命｜跋输缴气遘卜死/会死/无命/卜痟赌钱赌输了气得要命。卜死，要死；卜痟，要发疯｜即两日热遘无天无地这两天热得不得了｜掴许个贼拍遘半小死/半条命/半命把那个贼打得半死

特定补语句"V＋遘（甲）＋C"可以省缩为"V＋遘（甲）"，"遘"读音只能是弱化形式 ka?^{5}、ga?^{5}、a?^{5}，如：

（83）质量好甲质量好得很｜两个姊妹仔厮亲像甲俩姐妹相像得很｜即本册逐个爱看甲这本书大家都爱看得很｜落田作息曝甲乌甲下地干活晒得黑很得很｜汝骗甲护伊畅甲你骗得他高兴很

（83）的后两例有两个"甲"，是省缩句式"V＋甲"充当补语句"V＋甲＋C"中的 C。

4.4　小结

综上可见，"V＋补标＋C"省缩为"V＋补标"在汉语史和汉语方言中是相当普遍的现象。其省缩过程除粤语的"V＋到"外大体相同，都是分两步走：从表示状态的补语句（基础句式）专化（specialize）为表示程度的补语句（特定句式），再由表示

程度的补语句省去补语部分，变为省缩句式"V + 补标"。从基础句式到特定句式，形式不变，意义有别（后者是前者的专化）；从特定句式到省缩句式，意义不变，形式有别（后者是一个表面看来似乎结构不完整的新句式）。省缩句式不能跳过特定句式直接从基础句式省缩而来，但是可以没有基础句式，直接从第二步开始。如粤语的"V + 到 + C"就没有走第一步，"到"由到达义动词虚化为程度补语标记，"V + 到 + C"一开始就是表示所达到的程度。

5　句式省缩的动因

无论把字句省去谓语变为"S + 把 + 你这 NP"，还是补语句省去补语变为"S + V + 补标"，所省去的都是 VP，都是原句式的重要组成部分，而且经历了大致相同的省缩过程：

基础句式 > 特定句式 > 省缩句式

从基础句式到特定句式是句式意义专化（specialization）的结果，形式总体不变，意义有别；从特定句式到省缩句式是句式省缩的结果，意义基本不变，形式有别。这种省缩不是临时省略而是句法演变，是从一个句式变为另一个新的独立的句式。现在的问题是，VP 既然是原句式的重要组成部分，为什么会最终省掉？换句话说，句式省缩的动因是什么？

5.1　以往的解释

关于把字句的省缩，有如下解释：一是与委婉和避讳有关；二是一时想不出来；三是因为众所周知或不便说出。

刁晏斌（1987）说："说话者的重点在于表达出一种恐吓威胁的意味，而不在于究竟要把对方怎样，这样才有可能不出现谓语。很显然，这与汉语表达中的委婉和避讳等因素有关。"

高万云（1997）认为取决于语用需要，要谴责、处置，但一时想（说）不出处置的手段，于是便把动词性部分省去。许光烈（2005）也持类似观点："这是因为说话者急于表达非常强烈的感情，太想处置对方，于是当面斥责，劈头便说，用了一个表示处置的'把'字句，而实际上并未想好如何去处置对方，所以便出现了这种特殊句式。"

俞光中、植田均（2000）把省略归因于"修辞语用目的"，"罟语动词或为周知或为不便说出而隐去"。

黑维强（2002）不同意刁晏斌的解释："在这些'把 + NP'句里都有表达粗俗的骂人的贬义词（如下流种子、囚根子等），因此也难以说是与委婉和避讳有关了。我们推测可能是与句子里出现这类贬义词有直接的关系。"同时提出多种可能："在开始的时候，说话者因表达比较强烈的感情，没有把话说完就停止了，或者要说的词语可能为人周知没有说出，或者因找不到非常狠毒的骂人词语而语塞，到后来逐渐固定成为一种专表骂人的句式。"

关于补语句的省缩，也有不同解释，可概括为：字眼不吉利，避讳；一时难以措辞；信息量过剩；借"V/A 得没法说"的言外之意来强调。

严修鸿（2001）认为："这类省略补语的用法，大概是由于'会死'、'要命'一类的词在字眼上不吉利，说话人由于语言禁忌的原因造成的。""若然，这就是修辞因素对语言句式选择的影响。当然还有另外一种可能，即由于程度的抽象性质，一时难以措辞形容所致。"

赵日新（2001）："既然'形得补'结构都具有（深的）程度意义（这是'形得补'的语法意义），这就使'形得补'结构信息量过剩，成为一种完形结构，这样即使补语不出现，'形得'同样能够表达'形得补'的意义；另一方面，程度补语的省略也可能是因为形容词所带的程度补语大都是'很（狠）'、'要死'、'死'、'会死'、'死绝'、'哭爸'、'哭父'等不吉利的字眼，出于避讳人们不愿意直接说出来，或者因为这种极端的程度难以描摹，因而无法说出来。"

邢向东（2002）解释说："其目的是借'V/A 得没法说'的言外之意来强调动作、性状的程度之深，使句子感情强烈又意味深长。"

上述各种解释，都是很有意义的探索，尤其是赵日新（2001）"信息量过剩，成为一种完形结构"的说法，是相当有道理的。① 但也有不足之处：大多是从修辞出发，从临时使用出发；大多点到为止，推测、感觉的成分居多，推理、论证的成分不足，而且不少解释者自己也不能确定，用"或者"云云提出多种可能。

我们（江蓝生 1992）曾经提出补语句的省略有语义和形式两方面的原因。形式上的原因是有语音停顿，意义上的原因是："当这些描述成为一种套话时，人们就不看重也不细究它的具体内容了，光从这种句式就可以获得程度深、情况严重的信息。在这种情况下，补语部分就显得不是那么重要了，就有可能被省略。补语虽然被省去了，人们依然能凭着对原句式所表达的语法意义的了解，理解省略后的句义。"

5.2　本文的解释

虽然"S＋把＋你这 NP"与"S＋V＋补标"的句式意义不

---

① 不过，我们的看法是先有完形，然后才出现信息量过剩。

同，但省缩过程是相同的，省缩的动因也应该是一致的。本文在江蓝生（1992）的基础上，从省缩过程出发，对两者作出统一的解释。为了更加简明，这里按省缩过程从后往前逆向逐层说明。

（一）VP 为什么可以省掉？

VP 之所以可以省掉，是因为它变得不太重要了。主要表现是，在特定句式中，形式上 VP 之前可以出现停顿，可以加进别的成分；语义上 VP 对整个句式的意义影响很小，在特定语境中，人们只要一听到"我把你这个 NP"，不等后面接下来说如何处置，都能想到要跟的是惩处义的 VP；只要一看到"S＋V＋补标"，还没听到 VP，就知道是描写程度之高的词语。既然如此，按照会话原则，如 Horn 的"R 原则"（说的话应该是必要的，只说必须说的，参见姜望琪 2003），VP 就可以省掉。省掉之后，虽然句式变了，但整体意思没有改变。①

（二）本来很重要的 VP 为什么会变得不重要了？

VP 之所以变得不重要了，是因为所在句式成了一种套话，成为人们认知心理上的一个完形（gestalt）。人们不再看重也不去细究它的具体内容，光从这种句式就可以获得句子的总体意义，即特定把字句表示说话者对听话者的惩处威胁与骂詈，特定补语句表示 V 的程度之高。至于 VP 出现不出现、出现的是什么，句子的总体意思都一样。甚至有时 VP 意思相反，句子的句式意义也不会改变。如下面句子都是他很生气的意思：

　　　他气得大哭——他气得大笑

_____

　　① 这个整体意思是就句式意义来说的，至于具体句子的意思，省与不省还是有所区别。省缩句式是泛泛地表示惩处威胁或程度高，而要更为具体形象地说明如何惩处、程度如何之高时，仍然须要用把字句和补语句来表达。这也就是省缩句式产生之后，原句式仍然存在的原因。

他气得躺着不动——他气得到处乱跑

（三）为什么特定句式会成为一个完形？

VP 所在句式之所以会成为表示特定意义的特定句式，之所以会成为一个完形，是因为特定意思的句子反复出现，高频使用。高频反复使用，可以使一些原本独立的个体所组成的序列逐渐打包为一个单一的组块（Boyland 1996，吴福祥 2004）。"将"和"把"都是汉语史上重要的表处置的介词，但是在明清语料和现代西北话中有"我 + 把 + 你这 NP"，却不见有"我 + 将 + 你这 NP"，原因主要是，在明清时代的北方话中，把字句是使用频率很高的口语句式，而将字句是使用频率较低的书面语用法（张美兰 2001）。在现代北方话中，也是如此。闽南话"遘、了、着、去"都可以用作补语标记，但只有"遘"可以引出程度补语，可以出现在省缩句式中。这是因为"去"不常用，"了、着"的补语标记用法还没有完全分化出来，自然使用频率也不很高，只有"遘"是最稳定常用的补语标记。

上面涉及的动因有高频使用、完形认知、会话原则三方面，各处于不同的层面，句式省缩就是不同层面的动因交互作用的结果。

6　余论——与句式省缩相关的逆语法化倾向

一般认为，语法化是单向性的（unidirectional），通常沿着从实词到虚词、从自由到黏着、从具体到抽象、从客观到主观的方向发展，也有人提出反例，甚至否定单向性的存在。（详见吴福祥 2003）应该看到，作为一种强烈倾向，语法化的单向性是客观存在的，这在汉语的实词虚化和句式演变过程中表现得非常明显。但是，一般所说的实词虚化都是在特定格式中比较自由地、逐步地走向虚化的，而被裹挟在句式之中、伴随着句式省缩而产生的一些词语的句法语义演变，则未必符合单向性原则。

在省缩之前，把字句的"把"是介词，补语句的补语标记是引出补语的结构助词，但是在完成省缩过程之后，"S＋把＋你这NP"和"S＋V＋补标"都独立为相当常见的自足的句式，此时如果"把"还是介词，"补标"还是引出补语的结构助词，那么在汉语的句子类型中，就没法找到这两个句式的位置。这不光是语法分析问题，更是涉及汉语的句法系统、句子的结构类型问题。除非这两种句式各自代表了一种句子类型，否则按一般结构分析，只能分析为：

（甲）S　把　你这NP　　　或者（乙）：S　把　　你这NP
　　　｜主｜　｜谓｜　　　　　　　　　　｜语气词｜｜名词句｜
　　　　　｜动｜宾｜

（丙）S　V　补标　　　　　或者（丁）：S　V　　补标
　　　｜主｜　｜谓｜　　　　　　　　　　｜主谓｜｜语气词｜
　　　　　｜动｜补｜

先看"S＋把＋你这NP"，有两种可能的分析。分析为（甲），"把"成了动词。不少研究者的语感正是如此。如高万云（1997）说：我们可以将句中的"把"理解为一个兼具动词功能的介词，甚至理解为一个虚化了的动词。李志忠（2005）则说："北疆方言把字句为何可以不要谓语动词，我们认为这里有方言存古问题"，唐以前"把"都是纯粹的动词，北疆方言中后面省略动词的"把你……"结构带有很强的动词意味，本身就是"不知如何对待你、整治你、收拾你"的意思。"我们大胆猜想，由于'把'字带有很强的动词意味，省略了动词后，'把'多少临时承担了一点动词的任务，勉强在语法上支撑了句子的完整性。"这里说方言存古显然不对，但却告诉我们"把"确实给人以动词的语感。

分析为（乙），那就类似于名词短语句式"你这 NP"，前面的"我把"或"把"可以重新分析为句首语气词。如前所述，现在西北话中"S＋把＋你这 NP"有两种重音模式，"把"重音，就是（甲）；NP 重音就是（乙）。也许有两个方向的发展趋势，也许一个方向会最终消失，如（乙）因为与"你个 NP"重复，消失的可能性就比较大。

如果分析为（甲）是正确的，那么其中的"把"就是在特定把字句裹挟着的情况下参与了句式省缩之后，又被重新分析为动词的。相应的句法、语义、语音表现是：

句法：由非谓语变为谓语；

语义：由无实在意义变成"整治、收拾"之义；

语音：由不能作句子重音变为可以并且往往是句子重音。

再看"S＋V＋补标"，"补标"本来是引出补语的，既然补语不存在了，它就不是补语标记，不是引出补语的结构助词，只能是依附于谓语或整个句子的东西。如果依附于谓语，则分析为（丙），"补标"就成了补语；如果依附于句子，则分析如（丁），"补标"成了语气词。分析为（丁）的可能性太小，许多研究者的语感是分析为（丙）。如袁家骅等（1983）把"来"、"得来"称为后附的程度副词。从历时的角度看它们本来不是副词，但是如果从共时的语感出发，这种分析自然有其道理。许宝华、陶寰（1997：337）也指出：上海话的"得来"是后置副词，有感叹意味，相当于"多么"、"……得不得了"。叶祥苓（1998：292）说，苏州话的"得来"是后附程度词语，表示程度极高并有感叹语气，并进一步分析道："得来"本是引出程度补语的助词，如"好得来勿得了"，因程度补语经常省去而使"得来"本身成为程度词语。张斌（1997）有类似语感：长沙话"得"是"单独作补语，相当于普通话'极了'"。对这个"补标"的读音，许多研究者都提到了重读、拖长。如覃远雄（1998）："'得'可以单独表示程度，后面没有补语出现，此时读得比较重。"

如此看来，分析为（丙）已经基本成为共识。那么，其中的"补标"是在特定补语句的裹挟下参与了句式省缩之后，又被重新分析为程度副词的。相应的句法、语义、语音表现是：

句法：从仅具连接功能到作补语，由相对黏着的结构助词变为相对自由的程度副词①；

语义：从没有实在意义到表示程度高；

语音：从不可以重读到可以重读。

按照（甲）、（丙）分析，"把"和"补标"都经历了或正在经历从没有某种功能到获得某种功能的过程，这个过程也可以说是一种语法化，但总体上是从虚到实，与语法化的单向性不合，是一种逆向的语法化。"把"和"补标"的这种逆语法化倾向不是独立演变而来，而是被裹挟在特定句式之中，经历了句式省缩之后重新分析的结果。这种演变或演变倾向虽然与众不同，但也是可以解释的，其机制和动因与实词虚化并无区别，也涉及重新分析和语用推理：通过重新分析由介词变为动词、由结构助词变为副词；通过回溯推理（abduction）会把"S+把+你这NP"的句式意义认定为"把"的意义，把"S+V+补标"的句式意义认定为"补标"的意义。

———————

① 当然，这类"程度副词"并不能像其他程度副词那样可以在 V 的前面作状语，只能出现在 V 后。

参考文献

刁晏斌：《近代汉语"把"字句的省略式》，《大连教育学院院刊》1987 年第 2 期。

高万云：《"我把你这个NP!"的句法、语义、语用分析》，《张家口师专学报》1997 年第 1 期。

官田一郎、石汝杰主编：《明清吴语词典》，上海辞书出版社 2003 年版。

海　峰：《中亚东干语言研究》，新疆人民出版社 1993 年版。

黑维强：《试论"把＋NP"句》，《宁夏大学学报》2002 年第 1 期。

江蓝生：《吴语助词"来""得来"溯源》，载刘坚、江蓝生、白维国、曹广顺《近代汉语虚词研究》，语文出版社 1992 年版；另见《中国语言学报》1995 年第 5 期。

江蓝生：《同谓并列双小句的紧缩与句法创新》，2005 年，未刊稿。

姜望琪：《当代语用学》，北京大学出版社 2003 年版。

靳玉兰：《浅析青海方言"把"字句的几种特殊用法》，《青海民族学院学报》1995 年第 3 期。

李如龙：《闽南方言的结构助词》，《语言研究》2001 年第 2 期。

李志忠：《北疆方言特色虚词"把"书证》，《语言与翻译（汉文）》2005 年第 4 期。

李作南、辛尚奎：《呼和浩特汉语方言的一些句法特点》，《内蒙古大学学报》1987 年第 2 期。

吕叔湘：《汉语语法分析问题》，载《汉语语法论文集》，收入《吕叔湘文集》第二卷，商务印书馆 1990 年版。

吕叔湘主编：《现代汉语八百词》（增订本），商务印书馆 1999 年版。

刘月华、潘文娱、故semi：《实用现代汉语语法》（增订本），商务印书馆 2001 年版。

闵家骥等：《简明吴语词典》，上海辞书出版社 1986 年版。

乔全生：《晋方言语法研究》，商务印书馆 2000 年版。

孙立新:《户县方言的"把"字句》,《语言科学》2003 年第 6 期。

孙立新:《户县方言的"得"字》,载邢向东主编《西北方言与民俗研究论丛》,中国社会科学出版社 2004 年版。

覃远雄:《南宁平话的结构助词》,《广西民族学院学报》1998 年第 4 期。

王 力:《中国现代语法》,中华书局 1985 年版。

王景荣:《新疆汉语方言的"把"字句》,《新疆大学学报》2002 年第 2 期。

王军虎:《西安方言词典》,江苏教育出版社 1996 年版。

王文晖:《近代汉语中的一种特殊把字句》,《中国语文》2001 年第 4 期。

王雪樵:《山西运城话中一种"把"字句》,《中国语文》1986 年第 4 期。

吴福祥:《近年来语法化研究的进展》,《外语教学与研究》2004 年第 1 期。

吴福祥:《关于语法化的单向性问题》,《当代语言学》2003 年第 4 期。

吴怀仁:《谈陇东方言中"得来"、"得"的用法》,《河西学院学报》2004 年第 1 期。

邢向东:《神木方言研究》,中华书局 2002 年版。

许宝华、陶寰:《上海方言词典》,江苏教育出版社 1997 年版。

许光烈:《维纳斯句型——近代汉语中一种特殊的"把"字句》,《语言教学与研究》2005 年第 4 期。

严修鸿:《平远客家话的结构助词》,《语言研究》2001 年第 2 期。

杨 云:《昆明话中一种独特的述补结构》,《学术探索》2003 年专辑。

叶祥苓:《苏州方言词典》,江苏教育出版社 1998 年版。

俞光中、植田均:《近代汉语语法研究》,学林出版社 1999 年版。

袁家骅等:《汉语方言概要》(第二版),文字改革出版社 1983 年版。

张 斌:《〈动词谓语句〉序》,载李如龙、张双庆主编《动词谓语句》,暨南大学出版社 1997 年版。

张洪年：《香港粤语语法的研究》，香港中文大学出版社 1972 年版。

张美兰：《近代汉语语言研究》，天津教育出版社 2001 年版。

张双庆：《香港粤语的结构助词》，"中国东南部方言比较研究计划"学术讨论会论文（苏州），1998 年。

张小克：《长沙话结构助词浅论》，《广西民族学院学报》1999 年第 2 期。

赵日新：《形容词带程度补语结构的分析》，《语言教学与研究》2001 年第 6 期。

朱建颂：《武汉方言词典》，江苏教育出版社 1995 年版。

邹洪民：《简论"我把你这个 NP！"》，《新疆大学学报》2000 年第 4 期。

左林霞：《孝感话的"把"字句》，《孝感学院学报》2001 年第 5 期。

Boyland, Joyce Tang, 1996, *Morphosyntactic Change in Progress*: *A Psycholinguistic Treatment*, Doctorial Dissertation, University of California, Berkeley.

Goldberg, E. Adele, 1995, *Construction*: *A Construction Grammar Approach to Argument Structure*, Chicago: Chicago University Press.

（本文是江蓝生先生与笔者合写的，遵江先生嘱咐收入本书。本文原载何大安等主编《山高水长：丁邦新先生七秩寿庆论文集》，《语言暨语言学》专刊外编之六，2006 年）

伍　语音

河南商城(南司)方言音系[*]

1 概说

  商城县位于河南省东南部，地处淮河以南，大别山北麓，地理坐标为东经 115°06′～115°37′，北纬 31°23′～32°05′。东邻安徽金寨，南接湖北麻城，西部、北部分别与本省的新县、光山、潢川、固始相邻。面积 2130 平方公里。人口 70 余万，主要是汉族居民，另有回、蒙、满、壮、侗、苗、藏等少数民族居民 200 余人。所有居民都说当地汉语方言。

  商城方言语音上从南到北有明显差异，甚至中北部的人听不懂南部的话。从下边十二字声母或韵母可见由南到北读音差别之一斑：

	飞	灰	猪	居	驴	乳	歌	锅	脚	学	毒	弓
南部	fəi	fəi	tʂʅ	tʂʅ	zʅ	zʅ	ko	ko	tɕio	ɕio	təu	kəŋ
中部	fəi	xuəi	tɕy	tɕy	ly	y	kə	kuo	tsuo	suo	təu	kuŋ
北部	xuəi	xuəi	tsu	tɕy	ly	zu	kə	kuo	tɕyo	ɕyo	tu	kuŋ

---

  [*] 本文是河南大学语言研究所"河南方言研究计划"的部分成果。谨以此文纪念张启焕先生。张启焕（1925—2007），福建仙游人，先后在福州大学、北京师范大学中文系读本科、研究生，毕业后一直在河南大学任教。主编有《河南省郑州方言区学习普通话手册》、《河南方言研究》等，是《辞源》主要修订人之一。

　　此外，南部去声分阴阳，有入声，共六个调类：阴平、阳平、上声、阴去、阳去、入声。中部、北部去声不分阴阳，没有入声，共四个调类：阴平、阳平、上声、去声。总体上看，商城方言既有中原官话的特点，更有江淮官话和西南官话的特点。

　　1986 年夏天受商城县志办委托，笔者曾对商城方言进行了为期两个月的调查，后整理出城关话的语音系统和基本词汇作为《商城县志》的一章。当时要求用拼音注音，加之校对不精和误改，多有令人遗憾之处。2006 年笔者又调查了商城中北部的南司话，本文就是根据此次调查整理出来的音系，希望能弥补商城县志方言章之缺憾。南司位于沪陕高速公路商城出口、宁西铁路商城火车站站口，南距县城 15 公里，是灌河岸边、商（城）淮（滨）公路上的一个小集镇，建设中的商城县工业园区。本音系主要发音合作人有两位：一位是吴善英女士，1941 年出生，小学文化；另一位是杨龙芳女士，1965 年出生，初中文化。

2　商城方言声韵调

2.1　声母 17 个，零声母在内

p 帮布步	p‘ 旁怕盘	m 明门木	
t 端到道	t‘ 透太体		l 兰男吕
ts 资糟知	ts‘ 刺从吃	s 三散山　z 日绕用	
tɕ 精节经	tɕ‘ 秋齐丘	ɕ 心修晓	
k 贵刚歌	k‘ 开科口	x 胡灰飞	
ø 硬闻闰			

2.2 韵母 38 个，包括自成音节的[ŋ]

ɿ 资知日直	i 第以地踢	u 故赌无出	y 虚雨足欲
a 阿爬大辣	ia 牙架下夹	ua 花抓刮挖	
ɛ 挨色北百	iɛ 野姐介接	uɛ 外怪国或	yɛ 靴月缺雪
ɔ 饿河合郭			
o 波某泼摸		uo 我过棵落	yo 药脚确学
ɚ 耳尔儿二			
əi 倍妹对最		uəi 会桂位贵	
au 熬抱桃烧	iau 交腰飘条		
əu 斗藕鹿毒	iəu 流旧油丢		
an 俺胆含短	ian 减眼间衔	uan 酸官弯关	yan 圆圈全鲜
ən 恩根庚论	in 林邻灵赢	uən 棍魂温问	yn 云群薰泳
aŋ 昂党桑浪	iaŋ 养良娘讲	uaŋ 光床狂王	
əŋ 棚东木母		uəŋ 瓮翁	
		uŋ 红横勇	yŋ 穷琼胸雄

说明：①南司话有 7 个舌面元音音位[i　y　u　a　ɛ　ə　o]，1 个舌尖元音音位[ɿ]和 1 个卷舌元音音位[ɚ]。②[i　u　y]出现在零声母后多少带有摩擦，老年人更为突出。③[iɛ　yɛ]中的[ɛ]开口度较小，实际是[e]。④[au]动程很小，实际是[cɑ]。⑤鼻音韵尾[n]没有舌尖接触齿龈的动程，[ŋ]也没有舌根接触软腭的动程，因此 [an ən aŋ əŋ]等鼻韵母多少有些鼻化韵色彩。

2.3 单字调 4 个，轻声在外

阴平[112] 诗高婚湿　　　　　　阳平[55] 时失实十

上声[24] 古口好五　　　　　　去声[53] 是世事害

轻声音节的调值由前一音节决定。大体阴平、上声音节后的轻声约为 5 度。比如"庄稼 tsuaŋ^{112} ·tɕia"听起来像"装甲 tsuaŋ^{112}

tɕia⁵⁵”，“点心 tian²⁴ ·ɕin”听起来像“典型 tian²⁴ ɕin⁵⁵”。阳平、去声后的轻声约为 3 度，比如“唠叨 lau⁵⁵ ·tau”和“霸王 pa⁵³ ·uaŋ”的后字。

3　商城方言音韵特点

3.1　声母方面

① 南司没有[f]声母，古非、敷、奉母字与晓匣母字合流，今读[x]。如：福非服奉=胡壶匣 xu⁵⁵|非飞非=灰辉挥徽晓 xuəi¹¹²|番几~翻敷=欢晓 xuan¹¹²|方非=慌晓 xuaŋ¹¹²。

② 古泥、来母混同，今读[l]。如：脑=老 lau²⁴|南=蓝 lan⁵⁵|娘=梁 liaŋ⁵⁵|纳=腊 la⁵⁵。

③ 古知、庄、章组字读为[ts tsʻ s]。如：朝知，今~召澄招章 tsau¹¹²|盏庄 tsan²⁴|抽彻 tsʻəu¹¹²|稠澄愁崇 tsʻəu⁵⁵|窗初 tsʻuaŋ¹¹²|车昌 tsʻʅɛ¹¹²|神船 sən⁵⁵|顺船舜书 suan⁵³|搜馊生收书 səu¹¹²|瘦生兽书受寿授售禅 səu⁵³。古日母字(止摄除外)今读[z]，如：热 zɛ¹¹²|弱 zuo²⁴|染燃 zan²⁴|软 zuan²⁴|人 zən⁵⁵，止摄今读零声母，如：儿 ɚ⁵⁵|耳 ɚ²⁴|二 ɚ⁵³。

④古见、晓组字今逢细音一般读[tɕ tɕʻ ɕ]，但[iɛ]韵母前有[tɕ tɕʻ ɕ]和[k kʻ x]（实际是[c cʻ ç]）的对立。如：皆阶街 tɕiɛ¹¹²≠胳隔 kiɛ¹¹²|劫杰洁结打个~ tɕiɛ⁵⁵≠格革 kiɛ⁵⁵|茄~子 tɕʻiɛ⁵⁵≠克刻 kʻiɛ⁵⁵|鞋胁协 ɕiɛ⁵⁵≠吓核审~ xiɛ⁵⁵。后者限于古宕开一入声铎韵、曾开一入声德韵、梗开二入声陌麦韵字。

3.2　韵母方面

① 古遇摄合口一等模韵、臻摄合口一等入声没韵、通摄一等入声韵之端、泥组字、大部分精组字，以及通摄三等入声韵知、章组部分字，今读开口[əu]。如：都首~=去督 təu¹¹²|炉杜度渡 təu⁵³|屠途图突 tʻəu⁵⁵|奴努庐炉芦陆六 ləu⁵⁵|鲁 ləu²⁴|路 ləu⁵³|读犊毒

təu^{55}|鹿绿 ləu^{112}|组 tsəu^{24}|做 tsəu^{53}|卒竹筑逐轴祝粥嘱 tsəu^{55}|族促触 ts'əu^{55}|熟赎səu^{55}。仅少数字通常读[u]，但若读[əu]亦未尝不可。如：堵赌肚 tu^{24}|肚 tu^{53}|秃 t'u^{112}|徒 t'u^{55}|土吐 t'u^{24}|兔吐 t'u^{53}|租 tsu^{112}|祖 tsu^{24}|粗 ts'u^{112}|畜 ts'u^{55}|醋 ts'u^{53}|速 su^{55}。

② 蟹合一灰韵端、泥、精组字，蟹合三泰祭韵、止合三支脂韵泥、精组字以及部分章组字今读开口呼[əi]。如：堆 təi^{112}|对碓队兑 təi^{53}|推 t'əi^{112}|腿 t'əi^{24}|退蜕 t'əi^{53}|雷 ləi^{55}|内累泪类 ləi^{53}|垒 ləi^{24}|嘴 tsəi^{24}|罪最醉 tsəi^{53}|催崔炊 ts'əi^{112}|脆翠粹 ts'əi^{53}|虽 səi^{112}|随隧谁 səi^{55}|水 səi^{24}|碎岁穗睡 səi^{53}。章组有部分字例外，读合口呼[uəi]。如：锥 tsuəi^{112}|赘 tsuəi^{53}|吹 ts'uəi^{112}|垂椎 ts'uəi^{55}|税瑞 suəi^{53}。

③ 山合一桓韵端、泥组字和部分精组字今读[an]。如：端 tan^{112}|短 tan^{24}|断锻段缎 tan^{53}|团 t'an^{55}|鸾 lan^{55}|暖卵 lan^{24}|乱 lan^{53}|攒 tsan^{24}|钻 tsan^{53}|算蒜 san^{53}。

④ 臻合一魂韵及部分合三谆韵端组、泥组、精组字今读开口呼[ən]。如：蹲 tən^{112}|墩 tən^{24}|顿盾钝遁 tən^{53}|屯豚 t'ən^{55}|褪 t'ən^{53}|仑伦沦轮 lən^{55}|嫩论 lən^{53}|尊遵 tsən^{112}|村皴 ts'ən^{112}|存 ts'ən^{55}|寸 ts'ən^{53}|孙 sən^{112}|损笋榫 sən^{24}。

⑤ 通摄端、泥组读开口呼[əŋ]。如：东冬 təŋ^{112}|董懂 təŋ^{24}|冻栋动洞 təŋ^{53}|通熥捅 t'əŋ^{112}|同铜桐童瞳 t'əŋ^{55}|桶统 t'əŋ^{24}|聋 ləŋ^{112}|笼农脓浓 ləŋ^{55}|弄 ləŋ^{53}。"龙"今读 lyŋ^{55} 例外。

⑥ 没有[mu]音节，古模、侯、屋韵明母字大多今读后鼻音[ŋ]韵尾韵母。如：暮慕墓募穆 məŋ^{53}|模~子目牧 məŋ^{55}|亩牡母拇 məŋ^{24}|木 məŋ^{112}。

⑦曾摄一等、梗摄二等帮组字今读后鼻音韵尾韵母[əŋ]，如：崩 pəŋ^{112}|朋 p'əŋ^{55}||棚 p'əŋ^{55}|孟 məŋ^{53}；非帮组字（梗二匣、影母部分字除外）和三等知、章组字读前鼻音尾韵母[ən]，与臻摄部分

字相混。例如:灯 tən¹¹²|疼 t'ən⁵⁵|楞=嫩 lən⁵³|层乘承=陈 ts'ən⁵⁵|恒=痕 xən⁵⁵|蒸 tsən¹¹²|升 sən¹¹²‖争贞正~月=真 tsən¹¹²|程成 ts'ən⁵⁵|生声=身 sən¹¹²|耕=跟 kən¹¹²|坑 k'ən¹¹²|杏=恨 xən⁵³|硬 ən⁵³。

曾摄和梗摄三等非知、章组字,梗开四等字,梗二匣、影母部分字今读[in],与深、臻开口三等部分字相混。如:冰兵=宾 pin¹¹²|凭平=贫 p'in⁵⁵|明=民 min⁵⁵|陵 lin⁵⁵|京=津 tɕin¹¹²|鹰英=阴 in¹¹²‖丁 tin¹¹²|听 t'in¹¹²|零=林 lin⁵⁵|青=亲 tɕ'in¹¹²|星=新 ɕin¹¹²‖茎 tɕin¹¹²|行 ɕin⁵⁵|幸 ɕin⁵³|莺鹦樱 in¹¹²。

⑧ 果合一戈韵见组读[uo]。如:锅戈 kuo¹¹²|果裹 kuo²⁴|过 kuo⁵³|科窠棵颗 k'uo¹¹²|课 k'uo⁵³|卧 uo⁵³。遇合三庄组大多也读[uo]。如:助 tsuo⁵³|初 ts'uo¹¹²|锄 ts'uo⁵⁵|楚础 ts'uo²⁴|梳 suo¹¹²|所数动 suo²⁴|数名 suo⁵³。另有"阻雏疏蔬"韵母为[u],但属于口语中不用的字。

⑨ 宕开三入声药韵之精组和见系字今读细音韵母[yo],其余读洪音韵母[uo]。江开二入声觉韵(帮组除外)之见系字今读细音韵母[yo],其余读洪音韵母[uo]。如:嚼 tɕyo⁵⁵|雀鹊却 tɕ'yo⁵⁵|削 ɕyo¹¹²|脚 tɕyo¹¹²|药 yo¹¹²|约虐疟钥 yo⁵⁵|略掠 luo⁵⁵|着酌 tsuo⁵⁵|勺芍 suo⁵⁵|若弱 zuo⁵⁵‖饺 tɕyo¹¹²|角 tɕyo²⁴|觉 tɕyo⁵⁵|搉 tɕ'yo¹¹²|学 ɕyo⁵⁵|乐岳 yo⁵⁵|桌捉 tsuo¹¹²|卓琢浊镯 tsuo⁵⁵|戳 ts'uo¹¹²。

⑩ 曾开一德韵字、梗开二陌麦韵字和蟹摄开口一二等字,除"贼 zəi⁵⁵|栅 za⁵³"以外,一般读[ɛ]或[iɛ]。如:北百柏 pɛ¹¹²|伯白帛 pɛ⁵⁵|拍 p'ɛ¹¹²|迫魄排 p'ɛ⁵⁵|墨脉麦 mɛ¹¹²|默陌埋 mɛ⁵⁵|得德 tɛ⁵⁵|窄摘栽 tsɛ¹¹²|则泽择宅责 tsɛ⁵⁵|拆 ts'ɛ¹¹²|策册才 ts'ɛ⁵⁵|塞 sɛ¹¹²|额扼 ɛ⁵⁵‖特 t'iɛ⁵⁵|肋勒 liɛ⁵⁵|隔 kiɛ¹¹²|格革 kiɛ⁵⁵|客 k'iɛ¹¹²|刻克 k'iɛ⁵⁵|黑 xiɛ¹¹²|核审~吓 xiɛ⁵⁵。

3.3　声调方面

①　古平声依古声母清浊今读阴平和阳平。古去声今读去声。古清声母、次浊声母上声今读上声；全浊声母上声今读去声。例外如"他哥脂妃芳粳"等古清平字读上声；"巫诬期涛猫铅捐蹲"等古浊平字读阴平；"饲隧殉隶易"等古浊去字读阳平；"饵伪导偶～然泳"等古浊去字读上声。

②　古入声分别派入阴阳上去四声。全浊声母字大都变为阳平，清声母和次浊声母字也多变为阳平。据《方言调查字表》收字统计，分派比例大体为：60%派入阳平，29%派入阴平，9%派入去声，2%派入上声。分派的具体条件还不太清楚，有待进一步研究。

4　商城方言同音字汇

本字汇按韵母次序排列，同一韵母内按声母次序排列，同一声母内则以阴平、阳平、上声、去声、轻声为序。轻声不标调值，用[·]表示。本字不明的用方框"□"表示。异读字有多种情况，有的在不同语词里读音不同，有的读书音与口语音不同，有的可以自由变读，都小字标明"又某音"。释义、举例小字齐下。举例中用"～"代替所释字。

ɿ

ts [112]撕又tsʅ^{112}知蜘支枝肢栀资姿滋之芝汁织鈒~牙咧嘴只量词。又
tsʅ^{55}吱指名词：六~子。又tsʅ^{24}□~牙：嚼到沙子。又tsʅ^{112} [55]只副词。又
tsʅ^{112}置执侄质直值~得。又tsʅ^{24}职植 [24]紫纸姊~妹脂旨指动词。
又tsʅ^{112}值~三块钱。又tsʅ^{55}子籽止址 [53]制智自致雉至字痔治志
痣蛰惊~ [·]淬渣~

ts' [112]驰弛侈痴尺吃□滑：一~多远□~牙：嚼到沙子。又tsʅ^{112}□胳~：
腋窝 [55]池瓷餐~巴慈磁迟词辞祠饲~养持赤□剖：~黄鳝。恃~
仗 [24]雌此耻嗤齿跐踏、蹉：别把板凳~脏了|把脚在草上~干净□~劲：
用力 [53]翅次伺~候厕茅~。又tsʰɛ^{55}刺斥□积食：~住了 [·]匙钥~
□胳~：搔腋窝

s [112]斯撕又tsʅ^{112}私师狮尸司丝思诗湿 [55]矢时十什拾实失
室石识 [24]死屎使史驶始 [53]世势誓逝是氏四肆示视
似寺士柿事试市适释式

z [112]□晋词，俞 [55]日

i

p [112]屄 [55]鼻秘~密毕必逼 [24]比 [53]蔽闭荸箅密梳
算密筛滗滤去渣淬弊币毙避臂碧壁璧匕

p' [112]批坯披辟劈匹 [55]脾皮疲琵啤 [24]彼丕痞鄙
[53]屁

m [112]眯~了眼。又mi^{55}密蜜 [55]迷弥靡觅咪眯~缝。又mi^{112} [24]
米 [53]谜縻用木桩和长绳把羊、驴等固定在一定的活动范围内

t [112]低滴 [55]的目~。又·ti嫡敌笛狄籴买：~米提手里~一块肉。
又tʅ^{55} [24]底抵 [53]帝弟第递地又·ti [·]的结构助词。又ti^{55}地结
构助词。又tʅ^{53}得结构助词。又tɛ^{112}、tɛ^{55}

t' [112]梯剔踢 [55]堤屉题提~高。又tʅ^{55}蹄啼 [24]体 [53]
替涕鼻~剃嚏

l　[112]栗板~力有气无~。又li⁵⁵　[55]泥尼犁黎隶篱梨厘立狸笠
　　斗~粒力~量。又li¹¹²匿历　[24]礼李里理鲤□小~子：女孩儿　[53]
　　例厉励丽离利痢吏　[·]璃玻~泪眼~。又ləi⁵¹

tɕ　[112]鸡饥肌基箕~子。又tɕʻi机讥几条~给疾鲫脊　[55]稽髻集
　　急级及吉极积迹籍绩寂击激　[24]挤己虮幾~个　[53]祭际
　　济剂计继系~鞋带。又ɕi⁵³寄技妓纪记忌既季即　[·]荠荸~

tɕʻ　[112]妻企欺期缉~鞋口子七十~。又tɕʻi⁵⁵漆膝乞□浸湿：坐在草地上衣
　　裳都~湿了　[55]齐脐奇骑棋戚旗七~个。又tɕi¹¹²　[24]启其起岂
　　祈　[53]砌器弃气汽泣　[·]箕簸~。又tɕi¹¹²

ɕ　[112]西溪奚牺嘻希稀吸锡析　[55]习息熄媳惜昔席夕
　　[24]洗徙喜袭　[53]细戏系又tɕi⁵³

ø　[112]医衣一十~。又i⁵⁵依掎作~　[55]宜谊移易姨疑拟饴以毅
　　遗抑逆益译液疫已一~个。又i¹¹²　[24]椅倚靠；往下拖乙尾~巴。又
　　uəi²⁴　[53]艺仪蚁义议意异忆亿翼吃发~怔噫叹词

u

p　[112]拨~拉：抚摩。又po¹¹²　[55]不荸~荠卜醭剩饭长白~了布~袋：
　　衣兜。又pu⁵³□擀面皮时为防粘连而撒的干面　[24]补　[53]怖布又pu⁵⁵
　　部步

pʻ　[112]铺动词：~床。又pʻu⁵³捕扑噗潽液体因沸腾而溢出　[55]蒲~草菩
　　脯胸~瀑葡　[24]谱普朴仆~人　[53]铺名词：床~。又pʻu⁵⁵

t　[112]肚精~子：光着的上身。又tu²⁴、tu⁵³　[24]肚猪~子｜~子疼。又tu¹¹²、
　　tu⁵³堵赌　[53]肚~子疼。又tu¹¹²、tu²⁴

tʻ　[112]秃　[55]徒　[24]土吐~痰。又tʻu⁵³　[53]吐呕~。又tʻu²⁴兔唾~
　　沫

ts　[112]租猪诛蛛株朱珠　[24]煮祖阻拄~拐杖。又zu²⁴主　[53]
　　著驻注柱住蛀苎~麻。又tɕy⁵³

tsʻ　[112]粗出~气。又tsʻu⁵⁵舒~坦□缩：~头鳖　[55]除殊特~术苍~出~

来。又ts'u¹¹² 畜~牲。又ɕy⁵⁵ 厨~子。又ts'əu⁵⁵ [24]储~蓄处相~。又ts'u⁵³ 雏
[53]醋处~所。又ts'u²⁴ [·]帚苕~鼠老~。又su²⁴

s [112]蔬疏书输运~。又zu¹¹² 叔表~。又səu⁵⁵ 酥苏 [55]秫~~速束
[24]暑鼠又·ts'u薯 [53]嗦鸡~袋子恕竖树漱~嘴術诉素

z [112]输~赢。又su¹¹² [55]如入 [24]汝拄~拐杖。又tsu²⁴ 擩~进去

k [112]姑孤骨 [55]谷咕~嚷 [24]古估牯公牛：水~子股鼓
[53]故固雇顾

k' [112]箍哭 [55]酷 [24]苦 [53]库裤

x [112]呼乎夫敷麸~子芙妇□切成大块用大火煮：~荒瓜（南瓜） [55]
胡湖狐壶肤俘扶浮佛福蝠复腹服伏核杏~子。又xie⁵⁵ 葫~芦糊煳
[24]虎府腑俯斧抚腐辅□撒，泼：~把米喂鸡|~水 [53]户互护
瓠~子傅姓付赴洑~水：游泳符父附富副负幅

ø [112]乌污巫诬侮屋沃肥~捂把人、动物按在水中憋闷之。又u²⁴ [55]
吴蜈梧无 [24]五伍午武舞鹉捂①盖、闷②麦、稻等因不透气而变质。
又u¹¹² [53]误悟务雾物勿戊焐~脚

y

l [112]挐~稻穗。又ly²⁴ 律率 [55]驴 [24]女吕旅缕屡铝侣挐~
胡子。又ly¹¹² [53]虑滤

tɕ [112]居车~马炮。又ts'ɛ¹¹² 拘驹 [55]局橘菊足 [24]举 [53]
据锯巨拒距铸俱苎~麻。又tsu⁵³ 句具惧剧聚炬 [·]矩规~

tɕ' [112]蛆趄区驱駮~黑魏酒~ [55]渠曲屈 [24]取娶 [53]
去趣

ɕ [112]虚须需魖出~~了 [55]徐戌畜~牧。又ts'u⁵⁵ 蓄肃俗宿~舍|
二十八~ [24]许 [53]絮序叙绪续婿

ø [112]淤狱迂~巴：傻瓜。又y⁵⁵ 愉~着：舒服。又y⁵³□使长形物弯曲成需要
的状态：~个鱼钩|□手脚在热水中浸泡：脚凉，烧水~~ [55]鱼于余与愚
盂迂~腐。又y¹¹² [24]语儒乳雨宇禹羽 [53]御誉预豫娱遇

愉~快。又y¹¹² 芋红~：红薯寓裕喻域育玉欲

a

p　[112]巴芭疤扒八十~。又pa⁵⁵ [55]八~个。又pa¹¹² 拔 [24]把靶
[53]霸坝爸耙犁~|~地罢欛瓜~子|刀~子 [.]膊(手)胳~

p‘　[112]趴 [55]爬耙~子钯钉~ [53]怕

m　[112]妈抹~桌子。又ma⁵⁵、mo²⁴ 蚂~蚱 [55]麻抹~布。又ma¹¹²、mo²⁴
[24]马蚂~蟥码整齐地叠放：~砖 [53]骂 [.]蟆蛤~沫唾~。又mo¹¹²

t　[112]搭嗒耷~拉 [55]答沓一~纸达瘩疙~ [24]打 [53]大

t‘　[112]塔塌獭水~ [55]踏 [24]他她它

l　[112]拉蜡捺撇~辣 [55]拿纳腊~肉剌划破：手上~了口子旯
[24]哪喇~叭 [53]那 [.]啦语气词来概数助词：十~天。又le⁵⁵

ts　[112]楂毛~子。又tsa⁵³ 渣扎 [55]杂闸煤用油~铡砸碴碗~子：碎碗
片。又ts‘a⁵⁵ [24]眨咋苲~草拃三~ [53]楂毛~子。又tsa¹¹² 诈榨痄~
腮炸参寒毛都~起来了栅遮挡：~亮 [.]膪腌~

ts‘　[112]搽~胭脂叉~子。又ts‘a²⁴杈树~。又ts‘a⁵³差~别。又tse¹¹²插擦衩裤~
馇煮：~稀饭 [55]茶茬麦~查察碴玻璃~|找~。又tsa⁵⁵ [24]踏穿着
鞋踏水：~水又~开腿。又ts‘a¹¹²□(猪)吃(食) [53]杈树~。又ts‘a¹¹²岔
三~路□相误：鞋穿~了

s　[112]沙纱髿母牛杉杀撒不及物动词：米~了。又sa²⁴跐~着鞋 [55]
刹~住|看：~一眼|用力捆：~稻捆子 [24]洒傻撒及物动词：~种。又
sa¹¹² [53]啥什么刷挑出不好的予以淘汰。又sua⁵³、sua¹¹²

k　[112]尬尴~嘎鸭子叫 [55]胳~ts̩掻腋窝。又kiε⁵⁵、kiε¹¹²□~儿|鸡~
儿：男童生殖器

k‘　[55]跨①动词，跨越：~沟②量词，用力迈开一步的距离。又k‘ua⁵³ [24]卡~
片。又tɕ‘ia²⁴ [53]胯~裆

x　[112]哈~着腰，笑~~~□~嗓子：变质食物散发的气体刺激嗓子□蒸气烫着：
掀锅盖时~了手□伸开五指挠散，或用耙子往身边扒：~麦|~草 [55]□贪婪

地扒饭或捞钱：～了很多钱

ø [112]阿腌～臜 [·]啊

ia

tɕ [112]家加嘉傢～具佳 [55]夹袷～袄甲 [24]假真～。又tɕia⁵³贾姓 [53]假放～。又tɕia²⁴架驾嫁价 [·]稼庄～

tɕʻ [112]掐 [55]恰 [24]卡～住|～子。又kʻa²⁴

ɕ [112]虾鱼～瞎 [55]霞瑕暇峡狭匣箱～辖管～ [53]吓～一跳。又xiɛ⁵⁵夏厦下

ø [112]鸦丫桠树～子鸭押压 [55]牙芽衙崖山～涯天～口切成碎末：把姜～～ [24]雅哑 [53]亚轧～棉花 [·]呀

ua

ts [112]抓 [24]爪手～子|猪～子。又tsau²⁴

tsʻ [24]口抢：～巴户

s [112]刷～子|～墙。又sua⁵³、sa⁵³ [24]耍 [53]刷挑出不好的予以淘汰。又sa⁵³、sua¹¹²

k [112]瓜刮～风。又kua²⁴呱 [24]寡剐刮～墙。又kua¹¹² [53]挂～书包。又kʻua⁵³卦褂 [·]鸹老～果白～：银杏。又kuo²⁴

kʻ [112]夸 [55]口用指甲刮[24]侉北～子垮 [53]跨～越。又kʻa⁵⁵挎挂衣裳～破了。又kua⁵³

x [112]花发～财。又xua⁵⁵ [55]乏华铧滑猾发～展。又xua¹¹²伐筏罚哗划～算|～船|～开。又xua⁵³ [53]划计～。又xua⁵⁵化画话

ø [112]蛙袜挖～地。又ua⁵⁵ [55]娃挖扒耳～子。又ua¹¹² [24]瓦～屋千～。又ua⁵³口用碗等取东西：～米 [53]瓦～匠|～刀。又ua²⁴洼

ɛ

p [112]北百柏掰 [55]伯大～。又pʻɛ¹¹²白帛 [24]摆 [53]拜稗败 [·]呗

pʻ [112]拍～一掌。又pʻiɛ¹¹²伯大～子：丈夫的哥。又pɛ⁵⁵ [55]追魄泊排牌

[24]□~道：到处　　[53]派

m　[112]麦墨脉　[55]默又mie⁵⁵埋□不要：你~说　[24]买　[53]卖
迈

t　[112]得会：不~去。又te⁵⁵、·ti呆袋布~|鸡嗉~子。又te⁵³　[55]得①获得
②必须：我~走了。又te¹¹²、·ti德□能干　[24]逮歹　[53]戴带贷待代
袋~子。又te¹¹²在①介词，在②进行体助词：吃饭~。又tse⁵³　[·]襶襧~

t'　[112]胎态苔舌~。又t'e⁵⁵　[55]台抬苔青。又t'e¹¹²薹蒜~　[53]太
泰

l　[112]襧~襶：傻子□~以：等于　[55]来又·la　[24]乃奶□满把手攥
住草、麦苗拉断　[53]耐赖诬赖：自己错了~人家癞脏

ts　[112]遮窄摘灾栽斋捽跌倒。又sue¹¹²塞堵住。又se¹¹²□刺激：药水~得眼
睛疼　[55]摺~叠褶~子蔗浙哲则择泽宅责□阉割雌性动物　[24]
者宰载崽小~子：男孩　[53]再在又te⁵³债寨□~子：小楔子□稀疏地缝

ts'　[112]车又tɕy¹¹²拆猜差出~。又ts'a¹¹²　[55]侧测策册才材财裁豺柴
厕~所。又·ts'ι　[24]扯彩采睬踩　[53]彻撤菜蔡　[·]萨菩~

s　[112]赊涩虱~子腮鳃筛塞又tse¹¹²　[55]蛇又sau⁵⁵色佘姓舌折~本
[24]舍涉设　[53]射麝赦社赛晒

z　[112]热　[24]惹

k　[112]该　[24]改解~扣子。又tɕie²⁴、tɕie⁵³　[53]盖丐

k'　[112]开　[24]凯揩楷　[53]概溉慨

x　[55]孩骇还又xuan²⁴　[24]海　[53]害亥

ø　[112]哀挨~得很近　[55]额营业~|~头扼埃捱~打　[24]矮蔼
[53]碍艾爱

iɛ

p　[112]鳖憋　[55]别区~|把门~住。又pie⁵³　[24]瘪秕~子　[53]
别打~|~开。又pie⁵⁵

p'　[112]撇~捺|~米汤。又p'ie²⁴拍说，交谈：~话。又pe¹¹²　[24]瞥撇~嘴。

又pʻie¹¹²□折：～断。又mie²⁴

m [112]篾竹～子 [55]灭咩默又me⁵⁵ [24]□～嘴□折：～断。又pʻie²⁴

t [112]爹 [55]跌叠碟谍蝶

tʻ [112]贴蝶胡～子铁 [55]帖特

l [112]聂姓镊～子裂捏劣肋勒摄□～心：肠胃难受 [55]猎列烈
[24]咧～嘴□开：～着杯 [53]趔～趄|～在一边□近指代词，这

tɕ [112]皆阶秸麦～街接揭羯羊～子：公羊结～果子|～实|～巴。又tɕie⁵⁵
[55]捷劫杰节截洁结打个～。又tɕie¹¹² [24]解讲～。又ke²⁴、tɕie⁵³ 姐
[53]借介界芥疥届械解动词，锯开。又ke²⁴、tɕie²⁴□近指代词，这

tɕʻ [112]切 [55]茄～子挈搬起来：石头太大，～不动 [24]且 [53]
契～约妾怯

ɕ [112]歇休息：住，过夜蝎楔～子血揳把钉子等锤进木板等物体：砸 [55]
邪斜谐鞋胁协 [24]些写 [53]泻卸谢懈蟹泄□狡猾

k [112]胳～膊。又kie⁵⁵、ka⁵⁵ 隔疙～瘩袼～巴子：袼褙 [55]格革胳①～
窝：腋窝②～tsʻʅ：搔腋窝。又kie¹¹²、ka⁵⁵ 疙～子：跳蚤□①～子：黏状物结成的硬
巴②～巴：锅巴□在：你～哪里？ [24]呇～儿嗝饱～ [53]□①擦拭：用
袖子～嘴②人与人的摩擦、争斗：你～不过他|猛吃：～了三大碗

kʻ [112]客 [55]刻克蛤～蟆 [24]□虐待：后妈～孩子 [53]□
蹭：～一身灰

x [112]黑天～|～色。又xie⁵⁵ [55]吓～得要死。又ɕia⁵³ 黑夜～里。又xie¹¹²
核～对。又xu⁵⁵

∅ [112]叶页噎～住了掖顺着边上往里塞：～盖里（被子）|往炉锅（火锅）里～
菜 [55]爷 [24]也 [53]夜业腋

uɛ

ts [112]□手残废 [24]□臭美，充大 [53]拽拖、拉

tsʻ [112]揣 [55]□捣、揉湿软的东西：～面|～泥巴[53]踹

s [112]衰摔～杯子。又tse¹¹² [24]甩①扔②弃 [53]帅率蟀

k　[112]乖　[55]国　[24]拐口坏：好~都不吃　[53]怪

k'　[24]攦挠痒口结儿：活~　[53]块快筷会~计。又xuɛi⁵³

x　[55]怀槐淮获或惑　[24]崴踒：~了脚。又xuɛ²⁴　[53]坏

ø　[112]歪　[55]口以棍状物的另一端为定点上下左右摇摆　[24]崴踒：~了
脚。又xuɛ²⁴　[53]外

yɛ

tɕ　[112]掘噘　[55]绝橛诀决噘骂：~人　[53]倔脾气~

tɕ'　[112]缺　[55]瘸　[24]口折：~断

ɕ　[112]靴薛雪说　[55]穴　[24]口敞开：~着怀

ø　[112]月　[55]越曰阅悦　[24]哕干~拐折：~断

ə

k　[112]歌鸽割佮相处：~邻居　[55]蛤葛各又kaŋ⁵⁵郭角牛~丨桌子~儿。
又tɕyo²⁴搁　[24]哥　[53]个

k'　[112]磕搕敲击。又k'ə⁵¹渴壳颏下~子：下巴　[55]瞌~睡　[24]可
[53]嗑搕弯起指头敲击人头。又k'ə¹¹²

x　[112]喝壑沟：田~子口牛以角触人　[55]河何荷和~气。又xuo⁵⁵、xuo⁵³
禾合盒　[53]鹤贺

ø　[112]握~手。又ə⁵⁵恶~心。又ə⁵⁵屙~屎　[55]握~手丨把~。又ə¹¹²蛾鹅
恶不善。又ə¹¹²　[53]饿

o

p　[112]波玻钵~子剥播拨~算盘珠子。又pu¹¹²　[55]薄不厚。又po⁵³簿勃
博　[24]跛~足簸动词：~米。又po⁵³　[53]簸名词：~箕。又po²⁴薄~荷。
又po⁵⁵

p'　[112]坡名词。又p'o²⁴泼酦　[55]婆　[24]颇剖解~坡形容词：不陡。
又p'o¹¹²　[53]破

m　[112]末沫~子。又·ma摸　[55]魔磨动词。又mo⁵³馍模~范。又məŋ⁵⁵
摹莫膜　[24]某抹涂~。又ma¹¹²、ma⁵⁵　[53]磨名词。又mo⁵⁵

汉语史论稿

uo

t [112]多~少。又tuo^{55}托往上~ [55]夺多多么。又tuo^{112} [24]朵花~。又·tau躲垛墙~子。又tuo^{53} [53]刴惰垛草~。又tuo^{24}

t' [112]拖脱庹一~长託~人。又t'uo^{55}詑骗:~子|走我十块钱 [55]驼~背驮背负:能~五十斤託~人。又t'uo^{112} [24]妥椭~圆□~乏:偷懒

l [112]落烙洛啰~唆 [55]挪罗锣笭萝骡螺朒手指文裸乐快~。又yo^{55}略 [24]诺啰~连:啰唆□男阴 [53]糯~米摞~起来

ts [112]撮聚拢五指抓:~点盐。又tsuo^{24}、ts'uo^{112}桌捉作~假|~死。又tsuo^{55}□①胃酸过多吐酸水:~得慌②沤 [55]作~料|~业。又tsuo^{112}凿昨着睡~|附~|火~了卓琢浊镯 [24]左撮一~毛|~嘴。又tsuo^{112}、ts'uo^{112} [53]坐座助

ts' [112]搓初焯把菜放在开水里~~~戳碰:别乱~撮聚拢:~灰。又tsuo^{112}、tsuo^{24} [55]矬矮锄绰 [24]楚础□喉狗咬人 [53]锉错措

s [112]蓑梭织布~子梳唆~使啷吮□竖立:把锄头~起来 [55]索勺缩唆啰~ [24]锁琐所数动词。又suo^{53} [53]数名词。又suo^{24}

z [24]若弱

k [112]锅戈 [24]果~子。又·kua裹 [53]过□火灭□动物生子

k' [112]科窠草~:草丛棵颗□①用长棍抽打②截去旁枝 [55]括阔扩 [53]课□借母羊下崽

x [112]豁~嘴 [55]和~面。又xuo^{53}、xə^{55}活 [24]火伙否 [53]货祸和混合,搅拌:~点水。又xuo^{55}、xə^{55}

ø [112]窝蹯~了脚□折薄物使皱:本子~坏了|衣服弄~了 [24]我 [53]卧

yo

tɕ [112]脚饺 [55]嚼觉知~。又tɕiau^{53}□~鱼:甲鱼 [24]角墙~。又kə^{55}

tɕ' [112]撧~蒜□正不巧:~得很,我到的时候车刚走□说话下流 [55]雀

鹊鸦~：喜鹊确却

ç　[112]削　[55]学

ø　[112]药约量长度。又yo⁵⁵　[55]虐疟约大~。又yo¹¹²钥~匙乐音~。又luo⁵⁵岳

$$\eth$$

ø　[112]□蛤~：蛤蜊　[55]儿　[24]尔而耳饵　[53]二贰

əi

p　[112]杯背~个小孩|~锅子（罗锅儿）。又pəi²⁴、pəi⁵³卑碑悲　[55]笔　[24]背~个小孩。又pəi¹¹²、pəi⁵³　[53]贝鎞~刀布子辈背脊~|~诵。又pəi¹¹²、pəi²⁴倍被备焙~干

p'　[55]胚培陪赔　[53]沛配佩

m　[112]没　[55]梅媒煤眉霉　[24]每美□~儿：女儿　[53]妹

t　[112]堆　[55]□胖~儿的：肥胖的样子　[24]□抵消,各不欠账　[53]对碓舂米用具队兑掺：酒里~水□赌：~两千块钱

t'　[112]推　[24]腿　[53]褪~颜色。又t'ən⁵³蜕蛇~：皮。又t'ən⁵³退~休。又t'ən⁵³

l　[112]擂　[55]雷□用头往前拱　[24]累~记。又ləi⁵³垒~墙|堡~　[53]内累很~。又ləi²⁴泪又·li类

ts　[55]贼　[24]嘴　[53]最罪醉

ts'　[112]催崔姓炊　[55]随听任：~他。又səi⁵⁵　[53]脆翠粹

s　[112]虽尿①~脬：膀胱②小解：~尿[liau⁵³]。又liau⁵³　[55]髓随①听任②跟随。又ts'əi⁵⁵隧谁　[24]水　[53]碎岁睡穗

uəi

ts　[112]追锥~子|~个眼儿|蜂子~人　[53]赘坠耳~子缀~扣子

ts'　[112]吹　[55]垂锤捶椎棒~：捶衣服的木棒

s　[53]税瑞

z　[53]锐

k　[112]闺规龟轨归　[24]鬼　[53]桂跪柜贵

k‘　[112]盔亏　[55]奎葵逵葵　[53]溃窥愧

x　[112]恢灰非飞辉徽挥　[55]回肥　[24]悔毁匪妃翡　[53]
汇会又k‘ue⁵³绘肺费惠慧秽痱讳废贿

ø　[112]煨威猥　[55]为作～|～啥惟维唯围　[24]危伪萎委微尾
结～。又i²⁴违伟苇纬　[53]卫位未味魏畏慰喂胃谓慰

au

p　[112]包　[24]褒保堡宝饱　[53]报抱暴菢～小鸡豹爆鲍姓

p‘　[112]抛泡一～尿。又p‘au⁵³疏松：地太～，砸实些　[55]袍胞同～刨～-
地　[24]跑　[53]炮泡水～|浸～。又p‘au¹¹²鳔鱼～　[‧]脬尿～

m　[112]猫　[55]毛矛茅谋　[24]卯□～儿：毽子□遗漏：数～了
[53]冒帽貌茂贸

t　[112]刀□夹：～菜吃□啄：小鸡～米　[24]岛捣倒打～|颠～。又tau⁵³、
‧tau导　[53]到倒～水。又tau²⁴、‧tau道稻盗　[‧]朵耳～。又tuo¹¹²叨唠～
倒持续体助词。又tau²⁴、tau⁵³

t‘　[112]掏涛　[55]桃逃淘～米陶　[24]讨　[53]套　[‧]萄葡～

l　[112]孬□拉。又lau⁵³　[55]劳捞牢唠涝挠痨　[24]恼脑～筋。又
lan²⁴老　[53]闹□拉。又lau¹¹²动词，毒：这药能～死人

ts　[112]遭糟朝～霞。又ts‘au⁵⁵召招沼诏□允许，同意：不～他去　[24]
早枣蚤澡爪手～子|鸡～子。又tsua²⁴找　[53]灶皂罩照兆赵燥□踩、
踏□好、行：不～

ts‘　[112]操抄钞超　[55]曹槽巢潮朝～代。又tsau¹¹²□胃里难受　[24]
草驕～驴吵炒　[53]躁糙～米造□蹭、擦：把鞋上的泥巴～～

s　[112]骚臊梢稍烧　[55]蛇又se⁵⁵□傻，傻子　[24]扫嫂少多～。又
sau⁵³　[53]潲～水（泔水）|～雨邵绍少年～。又sau⁵³

z　[55]饶求～　[24]扰绕围～。又zau⁵³　[53]绕～一圈。又zau²⁴

k　[112]高膏名词。又kau⁵³篙羔糕　[24]稿搞　[53]告膏动词：～点儿

油。又kau¹¹²

k'	[112]尻詈词，龛　[24]考烤　[53]靠铐犒□敲掉：～掉你的牙

x　[112]薅薅除田草　[55]豪壕毫号～叫。又xau⁵³　[24]好～坏。又xau⁵³

郝姓　[53]好喜～。又xau²⁴ 耗浩号又xau⁵⁵

ø　[112]熬用文火久煮：～肉汤□欠吃鱼肉：好久没吃肉了，～得慌　[55]熬

[24]袄　[53]傲奥懊坳

iau

p　[112]膘肥～标彪滮液体射出□逃跑□骗：～子|会～　[24]表裱婊

[53]炍腿相交而走不稳□紧跟着，缠着

p'　[112]飘又p'iau⁵³ 漂漂浮。又p'iau²⁴、p'iau⁵³　[55]瓢　[24]漂～白粉。又

p'iau¹¹²、p'iau⁵³ 膘　[53]票漂①～亮②清洗：在水里～一～。又p'iau²⁴、p'iau¹¹²

飘雨斜飘进来。又p'iau¹¹²

m　[55]苗描瞄　[24]渺秒杪树梢　[53]庙妙

t　[112]刁～晓：聪明叼雕　[24]屌　[53]吊钓掉调音～|～动。又t'iau⁵⁵

t'　[112]挑～水|～刺。又tiau²⁴　[55]条调～味。又tiau⁵³ 苕～帚：扫帚　[24]

挑往上～。又t'iau¹¹² 斛换：～一双鞋　[53]跳

l　[112]撩～衣服□瘭，走路一～一～的|整块中的一边儿：一～子肉　[55]

疗聊辽瞭～望镣嫽敹缝补　[24]鸟了燎①火～子：火苗②用火苗烧：～

了眉毛　[53]料廖姓撂尿小便。又səi¹¹²

tɕ　[112]交郊胶茭教～书。又tɕiau⁵³ 焦蕉椒骄娇矫浇缴　[24]绞狡

铰剪：～衣服搅剿侥～幸　[53]教～育|～他去。又tɕiau¹¹² 较酵～子。又ɕiau⁵³

窖觉睡。又tɕyo⁵⁵ 轿叫又tɕiaŋ⁵³

tɕ'　[112]敲锹缲～悄跷腿～在桌子上。又tɕ'iau⁵³ 劁阉割下过崽的母猪

[55]樵瞧乔侨桥荞翘木板因干燥而变形。又tɕ'iau⁵³　[24]巧□价钱便宜

[53]俏窍撬翘～尾巴。又tɕ'iau⁵⁵ 跷踮起脚后跟。又tɕ'iau¹¹²□因心眼小而生气：

爱～

ɕ　[112]淆消宵霄销嚣箫肖　[24]小晓　[53]酵发～。又tɕiau⁵³ 孝

效校笑

ø　[112]妖邀要~求。又iau⁵³ 腰吆~喝幺~二三　　[55]摇谣窑姚
[24]咬崤~水　[53]要又iau¹¹² 耀跃

əu

t　[112]都~城|~是督兜橷根部：树~子|菜~子嘟~囔　[55]独读牍犊
牛~子毒抖把灰~掉。又təu²⁴　[24]斗升~抖把灰~掉|发~。又təu⁵⁵ 陡蚪
[53]炉杜度渡镀鬥打~痘豆逗就副词：~是好。又tɕiəu⁵³ 窦床~|锅~
□做，干：不~□吃：~饭

t'　[112]偷　[55]屠途图突涂头投　[53]透

l　[112]鹿绿辘滚~子：轮子搂挽、提：~裤子。又ləu²⁴　[55]奴努庐炉
卢芦楼禄六陆录　[24]鲁橹虏卤搂抱：~柴禾。又ləu¹¹² 篓楼瘻
[53]怒路赂露鹭~鸶漏　[·]喽语气词

ts　[112]邹周舟州洲　[55]肘卒竹筑逐轴祝粥烛嘱　[24]组走
[53]做~活奏揍昼纣~宙皱衣裳压~了。又tsun⁵³ 咒

ts'　[112]抽搊双手往上推　[55]厨~屋。又ts'u⁵⁵ 绸稠愁仇酬族促触□揉
擦　[24]丑瞅斜眼瞪人：他~我　[53]凑臭

s　[112]搜飕馊收　[55]叔~伯兄弟。又su¹¹² 熟赎属　[24]手守首
[53]瘦兽受寿授售　[·]嗽咳~

z　[55]柔揉辱褥　[53]肉□性子慢

k　[112]勾钩沟　[55]□~ts'ʅ：搔腋窝　[24]狗　[53]够构购

k'　[112]抠通过指甲挖掉。又əu¹¹²　[24]口　[53]扣寇

x　[112]齁气喘；因太咸而使嗓子难受　[55]侯喉猴瘊~子　[24]吼
[53]后厚候

ø　[112]眍眼~欧呕抠单指挖出。又k'əu¹¹² 鸥　[55]牛~和羊。又liəu⁵⁵
[24]藕偶□烧煳了　[53]怄~气沤久浸水中

iəu

t　[112]丢

l　[112]溜~走。又liəu^{53}　[55]流刘留榴硫琉牛姓。又əu^{55}　[24]纽扭
柳　[53]溜滑：～下来。又liəu^{112}馏①～馍②反复提起别人不光彩的话谬绺

tɕ　[112]揪~头发鬏头上盘的小髻阄抓～纠灸究　[55]□①拧：把衣服的
水～干②拧歪了：裤子～了　[24]酒九久韭　[53]就成～。又tɔu^{53}救舅
咎旧柩

tɕʻ　[112]丘秋鳅□烟熏：～黑了　[55]囚求球裘　[24]朽　[53]□硬
往一起凑

ɕ　[112]修羞休　[55]□疑即"休"：①使继续生长，以后再利用：这棵树～
几年再砍②休养：～得白胖白胖的③生活优越之后变得没有力气：～住了　[53]
秀锈绣袖

ø　[112]忧优幽悠□用绳子、枝条等摇荡、旋转　[55]尤邮由油游犹
[24]有友酉　[53]又右祐诱釉幼

an

p　[112]班斑扳~手腕般搬　[24]板版㧖扔、弃：把它～了　[53]扮瓣
办半伴拌爿竹～子

pʻ　[112]攀潘　[55]盘□把东西从一处挪动到另一处□顽弄：～猫|把手机～
坏了　[53]盼襻鞋～子|用绳～住绊～倒了判叛

m　[55]蛮南~子瞒　[24]满　[53]慢漫　[·]□语气词

t　[112]耽虎视～～。又taŋ^{112}担动词。又taŋ^{53}丹单端～碗。又taŋ^{112}　[24]胆
掸鸡毛～子短　[53]担量词。又tan^{112}淡旦但弹子～。又tʻan^{55}蛋断锻段
缎诞

tʻ　[112]贪滩摊~开|不～我去瘫　[55]潭谭谈痰团檀坛弹～琴。又
tan^{53}　[24]毯坦　[53]探叹炭碳

l　[55]南男蓝篮难~易。又lan^{53}兰拦栏鸾　[24]览揽榄缆懒暖卵
[53]烂滥难灾。又lan^{55}乱

ts　[112]簪沾粘瞻毡詹钻~洞|～研。又tsan^{53}□行、有能耐：他不～，这事你
去办吧|□凡：～是他的都不要　[55]咱往～|多～　[24]斩攒用软物按压湿

处吸去水分盏展攒积~　　[53]暂战蘸占赞颤~抖钻用~子~个眼儿。又
tsan[112]

ts'　[112]参~加惨餐掺　　[55]蚕惭谗馋蟾缠蝉禅残　　[24]铲产
[53]灿

s　[112]三衫珊山删膻搧~耳光　　[55]□上下晃动:腿不要~　　[24]陕
散鞋带~了。又san[53]闪伞剩就~这点儿了。又sən[53][53]算蒜散分~。又
san[24]扇善膳骗

z　[24]染然燃

k　[112]甘柑尴干~支乾~湿肝　　[24]感敢橄~榄竿秆麦~擀~面赶
[53]幹~活|~部。

k'　[112]堪龛勘刊□①生育:~个小崽子（男孩）②养:~了两条猪　　[24]
坎砍凵盖:~上锅盖　　[53]看

x　[112]憨鼾罕　　[55]含函涵寒韩　　[24]喊　　[53]撼憾汉旱汗
焊□干烙:~馍馍

ø　[112]庵安鞍　　[24]俺　　[53]暗岸案按

ian

p　[112]鞭编边　　[24]贬蝙扁匾□卷起:~袖子　　[53]变辨辩辫汴
便方~。又p'ian[55]遍一~。又p'ian[53]

p'　[112]篇偏　　[55]便~宜。又pian[53]　　[24]谝夸耀，显摆　　[53]骗遍~
地。又pian[53]片

m　[55]棉绵眠　　[24]免勉娩冕　　[53]面

t　[112]掂~一瓶酒颠　　[24]点典　　[53]店电殿奠垫淀

t'　[112]添天　　[55]甜田填恬　　[24]舔腆~着肚子

l　[112]拈　　[55]黏廉镰帘鲇连联年怜莲鲢　　[24]敛脸碾辇撵
捻用指转动:~线。又lian[53]　　[53]念练炼楝恋捻~子:用棉纱等做成的条
状物。又lian[24]蹍践踏:把菜都~坏了

tɕ　[112]监尖兼艰间奸煎肩坚悭吝啬　　[55]□相当于"给你"，用于给人

东西时 [24]减碱检俭捡简柬拣剪茧蚕~趼~子践实~ [53]鉴舰渐剑箭溅贱件建键健荐见

tɕʻ [112]歼签谦迁千牵铅扦~子：竹、木或铁制针状物 [55]钳乾虔前钱 [24]潜浅遣谴 [53]嵌欠歉①馋：~得流嘴水②道~

ɕ [112]杴锹属：木~|铁~先 [55]咸衔嫌闲贤 [24]险显 [53]陷馅限苋~菜线宪献现旋~吃~做。又ɕyan⁵⁵县

ø [112]淹阉腌蔫植物失水萎缩焉烟 [55]岩炎盐阎姓。又ian⁵⁵檐焰严颜延言沿研研磨。又ian²⁴ [24]掩魇眼演研~究。又ian⁵⁵ [53]验厌艳酽茶浓雁谚筵堰砚燕宴咽~下去 [·]茔坟~

uan

ts [112]专砖 [24]转~交。又tsuan⁵³ [53]赚撰转~圈。又tsuan²⁴篆传~记。又tsʻuan⁵⁵

tsʻ [112]氽~圆子川穿串动词：~起来。又tsʻuan⁵³ [55]传~达。又tsuan⁵³船 [24]喘 [53]窜篡串名词：~子。又tsʻuan¹¹²

s [112]酸闩栓 [53]涮~衣服

z [24]软阮

k [112]官棺观参~。又kuan⁵³冠衣~。又kuan⁵³关 [24]管馆 [53]贯灌罐观道~。又kuan¹¹²冠~军。又kuan¹¹²惯

kʻ [112]宽 [24]款 [53]□用力摔：~酒杯

x [112]欢~快。又xun翻番□发~子：中暑 [55]凡帆桓还送~。又xɛ⁵⁵环烦繁矾 [24]缓反返 [53]泛范犯唤~狗。又xun焕换幻患宦贩媲鸟下蛋饭

ø [112]豌剜弯湾 [55]玩完丸顽 [24]皖碗腕晚挽 [53]万

yan

tɕ [112]绢捐娟蹻~起腿。又tɕʻyan⁵⁵ [24]卷又tɕʻyan⁵³ [53]眷倦卷~子。又tɕʻyan²⁴圈猪~。又tɕʻyan¹¹²

tɕʻ [112]圈圆~。又tɕʻyan⁵³ [55]全泉拳权颧~骨蹻~起腿。又tɕyan¹¹²

　　[24]犬　　[53]劝

ç　[112]仙鲜轩掀~开宣喧　　[55]弦旋~转。又ɕian⁵³玄悬挦拔毛：~鸡
毛□很：好得~　　[24]癣选　　[53]羡镟~个擀杖楦~鞋□猛吃

ø　[112]冤渊箢~筐　　[55]圆员元原源缘袁辕园援　　[24]远
[53]院愿怨

ən

p　[112]奔　　[24]本　　[53]笨

pʻ　[112]喷~水。又pʻən⁵³、pən⁵³　　[55]盆彭膨　　[53]喷~嚏。又pʻən¹¹²、pən⁵³

m　[112]闷~干饭。又mən⁵³□愚笨，不开窍　　[55]门们　　[53]闷~热。又
mən¹¹²

t　[112]敦蹲登灯蹬~被子。又tən⁵³　　[24]墩礅等　　[53]顿盾钝遁
燉澄把水：~~凳瞪邓蹬跺：~脚。又tən¹¹²

tʻ　[112]吞□小火慢烙慢烤：~锅巴　　[55]屯豚臀腾誊藤疼疼痛，亲吻
[53]褪裤子。又tʻəi⁵³蜕蛇~皮。又tʻəi⁵³退往后~。又tʻəi⁵³焴~猪毛　[·]坦
舒~。又tʻan²⁴

l　[112]抡沿着胳膊、腿往上或往下拉衣服：袖子~不上去　　[55]仑伦沦轮能
[24]冷　　[53]嫩论恁楞愣

ts　[112]珍斟榛真尊遵曾姓。又tsʻən⁵⁵增赠征蒸争睁筝贞侦针正~月。
又tsən⁵³　　[24]枕诊疹整怎　　[53]镇阵振震憎证症郑正又tsən¹¹²政
挣~钱□拉

tsʻ　[112]深村皴脸~了称~重量。又tsʻən⁵³撑伸~头看看。又sən¹¹²　　[55]沉
陈尘存臣曾~经。又tsən¹¹²层乘丞承程呈诚城成盛~一碗饭。又sən⁵³
[24]逞惩　　[53]趁衬忖寸蹭秤掌椅~子称对~。又tsʻən¹¹²

s　[112]森葚人~身申孙僧升生牲甥声伸~缩。又tsʻən¹¹²　　[55]神绳
辰晨　　[24]沈审婶损笋榫省　　[53]渗甚肾慎剩~余。又san²⁴胜
圣盛兴~。又tsʻən⁵⁵　[·]鳝黄~

z　[112]扔　　[55]壬人仁任姓。又zən⁵³　　[24]忍　　[53]任~务。又zən⁵⁵

认仍

k　[112]跟根又kən⁵⁵ 更~换|五~。又kən⁵³ 庚耕　[55]根~儿:男生殖器。
又kən¹¹²　[24]粳哽埂田~耿□硬物硌人:~脚　[53]更~加。又kən¹¹²
□条状的隆起物:一鞭在身上抽出一条~

kʻ　[112]坑~人吭　[24]恳垦啃肯

x　[112]亨哼　[55]痕恒衡　[24]很　[53]恨杏

ø　[112]恩　[53]硬

in

p　[112]宾斌殡鬓冰兵　[24]禀丙秉柄饼　[53]病并

pʻ　[112]拼　[55]贫频平瓶屏萍苹　[24]品评凭　[53]聘姘

m　[55]民明鸣名　[24]闽敏抿~嘴|~头发皿　[53]命

t　[112]丁钉名词。又tin⁵³ 疔叮虹~~:蜻蜓　[24]顶鼎　[53]钉动词。
又tin¹¹²订定

tʻ　[112]听厅　[55]亭停庭婷　[24]艇挺霆

l　[55]林淋临邻鳞陵菱宁灵零铃　[24]领岭　[53]赁令另蔺
凝冻结:水~住了　[·]呢语气词

tɕ　[112]侵浸水慢慢渗出今金禁~不动:承受不了。又tɕin⁵³ 襟巾斤筋茎京
惊晶精经　[24]锦紧仅谨警景井颈□加水用小火慢煮以去除腥味
[53]禁~止。又tɕin¹¹² 妗尽进晋劲近境敬镜静净径噤打~:寒战　[·]
睛眼~

tɕʻ　[112]钦亲又tɕin⁵³ 卿清轻青　[55]琴禽擒秦勤芹晴情噙含在嘴里
[24]寝请顷倾又tɕin⁵³　[53]亲~家。又tɕin¹¹² 庆磬钟~倾低(头):~着
头。又tɕin²⁴

ɕ　[112]心辛新薪欣兴~旺。又ɕin⁵³ 星腥馨猩囟明~子:婴儿头骨未合处
□种植(蔬菜):~白菜　[55]行又xaŋ⁵⁵ 形刑邢□无偿提供　[24]醒又
ɕin⁵³ 擤　[53]信衅兴高~。又ɕin¹¹² 幸姓性醒~晕|~一会儿再走。又ɕin²⁴

ø　[112]音阴荫因姻殷鹰英婴缨樱莺鹦　[55]吟淫银寅蝇赢盈

萤营迎　[24]引饮又in^{53} 隐尹影颖　[53]饮～马。又in^{24} 印应映□以手指试探鸡是否有蛋□～子：盖房子的圆木

uən

ts　[24]准

ts'　[112]椿春　[55]纯醇　[24]蠢

s　[53]顺舜

k　[24]滚　[53]棍

k'　[112]昆坤　[24]捆　[53]困

x　[112]昏婚荤分纷　[55]魂浑焚坟　[24]粉混相～。又xuən^{53} [53]粪奋愤份混～日子。又xuən^{24}

ø　[112]温瘟　[55]文蚊纹闻　[24]稳吻刎　[53]问

yn

tɕ　[112]朒鸡～钧均菌君军　[24]迥　[53]俊窘郡峻竣

tɕ'　[55]唇群裙

ɕ　[112]熏勋薰　[55]寻荀旬循巡殉　[53]讯迅训汛□打牌时手气好

ø　[112]晕　[55]匀云　[24]允永泳咏　[53]闰润熨韵运孕蕴

aŋ

p　[112]帮邦梆硬～～　[24]榜绑膀～子　[53]棒蚌谤磅泵

p'　[112]胖～头鱼。又p'aŋ^{53}　[55]滂旁螃庞　[24]□用肩膀撞　[53]胖又p'aŋ^{112}

m　[112]□牛叫声　[55]忙芒茫盲氓流～　[24]莽蟒　[·]□疑问语气词

t　[112]当应～。又taŋ^{53} 裆耽～误。又taŋ^{112} 端～午。又taŋ^{112}　[24]党挡 [53]当～铺。又taŋ^{112} 荡凼坑：粪～子

t'　[112]汤蹚水中探路　[55]堂螳棠唐塘糖搪膛　[24]躺淌　[53]烫趟一～

认仍

k	[112]跟根又kən⁵⁵ 更～换|五～。又kən⁵³ 庚耕　[55]根～儿：男生殖器。又kən¹¹² 　[24]粳哽埂田～耿□硬物硌人：～脚　[53]更～加。又kən¹¹² □条状的隆起物：一鞭在身上抽出一条～
kʻ	[112]坑～人吭　[24]恳垦啃肯
x	[112]亨哼　[55]痕恒衡　[24]很　[53]恨杏
ø	[112]恩　[53]硬

in

p	[112]宾斌殡鬓冰兵　[24]禀丙秉柄饼　[53]病并
pʻ	[112]拼　[55]贫频平瓶屏萍苹　[24]品评凭　[53]聘娉
m	[55]民明鸣名　[24]闽敏抿～嘴|～头发皿　[53]命
t	[112]丁钉名词。又tin⁵³ 疔叮虹～～：蜻蜓　[24]顶鼎　[53]钉动词。又tin¹¹² 订定
tʻ	[112]听厅　[55]亭停庭婷　[24]艇挺霆
l	[55]林淋临邻鳞陵菱宁灵零铃　[24]领岭　[53]赁令另蔺凝冻结：水～住了　[·]呢语气词
tç	[112]侵浸水慢慢渗出今金禁～不动：承受不了。又tçin⁵³ 襟巾斤筋茎京惊晶精经　[24]锦紧仅谨警景井颈□加水用小火慢煮以去除腥味　[53]禁～止。又tçin¹¹² 妗尽进晋劲近境敬镜静净径噤打～：寒战　[·]睛眼～
tçʻ	[112]钦亲又tçin⁵³ 卿清轻青　[55]琴禽擒秦勤芹晴情嚍含在嘴里　[24]寝请顷倾又tçin⁵³　[53]亲～家。又tçin¹¹² 庆磬钟～倾低（头）：～着头。又tçin²⁴
ç	[112]心辛新薪欣兴～旺。又çin⁵³ 星腥馨猩囟明～子：婴儿头骨未合处□种植（蔬菜）：～白菜　[55]行又xaŋ⁵⁵ 形刑邢□无偿提供　[24]醒又çin⁵³ 擤　[53]信衅兴高～。又çin¹¹² 幸姓性醒～晕|～一会儿再走。又çin²⁴
ø	[112]音阴荫因姻殷鹰英婴缨樱莺鹦　[55]吟淫银寅蝇赢盈

萤营迎　[24]引饮又in⁵³ 隐尹影颖　[53]饮~马。又in²⁴ 印应映□
以手指试探鸡是否有蛋□~子：盖房子的圆木

uən

ts　[24]准

ts'　[112]椿春　[55]纯醇　[24]蠢

s　[53]顺舜

k　[24]滚　[53]棍

k'　[112]昆坤　[24]捆　[53]困

x　[112]昏婚荤分纷　[55]魂浑焚坟　[24]粉混相~。又xuən⁵³
[53]粪奋愤份混~日子。又xuən²⁴

ø　[112]温瘟　[55]文蚊纹闻　[24]稳吻刎　[53]问

yn

tɕ　[112]肫鸡~钧均菌君军　[24]迥　[53]俊窘郡峻竣

tɕ'　[55]唇群裙

ɕ　[112]熏勋薰　[55]寻荀旬循巡殉　[53]讯迅训汛□打牌时手
气好

ø　[112]晕　[55]匀云　[24]允永泳咏　[53]闰润熨韵运孕蕴

aŋ

p　[112]帮邦梆硬~~　[24]榜绑膀~子　[53]棒蚌谤磅泵

p'　[112]胖~头鱼。又p'aŋ⁵³　[55]滂旁螃庞　[24]□用肩膀撞　[53]
胖又p'aŋ¹¹²

m　[112]□牛叫声　[55]忙芒茫盲氓流~　[24]莽蟒　[·]□疑问语气
词

t　[112]当应~。又taŋ⁵³ 裆耽~误。又taŋ¹¹² 端~午。又taŋ¹¹²　[24]党挡
[53]当~铺。又taŋ¹¹²荡凼坑：粪~子

t'　[112]汤蹚水中探路　[55]堂螳棠唐塘糖搪膛　[24]躺淌
[53]烫趟一~

l　[112]﨤儾憨~：特别内向　[55]囊郎廊狼　[24]朗攘用刀子~｜小~子姥外婆脑~巴勺：后脑勺儿。又lau²⁴□用钯子松土破土　[53]浪

ts　[112]脏不洁。又tsaŋ⁵³张章瘴赃彰蟑　[24]长生~。又tsʻaŋ⁵⁵涨掌[53]葬藏西~。又tsʻaŋ⁵⁵、tɕʻaŋ⁵⁵脏内~。又tsaŋ¹¹²胀帐丈杖仗障　[·]蚱蚂~

tsʻ　[112]仓苍又tsʻuaŋ¹¹²昌舱沧娼猖　[55]藏隐~。又tɕʻaŋ⁵⁵、tsaŋ⁵³长~短。又tsaŋ²⁴肠场稻~｜扬。又tsaŋ²⁴常尝嫦　[24]场空~子。又tsʻaŋ⁵⁵厂偿赔~敞氅□疑本字为"场"，指好吃的：今个有~□~了：没指望了　[53]畅唱倡

s　[112]桑丧伤商　[24]嗓眴~午赏□~使：斥责　[53]上尚　[·]裳衣~

z　[55]瓤□软：面太~　[24]嚷壤　[53]让

k　[112]冈岗~上。又kaŋ²⁴刚又tɕiaŋ¹¹²钢又kaŋ⁵³纲缸肛　[55]各自己，又作"各人"：我~去。又kə⁵⁵　[24]岗站~。又kaŋ¹¹²港　[53]钢把刀~~。又kaŋ¹¹²杠□小孩间打骂，也叫~祸

kʻ　[112]康糠□虚：萝卜~了　[55]扛又kʻaŋ²⁴　[24]慷扛又kʻaŋ⁵⁵□因发霉而产生难闻的气体　[53]抗炕~馍馍

x　[112]夯打~　[55]行又ɕin⁵⁵杭航绗

ø　[112]肮~脏□有某异味：~臭｜~腥　[55]昂

iaŋ

l　[55]娘良凉~快。又liaŋ⁵³量~长短。又liaŋ⁵³粮粱梁　[24]两　[53]酿量数~。又liaŋ⁵⁵辆谅亮凉~干。又liaŋ⁵⁵

tɕ　[112]将~来。又tɕiaŋ⁵³浆豆~。又tɕiaŋ⁵³缰姜僵疆江豇刚副词，刚刚。又kaŋ⁵⁵□羊下崽　[24]蒋奖桨讲　[53]将大~。又tɕiaŋ¹¹²酱浆~糊｜~衣裳。又tɕiaŋ¹¹²强倔~。又tɕʻiaŋ²⁴、tɕʻiaŋ⁵⁵匠降下~。又tɕiaŋ⁶⁶虹彩虹。又xuŋ⁵⁶叫~唤。又tɕiau⁵³

tɕʻ　[112]枪羌腔　[55]墙强又tɕiaŋ⁵³、tɕʻiaŋ²⁴藏隐藏。又tsʻaŋ⁵⁵、tsaŋ⁵³降投~。

又tɕiaŋ^{53}　[24]抢强勉~。又tɕiaŋ^{53}、tɕʻiaŋ^{55}　[53]呛

ç [112]相互~。又çiaŋ^{53}箱湘厢襄镶乡香　[55]祥详　[24]饷响享想　[53]相~貌。又çiaŋ^{112}象橡像向项巷

ø [112]央殃秧　[55]羊洋杨阳扬阎~王爷。又iaŋ^{55}　[24]仰疡养痒　[53]样

uaŋ

ts [112]庄装桩　[24]□把一些硬条壮物在平面上撞齐　[53]壮状撞

tsʻ [112]窗疮苍~蝇。又tsʻaŋ^{112}　[55]床　[24]闯　[53]创

s [112]霜孀双又suaŋ^{53}　[24]爽□把条状物整理齐整：把绳~~　[53]双~生。又suaŋ^{112}

k [112]光灯~。又kuaŋ^{53}　[55]晃~荡：摇摆不稳。又xuaŋ^{24}、xuaŋ^{53}　[24]广　[53]逛光滑。又kuaŋ^{112}

kʻ [112]筐眶眼~。又kʻuaŋ^{53}　[55]狂枉一~子线[53]旷眶眼~。又kʻuaŋ^{112}况矿

x [112]荒慌方　[55]皇簧蝗又xuŋ防房　[24]谎晃~眼。又kuaŋ^{55}、xuaŋ^{53}仿芳妨纺访　[53]放晃~动。又kuaŋ^{55}、xuaŋ^{24}□~子：用以食用的动物的血

ø [112]汪尪　[55]亡芒麦~王　[24]网往　[53]忘望妄旺

əŋ

p [112]崩绷又pəŋ^{24}　[24]绷~着脸。又pəŋ^{112}□鼓起：头上~个包□夸奖：这个人依~　[53]蹦

pʻ [112]嗍　[55]棚朋鹏篷蓬　[24]捧　[53]碰喷香~的。又pʻən^{53}、pʻən^{112}

m [112]木蒙~一层皮。又məŋ^{55}　[55]模~子。又mo^{55}目牧蒙~住眼。又məŋ^{112}萌盟濛□牛羊不孕　[24]亩牡母拇蟒~虫子猛　[53]暮慕墓募幕穆梦虻牛~孟

t [112]东冬咚　[24]董懂　[53]冻栋动洞

tʻ [112]通熥把包子~~捅搗：~破彤红~~ [55]同铜桐童瞳 [24]
筒统桶□倒掉：把盛菜~了 [53]痛

l [112]聋 [55]笼农脓隆浓哝哪~ [24]拢垄 [53]弄

uəŋ

ø [112]翁 [53]瓮

uŋ

ts [112]鬃宗综中忠仲终踪钟盅春~米 [24]总肿种名词。又tsuŋ⁵³
[53]众粽纵重轻~。又tsʻuŋ⁵⁵种动词。又tsuŋ²⁴皱~眉毛。又tsəu⁵³

tsʻ [112]聪葱匆充冲~锋。又tsʻuŋ⁵³ [55]丛虫崇从重~复。又tsuŋ⁵³
[24]宠 [53]铳冲葱味儿太~。又tsʻuŋ¹¹²

s [112]松 [24]怂耸㧐推 [53]送宋诵颂

z [112]庸 [55]荣绒戎融茸鹿~容蓉 [24]氄~毛拥勇涌
[53]用

k [112]公蚣工功攻宫躬弓恭供~不起。又kuŋ⁵³ [55]拱往前~|~卒。
又kuŋ²⁴ [24]汞拱猪~地。又kuŋ⁵⁵巩 [53]供~应。又kuŋ¹¹²贡共

kʻ [112]空~虚。又kʻuŋ⁵³ [24]孔恐 [53]控~水空~缺。又kʻuŋ¹¹²

x [112]轰烘~干风疯枫讽丰封蜂 [55]虹又tɕiaŋ⁵³弘宏红洪鸿冯
锋峰逢缝动词：~衣裳。又xuŋ⁵³ [24]哄~小孩 [53]横凤奉俸缝名
词：一条~。又xuŋ⁵⁵ [.]唤叫~。又xuan⁵³欢喜~。又xuan⁵⁵蝗蚂~。又xuaŋ⁵⁵

yŋ

tɕ [24]炯

tɕʻ [55]琼穷

ɕ [112]兄凶胸 [55]熊雄

l [55]龙

n̩

ø [24]□你

主要参考文献

商城县志编纂委员会:《商城县志》,中州古籍出版社 1991 年版。

张启焕、陈天福、程仪:《河南方言研究》,河南大学出版社 1993 年版。

赵元任等:《湖北方言调查报告》,(上海)商务印书馆 1948 年版。

中国社会科学院语言研究所:《方言调查字表》(修订本),商务印书馆 2005 年版。

(原载《方言》2008 年第 2 期)

古代国名、族名等专名的读音问题

目前所见的各类中文辞书中，凡涉及古书中一些常见的国名、族名、地名、人名、姓氏等专名的读音时，往往注的是"特殊读音"，如龟兹 Qiūcí、荤粥 Xūnyù、犍为 Qiánwéi、郦食其 Lìyìjī、单 Shàn 等。这些专名可分为两类：一类一直沿用至今，仍有现实语音基础，如地名"犍为"、姓氏"单"等；另一类所代表的实体已经消亡或更换了名称、写法，没有现实语音基础，如龟兹、荤粥、郦食其等。前一类既是古代专名，也是现代专名，当然应该按现代读音来读，对此不必讨论。后一类涉及的古代各类专名，只用于古代，而所用文字大都是现代常用字，用不用异读直接影响工具书的注音、广播电视的播音及汉语教学等各个方面，因而须认真对待。

早在 1965 年，《文字改革》杂志就曾开展过"关于精简异读的讨论"，其中有些文章就不同意古代专名的特殊读法。① 《中国语文》当年第 6 期也刊发了王克仲《如何处理文言文中的异读》、王力《论审音原则》等文章，同期"编者的话"希望

---

① 主要文章有于铸梁、陈锦平《古代人名、地名可不可以按普通话念》（第 5 期）、杨何《关于汉字的审音问题》（第 8 期）、孙中运《古代人名、地名的读音问题》（第 8 期）、曹希白《要不要保持古代的异读?》（第 9 期）、史有为《从"叶公好龙"谈起》（第 11 期）。

"大家继续参加讨论"。可惜由于众所周知的原因，这一讨论没有继续下去。本文拟从"特殊读音"的依据入手，对古代专名的读音问题作一些探讨。

1

今人所注的"特殊读音"绝非凭空编造的，自然有其依据，但这一依据不是现代语音而是古代注音材料。下表是常见专名的"特殊读音"和相应的古代注音材料（材料较多时酌选其一）：

古代专名		今特殊读音	古代注音材料
国名族名	龟兹	Qiūcí	《汉书·西域传》颜师古注：龟音丘，兹音慈。
	大宛	Dàyuān	《汉书·武帝纪》颜师古注：宛音於元反。
	康居	Kāngqú	《史记·大宛列传》司马贞索隐：居音渠也。
	身毒	Jūandǔ	《史记·西南夷列传》司马贞索隐：身音捐，毒音笃。
	荤粥	Xūnyù	《史记·五帝本纪》张守节正义：荤音薰，粥音育。
地名	冤句	Yuānqú	《汉书·地理志》颜师古注：句音劬。
	阳夏	Yángjiǎ	《史记·陈涉世家》司马贞索隐：夏音贾。
	共	Gōng	《左传·隐公元年》陆德明音义：共音恭。
人名姓氏	皋陶	Gāoyáo	《左传·庄公三年》陆德明音义：陶音遥。
	伍员	Wǔyún	《左传·哀公元年》陆德明音义：员音云。
	郦食其	Lìyìjī	《汉书·高帝纪》服虔注：音历异基。
	冒顿	Mòdú	《史记·匈奴列传》司马贞索隐：冒音墨。《古今韵会举要·月韵》：顿，当没切。
其他	阿房宫	Ēpánggōng	《史记·秦始皇本纪》张守节正义：房，白郎反。
	单于	Chányú	《广韵·仙韵》：单，单于。市连切。

从表中可以看出，有特殊读音的专名大多出自东汉以前，而

古代注音材料大多出自唐人之手。唐人的注音是否符合汉代以前专名的实际读音是值得怀疑的，我们先把这个问题放在一边，姑且信从颜师古等人，那么是否就能必然地得出现代的特殊读音呢？

颜师古等人的注音方法主要有两种：一是直音法，二是反切法。

直音法的格式是"甲音乙"。它所传达的信息至多说明在注音者所处的时代甲与乙的读音相同。它没有像国际音标那样告诉我们甲字的具体音值，也不可能告诉我们千年之后甲乙是否仍同音。比如"龟兹"，颜师古注"龟音丘，兹音慈"，这至多只能说明唐代"龟兹"的读音与"丘慈"相同，唐人可以按"丘慈"的读音来读"龟兹"，却不等于说唐代"龟兹"二字的音值就是 Qiūcí。实际上"龟、丘"二字唐代不可能读 Qiū，因为见系字当时尚未舌面化，仍当读舌根音。[①]"龟兹"的异文也能说明这一点。"龟兹"为汉代西域一个小国名称的汉语音译，《出三藏记集》作"拘夷"，《梵语杂名》作"归兹"，《大唐西域记》作"屈支"，《新唐书》作"丘兹"或"屈兹"，《元史》作"库彻"，今作"库车"。[②] 从异文"归兹"、"库彻"和今之"库车"看，这一地名的第一音节的声母一直都没有舌面化。"龟音丘，兹音慈"也不等于说现在还是"龟丘"同音，"兹慈"同音，因为语音是发展的，古代同音的字现在可能仍然同音，但也可能各不相同。《广韵·鱼韵》"胪"小韵共有"庐、驴"等十六字，同为"力居切"，唐宋训诂学家可以说"庐音

---

① 郭锡良《汉字古音手册》将"龟、丘"的中古音分别拟作［kwi］［k'ɪəu］。
② 参见《中国古今地名大辞典》，商务印书馆 1931 年版；《辞源》（修订本），商务印书馆 1983 年版。

驴",可我们却不能把"庐山"读成"驴山"。

有许多还在沿用的地名、姓氏字,其现代读音与古代注音材料已经不相一致,这也足以说明问题。如:

(1)费 本为周代封国名,子孙以国为氏。《春秋·隐公元年》:"费伯帅师城郎。"陆德明音义:"费音秘。"《通志·氏族略》:"费氏,亦音秘,姬姓,懿公之孙费伯之邑也。"现在姓氏之"费"Fèi,并不音 Bì 或 Mì。

(2)党 《左传·庄公三十二年》:"公筑台临党氏。"杜预注:"党氏,鲁大夫。"陆德明音义:"党音掌。"如果死守注音材料,今天作姓的"党"字就该读 Zhǎng 了。

(3)濮 春秋时卫国地名,即今河南濮阳。《春秋·隐公四年》:"卫人杀州吁于濮。"陆德明音义:"濮音卜。"又为姓氏,《通志·氏族略》:"濮氏,卫大夫食采于濮,因而氏焉。"现在"濮"字无论作地名还是姓氏均音 Pú 而非 Bǔ。

反切法也仅仅只能说明在注音者所处的时代被切字与反切上字同声,与反切下字同韵同调。它与直音法一样,既不能告诉我们被切字的具体音值,更不能说明千年之后被切字还与反切上字同声、与反切下字同韵同调。如:

(1)叶县 《左传·文公四年》杜预注:"方城山在南阳叶县南。"陆德明音义:"叶,始涉反。"但今叶县的"叶"读 Yè,已不再与反切上字"始"同声。

(2)敦煌 《汉书·西域传》颜师古注:"敦音徒门反。"但今音 Dūn,既不与"徒"同声,也不与"门"同韵同调。

(3)向 《通志·氏族略》:"祁姓附属之国,今沂州古向城是也,子孙以国为氏。又宋桓公之后。公子,字向父,其后以字为氏。"《左传·僖公二十九年》杜预注"宋向戎",陆德明音义:"向,式亮反。"今姓氏之"向"并没按反切读作 Shàng。

由此可见，有关专名的古代注音材料与现代读音并不完全一致。同理可知，根据古代有关专名的注音材料所折合的没有现实语音基础的"特殊读音"也未必就是古代注音的必然结果，未必就是古代的实际音值。

2

我们再回过头来看看古人的有关注音材料是否完全可靠。

有"特殊读音"的古代专名中很大一部分是音译词，如"龟兹、吐谷浑、月氏、康居、荤粥、吐蕃、身毒、冒顿、单于、可汗"等。先人们在选用汉字记录外来词时，总会尽量选用当时读音最接近所从出的外族语原词的汉字来对译。但是，不同民族的语言有不同的音位系统，翻译者不可能每个词都翻译得与原词完全同音，只能是近似而已。如果操不同方言、生活在不同时代的人对同一外来词进行翻译，结果自然会不尽相同。这些不同的译名没有绝对的谁是谁非，因此不应该人为地规定某必须读作某，更不能要求前代译名必须按后代译名的读音来读。例如：

（1）身毒　印度的译名之一。《史记·西南夷列传》"从东南身毒国……"裴骃集解："徐广曰：'字或作竺。《汉书》直云身毒，《史记》一本作乾毒。'骃案：《汉书音义》曰：'一名天竺。'"司马贞索隐："身音捐，毒音笃。"《汉书·张骞李广利传》李奇注："一名天笃。"《汉书·西域传》又作"捐毒"，颜师古注："捐毒即身毒，天笃也，本皆一名，语有轻重耳。"《汉书·西南夷两粤朝鲜传》颜注："即天竺也，亦曰捐笃也。"玄奘《大唐西域记·三国》："旧云身毒，或曰贤豆，今从正音，宜云印度。"可见"身毒、乾毒、天竺、天笃、捐毒、捐笃、贤豆、印度"均为同一地名的音译形式。司马贞云"身音捐，毒音笃"实际上是要求对前代译名按后代译名来读。

（2）荤粥　匈奴的别名。《史记·匈奴列传》："匈奴，其先祖夏后氏之苗裔也，曰淳维，唐虞以上有山戎、猃狁、荤粥。"《汉书·匈奴传》"猃狁"作"猃允"、"荤粥"作"薰粥"。《汉书·卫青霍去病传》又作"荤允"，服虔注："荤允，薰鬻也，尧时曰荤粥，周曰猃允，秦曰匈奴。"《史记·五帝本纪》司马贞索隐："唐虞以上曰山戎，亦曰熏粥，夏曰淳维，殷曰鬼方，周曰狁狁，汉曰匈奴。"据此"荤粥"为尧时匈奴的名称。一说为殷时匈奴的别名：《史记·匈奴列传》司马贞索隐引《风俗通》云："殷时曰獯粥，改曰匈奴。"《集韵·文韵》："獯，獯鬻，匈奴别号。"可见"荤粥、薰粥、獯粥、獯鬻、熏鬻、荤允、猃允、猃狁，狁狁"都是匈奴译名的不同书写形式，彼此语音相同或相近，张守节注"荤音薰，粥音育"完全没必要。

（3）可汗、可敦　古代鲜卑、突厥等族国王、王后称号的音译名。"可汗"又作"可寒、合罕、汗、罕"，源于突厥语 qaran。"可敦"又作"可贺敦、克敦、合敦、贺敦、合屯"，源于突厥语 qatun。[1] 古人注明"可"读"克"、"汗"读"韩"已经过于死板，今人再从声调上强调"可"读去声、"汗"读阳平似乎也是多此一举。

有特殊读音的古代专名中，有些原本就可以按普通读法来读，而训诂学家却舍弃普通读法而强调特殊读法。如：

（1）食其　汉代有郦食其、审食其、赵食其三人，《史记》三家注、《汉书》服虔注和颜师古注均音"异几（基）"，但《史记·李将军列传》"右将军食其"下司马贞索隐保存了一条

---

① 刘正埮等：《汉语外来词词典》，上海辞书出版社1984年版，第184页。

珍贵资料："音异基。案，赵将军名也。或亦依字读。"

（2）冒顿　汉初匈奴太子，后来做了单于。《史记·匈奴列传》司马贞索隐："冒音墨，又如字。"

（3）叶　姓氏。《左传·定公五年》"叶公诸梁之弟"陆德明音义："叶，书涉反。"但《通志·氏族略》云："叶氏，旧音摄，后世与木叶同音。"可知早在唐以前"叶"就按普通读音读了。

（4）大宛　汉代西域国名。《汉书·武帝纪》颜师古注："大宛，国名。宛音于元反。"而《史记·大宛列传》司马贞索隐："音菀，又于袁反。""菀"字《广韵·阮韵》于阮切，在"婉"小韵下。

（5）不羹　周代地名。《左传·昭公十一年》："楚子城陈、蔡、不羹。"陆德明音义："羹，旧音郎。《汉书·地理志》作'更'字。"说明初唐以前"羹"已不音郎，甚至东汉时也不音郎。

由此可见，古注中有关专名的异读材料也未必就有现实语音基础。

有些古代异读材料似乎确实保存了古音，如"阿房宫"，秦代宫名，张守节正义："房，白郎反。"说明古无轻唇音。"曹大家"，汉代班彪之女，《正字通》云"家读姑"，说明见系字尚未舌面化。"徙"，汉代小国名，《汉书·西南夷两粤朝鲜传》颜师古注："徙音斯。"说明精系字尚未舌面化。但是，正如前文所说，无论直音法还是反切法都只能表明某一时代、某一地域的语音关系，而不能标明古代的实际音值，所以同样很容易见到相反的例证。如：

（1）华不注　春秋时山名。《中国古今地名大辞典》引伏琛《齐记》："不读如跗。"曼伯：人名，即郑昭公。《左传·隐公五年》陆德明音义："曼音万。"免：人名，太子免。《左传·桓公五年》陆德明音义："免音问。"我们不能因此而违反音韵学常识，说"古无重唇音"。

（2）**休屠**　汉代县名。《汉书·地理志》颜师古注："屠音储。"我们不能据此说"古无舌头音"。

（3）**函陵**　地名。《春秋·僖公三年》陆德明音义："函音咸。"再有前面已提到的"龟兹"颜注"龟音丘"、"荤粥"张注"荤音薰"等，我们不能据此认为见系字是由舌面音变为舌根音。

3

综上所述，从古代专名的实际读音到特殊的古代注音材料，从古代注音材料再到今天用汉语拼音标注的"特殊读音"，其对应关系都不是唯一的、必然的。这一点也可以从现在通行的工具书和教材里存在的注音歧异现象中得到旁证。如：

（1）身（毒）　《辞源》（修订本）音 Yān，《汉语大词典》音 Yuān，《汉语大字典》音 Juān。

（2）吐（谷浑）　《现代汉语词典》（修订本）、郭锡良（1983）音 Tǔ，郭锡良（1992）音 Tǔ，并云不读 Tǔ，杨春霖（1986）音 Tǔ。

（3）（吐）蕃　《现代汉语词典》（修订本）、郭锡良（1983）音 Fān，郭锡良（1992）、《汉语大字典》音 Bō。①

---

①　所涉各书版本为：《辞源》（修订本），商务印书馆 1983 年版；《汉语大词典》，汉语大词典出版社 1992 年版；《汉语大字典》（缩印本），四川辞书出版社、湖北辞书出版社 1993 年版；《现代汉语词典》（修订本），商务印书馆 1996 年版；郭锡良主编：《古代汉语》，北京出版社 1983 年版；郭锡良、李玲璞主编：《古代汉语》，语文出版社 1992 年版；杨春霖主编：《实用古汉语教程》，陕西人民教育出版社 1986 年版。

不可否认，古代注音材料所反映的字与字之间的语音关系对研究古音来说是有一定价值的，但是仅仅为了保存古代异音资料我们就必须保留"特殊读音"吗？再退一步讲，就算"特殊读音"确实是古音，恪守这些"古音"有多大意义？甲骨文确实是古文字，难道为了保存古文字资料我们就提倡写甲骨文吗？何况这些所谓的古音并不具备异音辨义功能，只依附于特定的古代专名，换一个语言环境就有可能变成别的读音。保留这些"特殊读音"既不符合从今、从众、从俗的原则，也没能真正做到"名从主人"。① 而且有关古代专名的异读材料古注中几乎随处可见，如果处处死守，那么很多常用字我们都得多记一个或几个异读，如《经典释文》中"众音终"、"亢音刚"、"沛音贝"、"射音亦，又音夜"、"骚音萧"、"柯音哥"、"卷音权"、"幕音莫"等等。死记这些异音只会给人们带来负担。如果取消古代专名的"特殊读音"，一概按现在通用读音来读，那么，无论对古人还是对今人恐怕都不会有负面影响，直接把"郦食其"读作Lìshíqí，既无损郦食其的形象，也不影响对古书的理解。

（原载《辞书研究》1999 年第 2 期）

---

① 詹伯慧：《汉语字典词典注音中的几个问题》，《中国语文》1979 年第 1 期。

遵从心理在汉语音变过程中的作用

　　我国的语言学研究，在古代一直十分注重其实用性与工具性，理论探究相对薄弱。所以，尽管我国的音韵研究早在魏晋时代就已开始，但却很少有人论及语音何以会演变问题，甚至有人认为语音古今无别，今音可"叶"古音。偶有论及南北方音之异者，却归之于山水土质。如《颜氏家训·音辞》："南方水土和柔，其音清举而切诣，失在浮浅，其辞多鄙俗；北方山川深厚，其音沈浊而钝钝，得其质直，其辞多古语。"《淮南子》上也有"轻土多利，重土多迟；清水音小，浊水音大"之说。这种看法正与索绪尔批评的"把语音变化看作对土壤和气候情况的适应"① 一样，显然是错误的。直到近代，西方历史比较语言学理论的传入，才使我们现代意义的语音学开始形成，才开始了对汉语音变的系统研究，并取得了可喜成就。但是长期以来，国内外语言学家都把研究语言发展的内在规律看作语言学的主要任务，或多或少地忽视了语言的社会制约性。在我国语言学界，当论及汉语语音发展规律时，也多是离开社会而仅仅注意语音条件，从语音条件出发谈语音的变异及其原因，因此有很多现象得不到更充分的解释。如，我们大都认为音变在一定语音条件下实

---

　　① 参见索绪尔《普通语言学教程》中译本，商务印书馆1980年版，第206页。

现，有声母对韵母的影响，有韵母对声母的影响等，但为什么同等语音条件下不同时间或不同地域会有不同的变化？

语音变异是复杂的现象，有语音系统内部的原因，同时还有社会的原因。语音系统既然不能在社会以外存在，也就不会在社会以外发展演变。因此我们在研究语音变异时不可脱离社会作用去孤立地谈语音条件。基于这种想法，本文试图探讨一下社会遵从心理在汉语音变过程中的作用，看法未必成熟，谨以就教方家。

1

遵从是一种普遍存在于日常生活中的社会心理现象，是指人们在无组织状态下因受他人影响而自觉不自觉地从事与之相同的活动。人都是社会的人，都生活于一定的社会群体之中。尽管群体各种各样——有家庭、有政区、有学校、有工作单位、有伙伴好友，还有集市、剧院等聚集的互不相识的人们，尽管群体有大有小，而人总不能单独存在。人们在群体活动中总是自觉不自觉地接受他人的影响，通过社会来调节自己的行动，从而使社会这部大机器得以正常运转。

言语活动也不例外。五年以前，河南商城县上石桥镇的方音中，"北百迫魄墨麦脉德得则泽宅窄策册塞"等中古开口一等德韵和开口二等陌、麦韵的字，韵母一律读 ɛ；而在此以南20公里处的县城话中，这些字的韵母一律读 ie（ts、tsʻ、s、z后读 ʅe）。上石桥人在与县城人交往过程中，逐渐认识到这种差别，并逐渐地改变了自己的读音，从而与县城话这些字的读音取得一致。现在（1987年），上石桥镇中青年以下"白北"等字的韵母已不再读 ɛ，而改读为 ie。上石桥镇的这项音变正是其遵从心理作用的结果。这种现象，即一些人或一些言语社团的人们因其遵从心理的作用，改变自己语音系统中的某些方面，从而向另一些人或另一言语社团的语音靠拢，可以称之为语音遵从。

语音遵从现象普遍存在于各方言之中，在古代汉语语音史中也该普遍存在着。先秦方言各异，诸戎与华"言语不达"①，"齐之与吴也，习俗不同，言语不通"②。尽管如此，当时却有"雅言"。"雅言"就是"正音"，是王室所在地之音，同时也是士大夫读书说话时所遵从的正统之音。它实际上代表着一种较有威信的方言。魏晋南北朝之际，"音韵锋出，各有土风，递相非笑"③，但却有共同遵从的中心，即"共以帝王都邑，参校方俗，考核古今，为之折衷，榷而量之，独金陵与洛下耳"④。金陵和洛下是当时南北两个政治中心，同时也是为人们遵从的言语中心。

那么，是什么引起语音遵从现象呢？

第一，政治经济文化地位。

一般来说，被遵从的言语社团处于某一地域的政治经济文化中心，或周围人们从事商业活动的中心市镇。周围各言语社团均处于这一中心的统辖之下。由于中心市镇的政治经济地位比较高，其语音也就似乎比周围各言语社团的语音高雅一些，标准一些，而周围人们的语音则似乎土一些。这就使得周围言语社团的人们产生一种自卑感。这种自卑感有的是有意识的，甚至是外力强加的；有的则是潜意识的。黎天睦（1985）在调查广东台山

---

① 《左传·襄公十四年》，中华书局1981年版。
② 诸子集成《吕氏春秋·知化》，中华书局1986年版。
③ 《颜氏家训·音辞》，上海古籍出版社1980年版。
④ 同上。

县台山话时就发现，说台山话的人都认为没有一种公认的标准台山话，只有广州话才是公认的准则。在某些场合甚至说广州话会受人尊重，说台山话则受人歧视，有时"连同台山人说标准广州话时所带的台山腔都被说标准广州话的人当作嘲笑的笑柄"①。之所以会出现这种情况，显然是因为广州无论在政治经济方面还是在文化方面，其地位都比台山高得多。

人们要超越这种因为语音较"土"而产生的自卑——无意识的或有意识的，就得遵从，就得自觉不自觉地避免自己言语社团中那些似乎较土的语音形式，而代之以中心市镇中相应的较"文雅"的形式。当某一言语社团的人由少数到多数以至全部都完成这种"超越"时，某项音变就告一段落。

近期宁德语音的变异就是遵从福州语音的结果，而决定这一遵从的正是两地政治经济文化地位的差异。据李延瑞、梁玉璋（1982），近 20 年来，宁德语音变化很大，原本具有的三套鼻、塞音韵尾在向一套归并，原本少有的撮口韵在不断增多。以鼻塞音韵尾的归并为例，其归并进程及结果是②：

$$-m、-p \rightarrow -m \sim -\eta、-p \sim -k \rightarrow -\eta、-k（-\text{?}）$$

$$\left.\begin{array}{l} -n、-t \\ -\eta、-k \end{array}\right\} \rightarrow -\eta、-k（-\text{?}）$$

宁德地处福建东部，原是福安专区的一个县，早些时候的宁德话与福安话比较靠近，后来，尤其是 1971 年宁德改为专区所在地（原福安专区亦改名为宁德专区）之后，它与福州的联系变得更为直接，更为密切，两地语音的差异也就明显地暴露出来，这就

① ［美］黎天睦：《变异研究——目前汉语语言学需要探讨的一个问题》，《语言研究》1985 年第 3 期。

② 参见李延瑞、梁玉璋《宁德语音的近期演变及其途径》，《福建师大学报》1982 年第 2 期。

促使宁德人在与福州人交往过程中自觉不自觉地向福州话靠拢，于是在短短二十来年时间内宁德语音完成了从三套鼻塞音韵尾向一套的过渡——福州话中鼻塞音韵尾正是 -ŋ、-ʔ 一套。当然，宁德语音之所以会如此变化，还有语言接触问题以及内部系统制约问题，这些下文还将谈到。

第二，人们的审美趣味也能引起语音遵从。

现在的北京青年，尤其是女青年，往往把一些 tɕ、tɕʻ、ɕ 读为 ts、tsʻ、s。这不仅使本已消失的尖音再生，而且本为团音的字也读成了尖音。如"京剧"tsiŋ、tsy、"气球"tsʻi、tsʻiu 等。据蔡伟（1983）调查，这种"尖音"现象的分布因年龄、性别的不同而不同（见下表）。①

年龄层 性别	幼儿	小学生	中学生	高考青年	汽车售票员
男	19.27%	7.14%	4.17%	7.14%	0
女	56.12%	71.76%	62.94%	82.57%	90.48%

40 岁以上的妇女中，原来读 tɕ 为 ts 的人并没有因年龄的增加而抛弃"尖音"，原来不发"尖音"的人有些却也发"尖音"了。这种"倒退"现象仅从语音内部无法找到满意的解释，它实际上也是遵从心理作用的结果，决定这一遵从的乃是人们的审美趣味。早在新中国成立以前，北京就曾有过女子以发尖音为美的时期。新中国成立以后，外地人大量入京，北京人更多地接触到有尖团之别的江南人，而江南山青水秀，人俊貌美，语音清

① 参见蔡伟《值得注意的北京口语中的"尖音"现象》，《北京广播学院学报》1983 年第 2 期。

婉，这曾使历代许多文士为之倾倒，并且写下许多赞美之佳句。因此，让人觉得那里的一切都是美好的。江南人（如吴语区）区分尖团，把部分北京读 tɕ、tɕʻ、ɕ 的字仍读作舌尖较前的 ts、tsʻ、s，这被一些北京青年看作"江南美音"而加以遵从。又因为北京人尖团不分，于是类而推之，把所有的舌面音统统读为舌尖前音。这样就先在部分较为爱美的女孩子中间出现了读"下"为 sia 的"尖音"现象。后来大家觉得这种发音偏前的读音娇美好听，亲切悦耳，甚至有很多人认为只有这样才显得"口齿伶俐"、"声音清晰"，不然就是"含混不清"，因此，互相遵从，越来越多的人都读 ɕia 为 sia 了。

第三，求同意识是影响语音遵从又一重要因素。

在我们中国人的思维模式中，求同意识很强，历来强调大家一致，共性至上。从孔子所揭示的民"不患贫而患不均"到"有福同享，有难同当"的互帮义气，再到吃"大锅饭"，无不反映出这种求同意识。"大家都那样做了，我也那样做"，这种心理普遍存在。若不那样做，则有可能在利益上受到某种损失或遭到别人不同程度的贬斥或嘲笑。这种求同意识作用于人们的语音遵从，则表现为截然相反的两个方面：一方面，它阻碍延缓语音的变异，使音义的结合能维持其相对稳定性。如，当某一言语社团的部分人遵从另一言语社团的某一语音特征时，会有人说他们"撇官腔"、"南腔北调"，使遵从者不得不注意一点影响，这样就限制了人们对其他言语社团语音的遵从，阻碍语言的变异。另一方面，当某一项音变的遵从者越来越多，某一新语音形式已经流行开来时，它又能促进语音的变异，使某项音变在某一语言社团内部彻底完成。若仍有人坚持旧的语音形式，就可能会有人说，"别人都那样说，你这样说不对吧"；或者认为他（她）是坚持使用"土气"的形式。

几十年前，在南昌话中，遇摄三等知章组字读 tçy、tç'y、çy，如"书"读 çy；假摄三等章组字读 tsa、ts'a、sa，如"车"读 ts'a。当时南昌人在与外地人交谈时总是避免这种"土成分"而把这些字读得与北京话接近一些，如把"书"读作 su，把"车"读作 ts'e。在本市人之间的交往中，这些字大都仍读 tçy、tç'y、çy 和 tsa、ts'a、sa。若把"书"、"车"读成 su、ts'e，别人会觉得很不舒服，会认为是"撇官腔"。这表现了延缓音变、保持音义结合的稳定性的一面。但是到了现在，南昌话中，这些曾被认作是"撇官腔"的读音已经流行开来，也就是说，遇摄三等知章组字和假摄三等章组字在南昌一般人口语中已改读为 tsu、ts'u、su 和 tse、ts'e、se 了。若再把"书"读成 çy、"车"读成 ts'a，就会被认作是老年人的语音。①

另外，交际需要以及好奇心等也能影响语音遵从。

一般来说，两个言语社团——尤其是语音差异较大的两个言语社团的成员在交际时，为了使交际顺利进行，往往会舍弃本社团中那些在对方看来较难懂的语音成分，而寻求一种对方能理解的语音形式，当这种交往达到一定密度时，就会相互渗透一些新的语音形式，引起双方语音的某些或大或小的变异。好奇心有时也能引起某一社团对某一语音形式的遵从，但常不会形成系统。

2

要具体地揭示语音遵从在汉语音变过程中的作用，就有必要搞清遵从怎样影响了语音变化的方式。

---

① 参见熊正辉《南昌方言的文白读》，《方言》1985 年第 3 期。

在现代语言学史上，新语法学派认为语音变异是渐进的，语音随着时间的推移进行着难以察觉的、细微的变异。与这一变异有关的词汇则无例外地以一列横队的形式从某音变到某音。语音渐变理论提出后，几乎一切语言学家都接受了，我国语言学界过去也都持这种观点。如王力先生曾说："语音的变化，照正常情况说，都是渐变，不是飞跃。这就是说，只能变为近似的音，不能突然变为远距离的音。语言是交际的工具。变得厉害了，人家听不懂了。语音的变迁，常常是由于祖孙传授的'误差'。儿女们向爹娘学话，'误差'只能是细微的，是自己觉察不出来的，一代一代传下去，差别才越来越大，试举'歌'字为例，上古读［kai］，现在北京读［kɤ］，差别很大。但是这种差别应是经历渐变的过程的，大概是［kai］→［ka］→［kɒ］→［kɔ］→［ko］→［kɤ］……所有的变化都应该从渐变去了解。"①

前不久，词汇扩散理论在音变方式上提出了与之相反的看法，认为语音是突变的，从一个可辨识的语音单位变为另一个可辨识的语音单位。而与之相应的词则是渐变的，从一个或一些逐渐扩散开来，影响到另一个或另一些词。因此，在某一音变过程中，总会发现有些词变得较快，已经变化了；有些词正在变化；而还有些变化较慢，仍处于未变状态。②

那么，语音到底是通过什么途径变异的呢？对这两种不同的理论我们不敢贸然妄加全面评价，我们要解决的是语音遵从中的音变方式。

语音遵从的前提是遵从者言语社团和被遵从言语社团存在着

---

① 王力：《汉语语音的系统性及其发展的规律性》，《社会科学战线》1980 年第 1 期。

② 参见王士元《语言变化的词汇透视》，《语言研究》1982 年第 2 期。

某些能够辨识的语音差异。因为只有存在着能够明显地听出来并能了解其对应关系的语音差异，才会有遵从现象，若听起来没有区别或虽觉得有很大区别但不知区别在何处，也就没必要遵从或无法遵从了。因此，摆在语音遵从者面前的总有两种（或两种以上）可供选择的语音形式。这一点从前面各例子中都可以看出，语音遵从的过程实际上就是遵从者发现并消除这种差异的过程，也就是舍弃某一语音形式，改读另外的语音形式从而使语音趋于一致的过程。在这一过程中，舍弃的旧形式与改读的新形式之间，关系可能比较接近，也可能比较远，却未必存在着某一过渡形式，如前举上石桥话"北德"等字的读音由 ε 变为 ie，并非由 ε 经过某一过渡形式细微地变为 ie 的，而是舍弃 ε 而代之以 ie。

由此可见，语音遵从决定了语音的变化不是通过渐变论所说的细微的、难以察觉的变化方式，语音遵从所引起的变异是通过词汇扩散的方式实现的。

语音的差异只有在语言接触中才能显示出来，而差异的显示是人们在交际过程中逐渐发现的。人们最先意识到的语音差异主要表现在一些经常使用的词上面，先发现一个一个具体的词与自己的语音形式不同而加以模仿，使这些最常用的词先有了新的语音形式，所模仿的具有相同的新语音形式的词渐渐增多，便发现了一些规律，于是在遵从过程中通过类推使这种新的语音形式在更大的范围内扩散开来，从而使整类字（词）发生相应的变化而完成某一音变的过程。下面举例予以说明：温州市南部、西部郊区及北边一江之隔的永嘉县沿江部分地区，古端透定三母细音字（主要是开口四等萧、添帖、先屑韵字）不读 t、tʻ、d 而读 tɕ、tɕʻ、dʑ。相应的字温州城区读为 t、tʻ、d，北京读 t、tʻ。随着对此地政治经济文化中心温州市城区语音的直接遵从，以及由文教事业的发展而带来的对北京语音的间接遵从，这些地区的语音正在变相应的 tɕ、tɕ'、dʑ 为 t、t'、d，从而与温州城区趋于一致。这种变异是以词为单位开始的，一些新的科学政治术语最先发生变化。如"声调、间谍、飞碟、典型经验、电子计算机"里的"调谍碟典电"等，声母已经变成了 t、t'、d 而不再读 tɕ、tɕ'、dʑ 了。随着语言接触的进一步增加，原本读 tɕ、tɕ'、dʑ 的这些字会继续发生变化。[①]

应该强调的是，语音遵从都是对声韵调整个结合体的遵从，而不是单就声韵调某一方面的遵从，它由一个词一个词开始，然后扩散开去。语音遵从的结果则有的是声韵调的同时改变，而有的则是声韵调某两方面的改变或某一方面的改变。这主要取决于语音差异的程度和遵从者的语音系统。若某一类字（词）遵从者语音和被遵从语音的差异比较大，声韵调均不相同，而遵从者的语音系统又能接受的话，遵从的结果可能是声韵调三方面的改变；若其中只有一方面不同或两方面不同，则遵从结果就可能只有一方面的变化或两方面的变化。

以扬州话近期音变为例，中古山、咸摄开口三等知照日组字，在扬州语音中正以扩散的方式变异着。在"战斗队"满天飞，要"干净、彻底"地打倒一切的日子里，"战"、"彻"等字的读音最先完成语音变化，即"战"tɕiɛ̃→tsæ̃，"彻"tɕ'iɛʔ→ts'əʔ。而大部分字还处在变化之中，新旧两读并存。如"占"tɕiɛ̃、tsæ̃，"蝉"tɕ'iɛ̃、ts'æ̃，"撤"tɕ'iɛʔ、ts'eʔ，"舌"ɕiɛʔ、səʔ。[②]从以上例子中可以看出，扬州话旧读音（每例的前一个音）与其所遵从的北京语音差异很大，舒声表现在声韵两方面而入声则表现为

---

① 参见黄敬旺《温州方言端透定三母的腭化现象》，《方言》1980 年第 1 期。
② 参见王士华《扬州语音的一些变化》，《扬州师院学报》1981 年第 2 期。

声韵调三方面的差异。于是，语音遵从的结果，舒声韵发生了声韵两方面变化，两方面都在音系许可的范围内向北京话靠近了一步。而入声韵"彻舌"等字本该三方面同时变化，但由于入声韵尾消失的速度远没有这一音变速度快，扬州音系中 -ʔ 尾尚很顽固，所以仅能是声韵两方面的变化。如果仅就语音条件来谈变异，说扬州话"战"音的变化是声母 ts 引起 -i- 介音的脱落而同时 e 音低化为 æ 的结果，或者说是由于介音 -i- 的丢失引起声母由 tɕ 变 ts，似乎也能说通，但显然是错误的。因为这种变化既不是因声母对韵母影响的结果，也不是韵母对声母影响的结果，而是同时由一个声韵调结合体变为另一个声韵调结合体。

从上述可以看出，渐变论者关于语音的变化是难以察觉的"误差"造成的这一说法在这里遇到了矛盾，本文所论的语音的变异是通过词汇扩散途径完成的。然而语音变化确实不是一夜之间就完成了，确实有一个过程。这个过程所经历的时间会因为两言语社团接触密度的大小和被遵从之言语社团语音势力的强弱或者较长，或者较短。不过无论长短，总有个过程。同时，某一项语音的变异确实并没有变得一下让人听不懂了。因此我们仍可以说语音是渐变的，但这个"渐变"须从以下角度去理解：

第一，语音变异以词为单位，从少数词开始，逐渐扩散开去，波及整类词的变异。

第二，语音变异是从一部分人最先开始的，逐渐遵从开去，遍及某言语社团的所有成员。

3

前面谈到，政治经济地位是决定语音遵从的一个重要因素。北京自金元以来一直是我国的政治经济文化中心，因此它的威信比较高，先是一直被其他方言区看作"官话"而遵从；"五四"运动前后又作为"国语"而提倡；新中国成立后国务院更是明确地把北京音作为普通话的标准音而在全国推广，在这种情况下，应该说全国各言语社团都遵从北京语音。可是事实并不是这么简单。上举宁德音变中，虽有受普通话影响之处，如"恋爱"原读 nuŋ ai 今读 lian ai，但远没有受福州话影响之深，甚至中古山、臻二摄舒声字宁德本读 – n 韵尾，与北京话一致，后来却变成了 – ŋ，向福州话靠拢。（参见李延瑞、梁玉璋 1982）由此可见，语音遵从与语言接触的形式和接触密度很有关系。语言的接触有直接接触和间接接触，因此，语音遵从也就有直接遵从和间接遵从。

直接遵从指人与人的直接交往使得不同言语社团的语言直接接触，从而引起语音的遵从。在我国，人们的交往方式主要是面对面的直接交往，尤其是古代。

六七千年前，中国大地上原本散布着许许多多大小不同的母系氏族部落，各部落间原本没有多少交往，语言间也没有多少接触。后来，黄河流域和长江流域的某些部落发展较快，并逐渐强大起来，先后进入父系氏族社会。经过战争，强大的部落征服了周围弱小的部落，结成部落联盟。这时，同一部落联盟内的不同语言才有越来越频繁的接触，并逐渐向某一中心靠拢。进入封建社会以后，经济上的自给自足和交通的极不便利，使得绝大多数人们的交际范围仍然仅仅局限于一个特定的小圈子内。一代一代的人在小圈子里生长老死，很难接触到地域上相距较远的言语社团的语音。小圈子内人们的交往多集中于某一市镇，而这个市镇往往不仅是人们的贸易活动中心，而且是政治经济文化中心——比如说某县县城。这个市镇的语言也就是最有威信的语言，为四乡人所遵从。尽管外面还有更大的市镇——如州府治所，有更有威信的语言，而且有可能这个县城的语音正在向州府所在地语音靠拢，但四乡人管不了那么多，他们只知道县城语言是最有权威的，只遵从县城语音，正如月亮只绕地球转而不去直接绕着太阳转一样。同样，在小县城的语音向州府治所语音靠拢的同时，州府治所语音也可能正在向京都语音靠拢。这就有如天体运行一般，使语音变异构成了一个活的系统，使得方言一步一步慢慢地向着通语靠近。也正因为如此，我国方言地理和历史行政地理才具有密切的关系，在历史上政区相对稳定的地方，方言区划往往和行政区划相吻合①；也正因为如此，宁德语音的变异才更靠近福州，而不是北京。

如果说，上面这种天体运行似的语音遵从图式把复杂的汉语方言现象解释得过于简单化了，那么，只要再把移民因素加进这个图式中，它就会变得复杂起来。在中国历史上，确实存在着不同时间、不同规模、不同形式、从不同起点到不同落脚点的移民事实。正是这种复杂的移民现象使汉语方言的分布更加复杂化了。不过，在这个复杂的背后，我们仍可以找到一个简单的东西，这就是无论移民在什么时间、有多大规模、以什么方式、起于何地而终于何地，所移之民总是从一个言语社团移到另一个言语社团，在新的言语社团，他们总要或多或少地与当地言语社团的人们进行交往——即便是移到一片无人居住的地带，他们终究不能脱离某一政区而永远独立，当移民与当地人们的交往频度达到一定程度时，他们的语言也就不会孤立地发展，语音也不会孤立地演变，而是在原来语音系统的制约下随同当地居民一同遵从某一言语社团的语音。不过，他们的语音系统与当地人的语音系

　　①　参见游汝杰、周振鹤《方言地理和历史行政地理的密切关系》，《复旦学报》1984 年第 2 期。

统毕竟是不同的，因此遵从的结果也会因各自语音系统的制约而各不相同。而移民又有规模的不同、时间的不同、起止点不同等，这就势必造成语音遵从在更加复杂的不同层次中进行，势必使汉语方言的分布和发展复杂起来。

今天，直接遵从仍然是引起语音变异的主要方面，不过随着经济的发展、社会的前进，今天的直接遵从已经不同于过去的直接遵从，主要表现在：第一，语言跨社区的直接接触大增。现在的交通已远非古代可比，现在的贸易交流也不仅仅局限于某一小圈子内，而游山逛景不再像古代那样，仅仅是王室贵族等少数人专有的奢侈活动。人们跨社区的交往大有增加，语言跨社团的接触愈来愈多。因此在上海、杭州这类商业、旅游城市，几乎每天都能听到来自祖国各地的人们的不同口音，这些从不同方言区来到某地的人们，在相互交谈或与当地人交谈时，由于交际的需要，交谈双方都力图使用一种双方都能听懂的口音，比如用北京话进行交谈——尽管他们的普通话未必非常标准，这无疑对当地人的语音向某一方向（如向北京话）靠拢起推动作用，加速语音遵从。第二，城市常住人口急剧变动，南京市"二十年代只有三十多万人，三十年代已接近百万，抗日战争时期曾大量减少，建国初期又增至一百五十万左右，现在拥有二百五十万人"①。人口增加除自然增长外，主要是外地人大量拥进南京市的结果。这些人多是皖北和苏北人。老南京话在与新居者语音——主要是更接近北京话的苏北语音和皖北语音的接触融合过程中，近几十年来发生了很大变化。如老南京话分尖团，现在的南京话不再分尖团；老南京话中，"渣"="家"（音 tʂa），"叉"="卡"

---

① 参见鲍明炜《六十年来南京方音向普通话靠拢情况的考察》，《中国语文》1980 年第 4 期。

（音 tʂ'a），"沙" = "虾"（音 ʂa），现在除了个别老年人还有部分字保持原读外，中年以下全部从分，读音与北京话相同。[①]可见，城市人口的变动对语音遵从起着加速作用。

语音的变异主要由直接遵从引起，但间接遵从的作用也不能忽视，尤其在教育科技比较发达的今天更是如此。所谓间接遵从，是指通过学校教育及大众传播媒体如广播、电视、电影、戏剧等的中介使得人们能够间接地接触到某一语言，从而引起人们对某一语音的遵从。

大家知道，《切韵》一书，"时俗并重，以为典规"。之所以会出现这种情况，就是因为它是以北方黄河流域之威信方言为基础的韵书，人们通过它的中介可以间接遵从这一威信方言。而事实上，历代有影响的韵书往往都会由语音间接遵从的中介者，变为被遵从语音的化身，而被人们遵从，因此韵书往往对语音具有统一作用。

随着今天文化、教育、科技事业的迅速发展，间接遵从的途径越来越多，因而间接遵从对音变的影响也越来越大。就北京话来说，广播、电视等把它传到祖国的各个角落，使得各言语社团的人们天天都可以接触到这一当今最有威信的方言，学校教育又使得各地受教育者对北京语音有更进一步的、更准确的了解。这无疑对遵从北京语音起推动作用。所以，现代的语音遵从就出现了这样一种局面：一方面各不同层次的言语社团在作天体运行式的直接遵从，另一方面又都在通过中介间接地遵从某一语音。由此看来，推广普通话不仅是必要的，而且也是可行的，是符合人们的遵从心理的。

---

① 参见鲍明炜《六十年来南京方音向普通话靠拢情况的考察》，《中国语文》1980 年第 4 期。

4

　　以上我们从不同的角度对一些语音事实尤其是一些正在变异中的语音事实进行了分析，从中我们看出，人们的遵从心理在汉语语音的变异中确实起着不可忽视的作用，一些影响语音变异的社会因素，诸如政治的、经济的、贸易的、科技的、文化教育的、民族心理的等，从不同的方面同时作用于语音遵从，从而使汉语语音一直处于变异之中。我们虽不能轻易地断言汉语语音史上的一切语音变异都是由遵从引起的，但遵从引起语音变异的事实是客观存在的。而汉语方言的分布和汉民族共同语的形成正是语音遵从与语音结构的系统性相互作用的结果，至于同等语音条件下，不同时间、不同地点之所以会有不同的语音变异，其实是由语音遵从的特点决定的。

　　语音遵从具有渐近性、时间性、地域性、方向性以及受语音系统制约性等特点。

　　渐进性是指语音遵从总有一个过程，尽管过程经历时间的长短各不相同。渐进性表现在，语音遵从总是由个别人开始，逐渐遍及某一言语社团的所有成员；而人们对语音的遵从也总是先由一个个具体的词开始，再逐渐增加，扩散开去，波及整类词的语音。

　　时间性是指语音遵从的过程总是经历一定的时间，不在某一语音遵从过程的时间内就会有不同的遵从，或遵从内容不同，或遵从方向不同。因此，同等语音条件下的语音在不同时间内，可能同处于某遵从过程之中，也可能处于不同的遵从过程之中，那么其音变结果可能是相同的，也可能是不同的。

　　地域性是指语音遵从总是在某一特定言语社团发生，而言语社团通常是由地缘关系结成的，且往往和政区相吻合，不同言语社团的语音系统未必相同，遵从的方向和内容未必一致。因此，同等条件下，不同地域的语音变异也就未必相同。当然，随着间接遵从地位的愈渐重要，地域性特点也就愈渐模糊。

方向性是指语音遵从总是朝着一定的方向，总是对特定言语社团的语音的遵从。语音遵从的方向可以是单一的，仅仅遵从在地域上相连接的某一言语社团的语音；也可以是多方向性的，同时有一两个直接遵从的方向；还可以再加上一两个间接遵从的方向（直接遵从的方向和间接遵从的方向有时是相同的而有时是不相同的）。语音遵从方向的改变可能会使某一语音遵从过程中断，从而出现相同的语音会有不同的变异或者语音变异的例外现象。

受语音系统制约性是指语音遵从和遵从音变结果均受语音系统的制约。语音系统是比较稳定的，一般不容易改变。人们在某一语音环境中生活既久，发音习惯就会确定下来，这时人们的发音器官所能发出的语音就受到一定的限制，对超出自己语音系统以外的音素，不经过专门的训练和学习就不容易发出，有的甚至根本发不出来。同时，人们的辨音能力也会受到一定限制，对有些超出自己语音系统之外的语音差异有可能听而不闻。这两方面都能对语音遵从有所限制。具体来说，语音系统对语音遵从和遵从音变的结果的制约主要表现在以下方面：

第一，在某一具体语音遵从过程中，某一类字的声韵调三方面变与不变以及变化以后与被遵从语音的接近程度要受语音系统的制约。如前举扬州话山咸摄开口三等知照日组入声"彻舌"等字，声韵调三方面与北京话不同，遵从结果声韵变了，而声调方面仍然保留塞音韵尾。韵尾不变是扬州语音系统中入声韵尾的相当稳固决定的。这是变与不变受语音系统制约例。

同是遵从音变，有的变异后的语音与被遵从语音完全相同，有的则仅仅在音感上更靠近一些，而没有完全相同，相同者如上举上石桥语音变异。"白、德"读音原为 ε 韵母，分别读"白"pε、"德"tε。遵从城关音的结果，此二字分别变为"白"pie、"德"tie，完全与城关音同。这是因为上石桥语音体系允许 ie 韵的进入，上石桥音系中原已存在着相应的读音，如"别"pie、"叠"tie 等。遵从结果与被遵从语音不同者仍以扬州话"战占"读音为例，"战占"读音由 tɕiẽ 变为 tsæ̃，与北京读音 tsan 比较，只是音感上更加接近，并未完全同音，这是因为扬州音系中有 ts 无 tʂ，读北京话 tʂ 为 ts，有 æ̃ 无 an，读北京话 an 为 æ̃，音系中暂时不允许 tʂ、an 轻易介入。

第二，同一语音遵从音变过程中，语音条件不同，语音遵从的速度也就不完全相同。如前举宁德阳、入声韵尾的变异中，-n、-t 向 -ŋ、-k 归并的速度较快，而 -m、-p 向 -ŋ、-k 归并的速度则慢一些，这是因为 -n、-t 为舌尖中音，相对于双唇音 -m、-p 来说，在发音部位上更靠近舌根音 -ŋ、-k。所以 -n、-t 在向 -ŋ、-k 变化时也容易些，速度也就快一些，-m、-p 则相对慢一些。

第三，一方面，由于对自己语音系统以外的语音对立缺乏足够的辨识能力和发音能力，而在遵从过程中把被遵从语音中本该分别的语音混为一团；另一方面，由于自己语音系统中存在某一语音对立而在遵从过程中把被遵从语音中本无分别的语音读得有所区别。前者如前举北京青年读 tɕ 为 ts，在遵从有尖团之别的"江南美音"时，因辨识不出"鸡"tɕi、"积"tsi 的不同而统读之为 tsi；后者如分尖团地区的人们在学习普通话时常常仍然把"积"音读得舌位很前等。

（原载《古汉语研究》第二辑，河南大学出版社 1989 年版）

陆　文字训诂

试探形声字产生的根源及途径

　　语言中的词或词素包括音和义两个方面，记录语言的文字也就是通过形来记录音，再通过音来表示义。"言者意之声，书者言之记"①，正说明了这种关系。汉字除了具有通过语音表示语义这一一般特性外，还有直接与词义相联系的特点，因为汉字是表意体系的文字，每个字所代表的不单纯是汉语的一个音节或音素，而且是汉语的一个词或词素。因此，汉语词义和语音的发展演变，势必影响汉字形体的变动，势必要引起一些新的形体的产生；同时，汉字本身由繁到简的发展规律，也使得一些新的较为简单的形体不断出现，从而代替一些比较繁复的形体。正是由于语义和语音的发展演变以及汉字弃繁就简发展规律的制约，通过添换义符声符或简化义符声符的途径，汉字中半形半音结构才得以不断增多。现有甲骨文字三千五百多，形声字的比重还不到百分之二十，而到了《说文解字》，所收一万左右的汉字中，形声字占到百分之八十以上。下面就试图从义、音、形三方面对形声字产生的根源及途径加以具体论述。

---

　　① 《〈书序〉正义》。

1　义变,加注义符

　　形声字一般包括义符和声符两部分,义符表示意义类属,声符表示读音。这是后人通过静态分析得出的结论,并非古人造字之时,选取一义符一声符,然后合并而成。实际上,大部分形声字在其义符和声符两部分结合起来共同表示某个词或词素之前,早已有一个部分先司其职了;词义的发展演变使这个先任其职的符号所兼的职务越来越多,为了使书面表达更为准确,人们就在使用过程中在这个符号的基础上添上别的表示义类的符号以示区别,这就产生了一个新的书写符号——形声字。这里又有两种情况:一种是因假借而产生形声字,另一种因引申而产生形声字。

1.1　同音假借引起形声字的产生

　　戴震说:"况古字多假借,后人始增偏旁。"① 在造字之初,所造之字数量不多,远远不能满足记录语言的需要,于是就借用音同音近的字来代替还没来得及造的字,这时,这个被借用的字的意义就有了变化,具有本义和借义两个部分。但这样只是通过所借字的读音来表示意义,在汉字这个表意体系中,借字无法区别与其读音相同的其他各词,更容易引起理解上的错误,因此人们在使用汉字的过程中,为了明确词义,避免同音词在书面使用上的混乱,就通过添加表示意义类属的义符的途径,以示区别。有的是加注义符为所借之字的本义造字,更多的是加注义符为所借之字的借义造字。

　　为所借之字的本义造字,指在表示甲义的字被借以表示乙义

---

　　① 《戴东原集·答江慎修先生论小学书》,四部丛刊初编本。

的时候，又为甲义另添一个表示意义类属的符号以示区别，从而产生一个新的形声结构的字。如：

它——蛇：《说文·十三下》它部："它，虫也……蛇，它或从虫。"甲骨文中"它"即画成蛇形，其本义即为蛇。被借为代词后，又另加注义符"虫"，以表示本义，这就产生了形声字"蛇"。"蛇"实际上是"它"的后起字。

匚——筐：《说文·十二下》匚部："匚，器似竹筐。从匚非声。逸《周书》曰：'实玄黄于匚'。"而古书中常借以表示否定，如："我心匚石，不可转也。"① 后来又另加注义符"竹"，造"筐"字以表"匚"的本义。

再如"熟"、"暮"、"燃"、"採"、"腰"等，都属于这一类。

为借义造字的，如：

栗——慄："栗"的本义指栗树，因音同而常被借以表示颤抖义，如《庄子·大宗师》："登高不栗。"后来就为"颤抖"这个借义添加义符"心"，造了一个"慄"字。

辟——避、譬、壁、《说文·九上》辟部："辟，法也。""象以辛（刀）施残酷的肉刑之意。"② 古书中常借以表示躲开、比喻、墙壁等各种借义。后为各借义添加相应的义符就产生了一些相应的字。

芙蓉：二字均为《说文》新附字。《汉书·司马相如传·子虚赋》："外发夫容菱花，内隐钜石白沙。"借用"夫容"二字。"芙蓉"是在"夫容"二字的基础上加注义符"艹"而造的形声字。

这类给某字的假借义加注义符而产生的形声字在形声字中的比重相当大，本义与其声符之义无关的形声字大多是通过这种途

① 《诗经·邶风·柏舟》。
② 康殷：《文字源流浅释》，荣宝斋1979年版。

径产生的。

1.2　词义引申引起形声字的产生

词义是不断发展演变的。词义发展演变的一条主要途径就是引申出新的与本义有关的意义。黄侃先生说："文字孳乳，大氐义有小变，为制一文。……有所施异，因造一名者，从又而有权，是也；有义稍狭，因造一名者，因句而有钩，是也。"① 在某字所代表的词义的不断引申中，引申义越来越多，有的引申义与本义的关系甚至越来越难以被人们看出，为适应书面交际的需要，便为本义或引申义添加义符，造一个或一组新字。一般说来，为某字所代表的词的本义另造新字多是一对一的，而为引申义造字则多能逐渐孳生出一族字。

为本义另造新字的，如：

益——溢："益"本义为水从器皿中溢出，引申为水涨、增益、更加等。在使用过程中，当本义显得不太突出的时候，又加注义符"水"来表示本义，产生了"溢"。"益"则专表引申义，本义渐渐不为一般人所了解。

再如"拯"、"曝"等亦是。

这类在词义引申后为本义另造的后起字，数量不太多，而为引申义添加义符所孳乳出来的形声字则非常多，本义与其声符有直接或间接关系的形声字基本上都属于这一类。如：

昏——婚：《说文·七上》日部："昏，日冥也。"因为上古"娶妇以昏时"②，故引申为结婚之义，如《诗经·邶风·谷

---

① 《黄侃论学杂著·说文略说》，上海古籍出版社 1980 年版。
② 《说文·十二下》女部"婚"下语。又《礼·士昏礼·第二》贾公彦疏："郑目录云：'士娶妻之礼以昏为期，因而名焉'。"

风》："谁谓荼苦，其甘如荠。宴尔新昏，如兄如弟。"在"昏"的旁边加注义符"女"便产生了表示这一引申义的"婚"字。

斯——撕：《说文·十四》斤部："斯，析也。"六上木部："析，破木也。"引申为分开、撕裂的意思。《广雅疏证》："今俗语呼手裂物为斯。"为这个引申义加注义符"手"，便孳生出"撕"。

支——枝、肢、跂、歧："支"的本义为竹支，引申义为各种一本旁出的分支。如树木的分枝、人体的四肢、多出的脚趾、岔出的小路等。"枝"、"肢"、"跂"、"歧"等字是在"支"的旁边添加与各引申义有关的义符而产生的形声字，用来专门表示"支"的各相应引申义。

也有少许更换义符为引申义造字的现象，如"讣"。先秦表示报丧义均用"赴"。"赴"，趋也，趋而告凶事为其引申义。"讣"即为更换义符"走"为"言"而产生的专表赴告凶事这一"赴"的引申义的。

上述因假借而为本义另造的字和因引申而为本义另造的字在形式上没有区别，共同特点是本义与其声符本义完全相同。区别主要看这些字的声符部分在独任其职时各意义与本义的关系，是借义与本义的关系还是引申义与本义的关系。如"暮"字，"莫"在独任其职时常用为无指代词和否定副词，这与"日落"之本义没有引申关系，因此当为因假借而为本义另造新字。但是，有些为本义另造的形声字的声符在独任其职时，引申义和假借义的使用都很常见，即各意义与本义间既有引申关系的，又有假借关系的。在这种情况下，为本义另造的字也有可能是因引申和假借双重原因引起的。也就是说，当某字在使用过程中既兼有很多假借义又具有很多引申义的时候，为其本义另加义符以示区别，从而产生一个后起的表本义的形声字。

上面简单论述了由于某字所表示的意义有了变化，通过加注义符而产生形声字的过程。当然，汉字的孳生、演变是受社会交际需要制约的，是全社会约定俗成的，很多字都有着大量的引申义或假借义，不可能为每个借义和引申义都另造一字以区别。

2　音变,添换声符

形声字中有一部分是在汉字使用过程中，由于语音的演变、增加或改换声符而产生的。语音有方言之别，有古今之异。同一时期，不同的地域之间由于读音不同，则思加上声符或更换声符以区别之。章太炎《国故论衡·转注假借说》云："以文字代语言，各循其声。方语有殊，名义一也。其音或双声相转，叠韵相迻，则为更制一字，此所谓转注也。"且不管他对转注的解释是否符合许君原义，这段话至少告诉我们，由于各方言间语音不同，依声"更制一字"的现象是存在的。不同时期，由于语音的不断发展，有些字的读音与这个字所代表的词在实际语言中的发音不相符合；有些形声字的读音与其声符读音不相符合，这时就为有些音变了的字加注声符或更换声符以显示其实际语音，这样就产生了一些新的形声字。

2.1　方言音变引起形声字的产生

火——煠、炜、燬：《尔雅·释言》："煠，火也。"郭璞注曰："《诗》曰'王室如煠'，煠，齐人语。"邢昺疏曰："李巡曰：'煠，一名火。'孙炎曰：'方言有轻重，故谓火为煠。'……《方言》云：　'燬，火也。楚转语也。犹齐言炜（音毁）也。'"齐人读"火"与"毁"、"尾"同音，于是在"火"的基础上加上声符"毁"或"尾"，从而产生了"煠"

或"焜"。《说文·十上》火部引《诗经·周南·汝坟》作
"王室如焜",段注曰:"熮、焜实一字,《方言》齐曰焜,即
《尔雅》郭注之齐曰熮也。"实则为加注不同形的同音声符而
产生的两个异体字。楚人读"火"如"果",加声符"果"
而成"煤"。"熮"、"焜"、"煤"三字为因方言音变加注声
符而产生的形声字。

　　多——猓、夥:《说文·七上》多部:"猓,齐谓多为
猓。"《方言·卷一》:"凡物盛多谓之寇,齐宋之郊、楚魏之
际曰夥。"戴震《方言疏证》:"《说文》'齐人谓多为猓',
又'碢'字下云'读若楚人多夥'。猓夥一字,而前言齐人,
后人楚人,据《方言》'齐宋之郊,楚魏之际',则两处皆
通。""夥"、"猓"当即因方言音变而在"多"旁加注声符
"果"而成。

　　因方言音变而加注声符所产生的形声字,历代各地区都出现
一些,但这种字的产生与意义无关,所以很多都不能为其他方言
区所接受。得不到整个社会承认,也就会渐渐自行消亡。也正因
为如此,汉字才具有超方言性。如果各方言为各自不同的语音加
注不同声符,那么,不同地域的人的交际也就很难实现。

2.2　历史音变引起形声字的产生

　　钽——锄:《说文·十四上》金部:"钽,立薅所用也。从
金且声。"《说文》无"锄"字,段玉裁在"钽"下注曰:"俗
作锄。""锄"是因表示这一农具的词的实际语音与"钽"的声
符"且"不相符合时,换上与之相符的表音符号"助"而产生
的。实际上"助"由"且"得声,二者曾同音,后来不同了。

　　鹃——鸹:《说文·四上》鸟部,"鸚鹉"作"鸚鹛",《山
海经·西山经》也写作"鸚鹃":"数历之山,其鸟多鸚鹃。"朱

骏声在"鹏"下注云："六朝以后字亦作鹉。"①"母"、"鹏"上古本同音，由于语音的演变，"鹏"的读音渐与其声符"母"音不合，而与"武"音相同，②于是换声符"母"为"武"，产生了"鹉"。

语音是不断演变的，上古音不同于中古音，中古音不同于现代音。在语音演变过程中，书面语音相对稳定，而口头语音相对来说则演变较快，这就出现了"文白异读"现象，如果要表现这种差异，就可以再加上或更换一个表音符号。同时，同一谐声系统的形声字的读音，与实际语音的演变过程存在着不同步现象。主要表现在，同一时期，有些形声字与其声符读音不同，同声符的形声字读音各异。如"鹏"与"母"本来同音，由于没有同步发展，后来就变得不同了。若要表现这种不同，则可以更换声符，如换"鹏"的声符"母"为"武"。但是，通过形体变动——另造新字来显示这种读音演变，必要性不大。因为文白异读的矛盾会在语音演变过程中自行解决，而形声字读音与其声符不符也就任其不符。反正汉字是与语音无直接联系的表意体系，虽然实际语音变了，同一谐声系统的字读音各异，但对各字所代表的意义并没有多大影响，并不影响书面交际。所以因历史音变而加注声符或改换声符所产生的形声字相对来说比较少。

方言音变引起形声字的产生和历史音变引起形声字的产生很难区分开来。从音变自身来讲，任何一个语音形式，既是某一时期的语音，又是某一地域的语音，也就是说，它既处于历史音变的某一阶段，又处于方言音变的某一地区——所谓通语也首先以

---

① 《说文通训定声》颐部第五，中华书局1984年版。

② "母"为《广韵》明母厚韵，而"武"、"鹏"同音，同在《广韵》麌部"武"小韵下。

某方言为基础。各地语音不同，而在此以前的某一时期却有着联系；同一地区不同时期的语音不同，而在其他地区却能找到它们的联系。因此，这两方面的区别是相对的。从外部形式看，某一历史阶段各方言区的语音情况多无从查考，各形声字最早产生于何时何地也很难确定；我们所说上古音系、中古音系都是综合体系，既包括了相当长一段时间的不同语音，又包括了相当广阔的地域的不同语音。所以，从外部形式上也很难判断某一音变是历史音变还是方言音变。尽管如此，具体到某个因音变而产生的形声字，这两方面在作用上还是有主次之分的；同时，分开来谈也便于说明问题。

3　形繁,简化声符、义符

在汉字使用过程中，为了书写方便，在没有音变义变的情况下，更换或者简省较为繁复的声符义符，从而产生一些较为简单的形声字。这种现象在汉字发展的各阶段都存在着，尤其在文字变革时更是如此。秦统一文字，"皆取史籍大篆，或彼省改"①，新中国成立后简化汉字也多用此法。这是文字书写要求简单化的必然结果，正体现了汉字由繁到简的发展趋势。

3.1　用书写简单的声符或义符取代较为繁复的

如：襮——表：《说文·八上》衣部："表，上衣也。从衣从毛。古者衣裘，以毛为表。襮，古文表从麃。""表"、"襮"均当为形声字，段玉裁"表"下注云：表，"毛亦声也"；襮，"麃声"。"毛"、"表"同在上古宵部，且均为唇音，故"表"（即

---

① 见《说文解字·序》。

"袤")从"毛"得声是可信的。又,"毛"、"廉"同在上古宵部,同为唇音,以"毛"换"廉"为音近声符代替,弃繁就简。

更换义符的则相对较少。如"坒",见于《说文·十三下》土部,周代中期金文作隉或𡐦。①"坒"为更换义符"𣄼"为"土"而产生。骯——肮;貓——猫也是。

3.2 省简较繁复的声符义符

在汉字使用过程中,由于义、音发展而不断增添义符、声符,这样,文字符号就会越来越繁。当人们感到繁体字的使用很不方便时,便会换掉较为繁复的声符或义符,如前所述;而更多的情况下是省掉较繁的形声字的一部分,多是声符部分,也有义符部分。若声符或义符是同体重复的符号,一般都省去重复部分;若声符是形声结构(义符为较繁的形声结构者少见)就省去这个形声结构的一部分,多为义符部分;若这个声符或义符为两种情况以外的较繁符号,则加以省改,多留其一部分。如:

省简声符的:

訇,《说文·三上》言部:"从言匀省声。……訇,籀文不省。"

省简义符的:

星、晨,《说文·七上》晶部正体为"曑"、"曟",或体省作"星"、"晨"。缓、绰,《说文·十三上》素部正体作"繄"、"綽",或体省作"缓"、"綽"。

这种简化方法在文字的使用过程中人人都会使用,一经社会承认就可以固定流传开来。《说文》中省声省形结构的形声字除一部分不一定正确者外,大都属于这种情形。《说文》出现后这

---

① 见《古文字类编》(高明),中华书局1980年版,第420页。

种造字法仍广泛使用。

上面以根源为经、途径为纬简要论述了形声字产生的过程。绝大部分形声字都能被统领进去，也有越出这个框架之外的，如"氢"、"氖"、"钴"等。这是语言文字的研究和认识达到相当高的水准以后，根据形声字的结构特点，直接为新出现的词找一个义符和声符组合而成。这类字所代表的词多为专有名词，不是从某一词义发展演变而来的。再如因讹变而产生的形声字，本文均列为例外。

探求形声字产生的根源及途径，不仅可以帮助我们认识汉字发展的源与流，而且更重要的是在研究文字、音韵、训诂各方面都有着重大意义。举例来说，如果上面的论述能站住脚的话，那么，对探求下列问题也许可以提供一些线索：

关于汉字的性质：象形、指事、会意是表意的，这自不必说。形声字，有义符有声符，是不是属于表音的呢？如果答案是肯定的，那么，同音假借本来是借用一个纯表音的符号，为什么后来很多都加上了义符呢？为什么形声字中通过加注义符产生的字比通过加注声符而产生的形声字多得多，而通过简省声符而产生的形声字又比通过简省义符而产生的形声字多得多？显然，即便是形声字，其表意性也大大超过了表音性，且不说声符本来也是表意符号而语音的发展也使得形声字难以据声符读准字音了。

关于"同声必同部"：段玉裁首先明确指出同声符的形声字古音必同部的论断。他说："一声可谐万字，万字而必同部。同声必同部。"又说："六书之有谐声，文字之所以日滋也。考周秦有韵之文，某声必在某部，至赜而不可乱。故视其偏旁以何字为声，而知其音在某部。易简而天下之理得也。"① 从形声字产

___

① 分别见段玉裁《六书音均表》表一、表二。

生的根源及途径来看，任何一个形声字在产生之时，其读音与声符读音是相同的，至少是非常近似的。加注或更换义符并未改变字的读音，加注或更换声符本来就是为了体现读音的，简化义符声符也没有多大读音变动。这样看来，同谐声必同部是可以说通的。但同时应该看到，同一谐声系统的形声字尽管在产生时都与其声符读音一致，但并非都是在同一时期产生的，也非同一地域产生的。声符在作为一个独立的汉字时，既具有历史音变，又具有方言音变。从它得声的一系列形声字有可能分别产生于它的历史音变的各个时期，或方言音变的不同地域。因此，这些同声符的字尽管有密切的语音联系，却有可能在同一时期读音各不相同，甚至相差很远。所以，"同声必同部"也不是绝对的。

关于"右文说"："其类在左，其义在右"① 的字，主要指为引申义加注义符后产生的形声字，如上举"枝"、"跂"、"肢"、"歧"等。对这一类字来说，"右文说"是完全正确的，而且在当时能认识到这一点也是很了不起的。应该在文字训诂学史上给王圣美以应有的地位。但同时也应该指出，这一理论有很大的片面性。大量为借义加注义符而产生的形声字，加注声符或更换声符而产生的形声字，以及简省声符所产生的形声字，其声符均无表意作用。同时，即便是声符有义的形声字，"右文说"也没有完全概括进去，义变而加注义符为本义另造的字，就本义说声符也有义，如"曝"、"腰"，而且形声结构也未必总是左形右声。

---

① 《梦溪笔谈》卷14说，宋代王圣美研究文字，认为："凡字，其类在左，其义在右，如木类，其左皆从木。所谓右文者，如戋，小也。水之小者曰浅，金之小者曰钱，歺之小者曰残，贝之小者曰贱。如此之类，皆以戋为义也。"

　　另外，与形声字有关的异体字、古今字以及同源词等问题也可由此考察。

（原载《河南大学学报》1986 年增刊）

《宋元语言词典》释义献疑

　　龙潜庵先生的《宋元语言词典》（上海古籍出版社 1985 年版，以下简称《词典》）是一部影响较大的近代汉语断代词典，收词较为丰富，释义大都精当，但可商榷之处亦在所难免，为此，已有多位先生著文辩证①，这对近代汉语词汇研究以及该词典的修订，无疑是很有意义的。我们不揣固陋，更举数条于此，略加辨析，以就教于龙先生及方家同好。

　　[木楂] 木头。《豫让吞炭》三折：“休则管高声骂，相惊吓，看的咱似木楂。”按：以木头喻呆笨之人。寒山诗：“世有一等人，悠悠似木头。”可参证。（第 112 页）

　　今按：“木楂”不是木头，实即“木渣”，指加工、使用木材时所砍下的碎木片。 “渣滓”义的“渣”中古通常写作“柤”。《慧琳音义》卷 71 引《通俗文》：“刈余曰柤。”《龙龛手镜》木部：“柤，煎药余也。又茶脚也。”《广韵·麻韵》：“柤，煎药滓。”可见，砍剩的木片叫“柤”，煎剩的中药末，泡过的茶叶末也叫做“柤”，推而广之，凡物品提取精华所剩的细碎部

　　① 赵宗乙：《〈宋元语言词典〉释义管窥》，《中国语文》1989 年第 3 期。张生汉：《〈宋元语言词典〉误释举例》，《古汉语研究》，1989 年增刊。李之亮：《〈宋元语言词典〉释义商榷》，《古汉语研究》1990 年第 2 期。徐时仪：《〈宋元语言词典〉释义补正》，《古籍整理出版情况简报》第 246 期。

分均谓之"柤"。大概当时以写"柤"为正体，诗文中亦如此。如苏轼《辨道歌》："肠中澄结无余柤，俗骨交换颜如葩。"梅尧臣《李仲求寄建溪洪井茶》："末品无水晕，六品无沉柤。"《祖堂集》卷7《雪峰和尚》："只是老僧违于本志，住在这里，造得地狱柤滓。"又《五泄和尚》卷15："漳南云：'地狱柤滓，只有人作了也。'""柤"与"楂"、"渣"同音，故可通用。《金瓶梅》第五回："面皮蜡楂也似黄了。""蜡楂"指蜂蜡的渣滓，用来比喻人面无血色。《笼门隐秀》三折："脸蜡柤无莹色"，字作"蜡柤"；《荐孝打虎》三折："黄甘甘容颜如蜡渣"，字又作"蜡渣"，可见"楂"、"柤"、"渣"均为一词的不同书写形式，"木楂"即"木柤"，亦即今之木渣，至今河南南部仍称砍剩的碎木片为"木渣"。《字典》所举豫让唱词"看的咱似木楂"是说把我看得像没用的碎木片一样。豫让为报亡国之仇，只身刺杀赵襄子，没有成功反而被俘，于是赵襄子嘲笑说："吾虽不才，见为一国正卿……你如何刺得我？"豫让便唱道，不要把我"看的咱似木楂"，"若不是厨房中众人拿住咱，我报冤仇，志酬非是假"。根据上下文，显然此处"木楂"绝非木头，更无呆笨之义。

[气性] 脾气、火气。《归田录》卷一："（杨亿）因丞求解职，真宗语宰相曰：'杨亿不通商量，真有气性。'"《单鞭夺槊》二折："那厮气性大的，这一气就气杀了也。"《金钱池》二折："似往常有气性，打的你见骨头。"（第161页）

今按："气性"有二义，"脾气、火气"算其中一项，只适合此处第三例；另一义项是指容易生闷气且生气后不易消解的特性，《词典》前两例当如此理解。从构词上看，"气性"与"记性"、"忘性"、"玩性"、"火性"相同，均当由动词加"性"构成。"记性"指善于记忆的禀性，"忘性"指容易忘事的禀性，"玩性"指爱玩的禀性，"火性"指容易发火的禀性，那么"气性"则为容易生气的禀性。就人而言，容易生气则生气后有两种主要表现方式：一是把气发泄出来，向人发脾气，暴跳如雷，破口大骂，甚至大打出手，这是伤人型的；二是自己生闷气，长时间闷闷不乐，茶饭不吃，甚至郁郁而死或自杀，这是自伤型的。伤人型的和自伤型的都是"气性"大的表现，但结果各不相同，同用"气性"一词而词义有别。《词典》第三例释作"脾气、火气"可也，类似用法还可举出一些，如《窦娥冤》一折："只是我那媳妇儿气性最不好惹的。"《拍案惊奇》卷3《刘东山夸技顺城门》："且是气性粗急，一句差池，经不得一指头，擦着便倒。"又《恶船家计赚假日银》卷11："王生自此戒了好些气性，就是遇着乞儿，也是一团和气。"此时"气性"与"火性"意义基本相同，如《黑旋风》四折："恼犯了黑旋风，登时火性发。"

而《词典》前两义均与释义不合，这里的"气性"是自伤型的，所以才会"一气就气杀了"。《红楼梦》32回："谁知他那么气性大，就投井死了。"这些"气性"都是指容易生闷气且不易消解的特性，不能说成有"火气"或"火气"大。至今豫南仍有这种用法，如："张三气性真大（或：张三真有气性），一气就好几天不吃饭！"还可用于人以外的动物，如："老麻雀气性大，捉住后不久就会气死，青蛙也很有气性，一让人抓住就气得肚子鼓鼓的。"

[打火] 出门人在旅途做饭、吃饭。《张协状元》四十出："丑：'行得气喘。'合：'肚中饥馁。'丑：'都不见打火'"。《清平山堂话本·陈巡检梅岭失妻记》："罗童正行在路，打火造饭。"亦作"打伙"。《水浒传》三十二回：

"次日早起，打伙又行。两个吃罢饭，又走了四五十里。"
（第 213 页）

今按："打火"与"打伙"意义不同。"打火"本指用火镰打击火石来点火，引申为点火做饭，《词典》前两例即为此义，《水浒传》第 53 回："到了五更时分，戴宗叫李逵起来打火，做些素饭吃了。"亦为此义。又可用为吃饭的代称，如《水浒传》第 2 回："你子母二位敢未打火？"

"打伙"则是共同、一起的意思，常在句中作状语。如《京本通俗小说·错斩崔宁》："每日间夫妻打伙作乐，丢我在半边，全然不睬。"《金瓶梅》75 回："众人打伙儿吃酒玩笑，只顾不动身。"亦作"打夥"：《红楼梦》第 9 回："茗烟见人欺负我们，岂有不为我的，他们反打夥儿打了茗烟。"《词典》第三例的"打伙"正是这个意思。"次日早起，打伙又行"是说宋江、武松二人第二天早早起床，一起又上路了。今信阳仍有"打伙"一词，亦为一起、共同之义，如："他俩打伙儿写了一本书。"也可单说"伙"，如"三人伙住一间屋。"可见"打火"与"打伙"意义不同，词性也不同，不能混为一谈。当然，古书中有将"打火"写作"打伙"的，如李渔《奈何天·筹饷》："这里是打中伙的所在，大家买些酒饭，吃饱了再走。"字有通假，我们不可受字形所累。

[短局促] 短促。《秋胡戏妻》一折："畅好是短局促燕尔新婚，莫不我尽今生寡凤鸾运？"亦作"短卒律"、"短古取"。《青衫泪》二折："怎想他短卒律命似颜渊。"《调风月》三折："好轻乞列薄命，热忽剌姻缘，短古取恩情。"

按："卒律"、"古取"均为"促"的切音。（第 903 页）

今按："短局促"、"短卒律"、"短古取"均为短促义，此不误，然而从构词上说，认为"古取"是"促"的切音，则大不然。尽管元明之际"取"、"促"同音，但"古"为见系字，"促"为精系字，"古取"怎么能切出"促"来？"短古取"、"短局促"为同一词的不同写法，是由"短"加"古取（局促）"构成的 ABC 式形容词，"古"、"局"音近，"取"、"促"同音。"局促"义同"促促"：《诗经·小雅·节南山》："蹙蹙靡所骋。"郑笺："蹙蹙，缩小之貌。"《叠雅》卷八："蹙蹙，局趣也。""蹙蹙"同"促促"，"局趣"同"局促"，均为不伸展之义，可指地域狭小，如《节南山》之"蹙蹙"，也可指时间短促，如曹操《苍舒诔》"促促三百年"。作为 ABC 式形容词，"短局促（短古取）"常指时间短促。

"短卒律"则另为一词，从构成上看，它是由"短促"变来的析音式 ABC，"卒律"是"促"的析音。《词典》说"卒律"为"促"的切音，严格地讲，也不科学。应该是："卒律"是"促"的切语，或"促"是"卒律"的切音。

[生各支] 白白，硬是。《合汗衫》二折："俺两口儿从那水扑花儿里，抬举的你成人长大，你今日生各支的撇了俺去呵！"《梧桐雨》三折："没奈何怎留他，把死限俄延了多半霎，生各支勒杀。"亦作"生各扎"、"生扢扎"、"生吃扎"、"生扢支"、"生克支"。《哭存孝》三折："子父每无一个差迟，生各扎的意断恩绝。"《看钱奴》二折："则俺这三口儿，生扢扎两处分开。"元本《拜月亭》二折："闪的他活支沙三不归，强交俺生吃扎两分张。"《后庭花》二折："你不寻思撇下的我孤独，天也，生扢支的割断这娘肠肚。"无名氏《骂玉郎感皇恩采茶歌》曲："生克支拆散鸾凰，猛可里分散莺燕，忽剌地打散鸳鸯。"（第 257 页）

今按：将"生各支"等释为"白白，硬是"，不确切。"生各支"及其变体"生各扎"、"生克支"等是 ABC 式形容词，其意义当以"生"为中心。生，活也，可单独用作状语，表示在活着的状态下发生某事，相当于"活活地"。如《争报恩》三折："干着你三推六问，生将我千刀万剐。"《宋元戏文辑佚·王祥卧冰》："同鸳枕，共鸾衾，生剖断，两离分。"由"生"构成的 ABC 式形容词"生各支"等仍表示在活着的状态下发生某事，相当于"活活地"，只是带有更多的不满色彩。《词典》所举诸例中，《梧桐雨》"生各支勒杀"显然是活活勒死之意，释作"白白"、"硬是"均不通。《后庭花》"生扢支的割断这娘肠肚"是比喻说法，字面意思是活活将娘的肠肚割断；《合汗衫》"你今日生各支的撇了俺去呵"是说活活撇下我们不管；《哭存孝》"生各扎意断恩绝"是说父子俩活活地恩意断绝；其余三例"生扢扎两处分开"、"强交俺生吃扎两分张"，"生克支拆散鸾凰"都是写生离，其中的"生克支"等正好等于"生离"的"生"，指在活着的状态下发生某种事情，也都相当于"活活地"。

此外，《词典》将"生擦擦"释作"平白地"（第 258 页）也不妥当。例子是《宋元戏文辑佚·司马相如题桥记》："双飞私走去天涯，生擦擦音信全乖，拈指有十余载。""生擦擦"是与"生可擦"相应的 ABB 式，亦当理解为"活活地"。

[活支沙] 活受罪，活受磨难。《拜月亭》二折："闪得他活支沙三不归，强教俺生扢扎两分张。"亦作"活支刺"。《鲁斋郎》二折："活支刺娘儿双拆散，生各扎夫妻两分离。"按：《牡丹亭·闺塾》："待映月，耀蟾蜍眼花，待囊萤，把虫蚁儿活支煞"活支煞即活支沙。（第 695 页）

今按：将"活支沙"释作"活受罪，活受磨难"不妥。"活支沙"也是 ABC 式，"活"与前例"生"同意，也是指在活着的状态下发生某事。"活"与"生"常成对使用，如《庄周梦》

四折："生拆散锦毛鸳，活分开并头莲。""生各扎"与"活支刺（沙）"也常成对出现，均为"活活地"意思，含不满色彩。《词典》这里所举的前二例正是"活支沙（活支刺）"与"生扢扎"对举，同意避复。可参见上条，此处不待多言。第三例的"活支煞"解释为活受罪也不通。实际上此处"活支煞"不是一个词。其中"活"作状语，意思是活活地；"支"是谓语中心词，意思是整治；"煞"是补语，死也，"活支煞"就是活活整死。徐朔方、杨笑梅校注本《牡丹亭》（人民文学出版社 1984 年版）注云："活活地弄死"甚确。私塾先生让杜丽娘刻苦读书学习古人，囊萤趁月，于是春香便说：待要去映月，会把蟾蜍的眼照花；待要去囊萤，又会把萤火虫活活整死。

[**恶支沙**] 灰溜溜。无名氏《集贤宾》套："翡翠羽恶支沙泥内染，连理枝雪虐霜严。"《黄粱梦》二折："今日个脱空须败，恶支沙将这等恶名揣。"亦作"恶支煞"。《玉镜台》四折："软兀剌走向前来，恶支煞倒褪回去。"（第 717 页）

今按："恶支沙（煞）"与灰溜溜无涉。从结构上看它也是 ABC 式形容词，其意义以"恶"为基础，具有贬义色彩。"恶"有丑恶、凶狠、脾气坏等义，"恶支沙（煞）"义与此同，于文意观之，例一"翡翠羽恶支沙泥内染"意思是凶狠地将翡翠羽染入污泥之中。例二"恶支沙将这等罪名揣"意思是揣上了这类丑恶的罪名，"恶支沙"修饰"罪名"。薛仁贵贪心爱财、卖阵败逃，因而会揣上这"恶支沙罪名"。第三例"恶支煞倒褪回去"似乎可据上下文理解为灰溜溜的退回去，但通观全剧，再结合其他版本，此处"恶支煞"仍当从"恶"义理解。据《元曲选·玉镜台》，学士温峤娶表妹倩英为妻，倩英嫌丈夫年岁太大，婚后两个月仍不让丈夫近身，并说"若是他来时节，我抓了他那老脸皮"，可见其脾气之烈。后来府尹有意安排，设"水墨宴"宴请二人，声称："有诗的学士金钟饮酒，夫人插金凤钗，搽官定粉；无诗的学士瓦盆里饮水，夫人头戴草花，墨乌面皮。"倩英怕出丑，不得不始称"丈夫"，并三番五次求丈夫着意吟诗，丈夫故意拖延，唱道："……他如今做了三谒茅庐，勉强承伏，软兀剌走向前来，恶支煞倒褪回去。"《元曲选》多有被臧晋叔改动处，古名家本、顾曲斋本这几句唱词是："恰才款移莲步，似三谒茅庐。为咱不言不语，不曾承伏，醋支剌走向前来，恶支煞倒褪回去。"①倩英本非逆来顺受之人，反倒是很有些脾气的，三番五次相请，丈夫却"不言不语"，那么当她从丈夫面前退回去的时候，只能是面带怒容，而不是灰溜溜的。"恶支煞"正是形容脾气凶恶的人怒气冲冲之态。"恶支沙"又写作"恶支杀"、"恶势煞"，如《盆儿鬼》三折："俺将你画的这恶支杀样势，莫不是盹睡了的门神也那户尉。"《延安府》三折："他气吁吁，恶势煞，雄赳赳扣厅前。""恶支杀"、"恶势煞"也都是凶恶、恶狠狠之意。《词典》将"恶势煞"一条独立，释作"恶狠狠、气势汹汹"，显然是强行将一词分作两条，这是受字形所累，又不了解词的构成的结果。

（原载《周口师专学报》1995年第1期）

① 此据《关汉卿戏剧集》，人民文学出版1976年版，第205页。

《说文》今方言考

在许学研究中，人们利用出土甲金文字考释、校证《说文》，取得了众目所瞩的成就；同时也有人注意到了田野资料，自觉地利用活的语言材料与《说文》相参证，发掘、利用沉积在口耳之间的有价值的东西，用于校证、注释《说文》，或进而研究语音文字的变迁、词汇与词义的发展等。清代一些卓有成就的学者大都或多或少地注意到所谓"俗语"。如：

[斯]《说文·斤部》："析也。"王念孙《广雅疏证》："今俗语呼手裂物为斯。"

[扬]《说文·手部》："折也。"王筠《说文释例》："吾乡谓两手执草木拗而折之曰扬。"章太炎《新方言·释言》："今人谓以手折物为扬。"

[壤]《说文·土部》："柔土也。"段注："今俗语谓弱曰壤。"朱骏声注："今北方俗语谓弱为壤。"

但是总的来看，无论是近代还是现代，人们在许学研究以至古文化研究中，更多地注重出土资料和文献资料，轻视或忽视对田野资料的考察利用。王国维曾倡导"二重证据法"，其精髓即陈寅恪所总结的"取地下之实物与纸上之遗文互相释证"①，并由此取得很大成就。实际上，正如文化人类学研究不可忽视田野考察一样，许学研究也不能忽视田野资料的利用。这个田野资料当然首先是方言资料，然后是民俗等其他方面的资料。对方言资料的利用，不仅可与甲金文资料和文献资料相参证，而且可补现存甲金文字太少以及文献资料不足的缺憾。所以王氏"二重证据法"实应扩展为"三重证据法"。今仅就笔者家乡方言资料列举数条与《说文》相证，以期抛砖引玉。

　　[挈]《说文·手部》："～，县持也。"苦结切。② 同部"提，～也。"段注："县者，系也……提与～皆谓县而持之也。"今商城谓双手从下面搬起东西为～ [tɕ'ie]，阳平。③ 如："那块石头太大，～不动就放下。""鸡在吃箩筐里的稻得，快把它～到桌子上去。"此与《说文》悬而持之正合。《说文》训提为～，这是浑而言之，因为提、～均指垂着手拿东西。析言则有别：提只有一个着力点，通常用单手，一般涉及较小的东西；～有两个着力点，必须用双手，一般涉及较大的东西。商城话如此，文献中亦可证之：

　　　　《墨子·兼爱中》："夫～太山而越河济，可谓毕劫有力矣。"又《兼爱下》："吾譬兼之不可为也，犹～泰山以超江河也。"

　　　　《庄子·列御寇》："列子提屦，跣而走。"又《养生主》："提刀而立，为之四虑。"

　　这里提与～不可互移。经传中～又有提拔、携带、举等义，是引申义。

---

　　①　陈寅恪：《王静安先生遗书序》，《金明馆丛稿二编》，上海古籍出版社 1987 年版，第 248—249 页。

　　②　所引反切据《说文》徐弦注。下同。

　　③　商城话中，古入声字大多数变为阳平或阴平。

[寽]《说文·寽部》：“～，五指持也。”吕戌切。段注云，“持”字宋本、李寿本、《类篇》、《集韵》皆作“捋”。金文有～，郭沫若《两周金文大系考释》：“金文均作一手盛一物，别以一手抓之，乃象意字，说为五指捋甚是。”《广韵·末》：“～，持取，今～禾是。”今商城谓攒拢五指抹取条状物上的子儿成叶子等为～〔ly〕，阴平。如“～稻子子”、“～稗子”、“～树叶子喂猪”等。经传中～义多以“捋”为之。如：

　　《诗经·芣苢》：“采采芣苢，薄言捋之。”毛传：“捋，取也。”

　　《诗经·鸱鸮》：“予所捋荼，予所蓄租。”高亨注：“捋，用手自上而下抹取。”①

《说文·手部》另有“捋”字，谓“取易也”。实则～、捋为古今字。

[䅓]《说文·禾部》：“～，禾危穗也。”都了切。《玉篇·禾部》：“～亦县物也。”《广韵·篠》：“～，禾穗垂貌。”段注：“危穗，谓颖欲断落也。”今商城正谓已经成熟的稻穗、麦穗为“稻～子”、“麦～子”。《广韵》“～”、“鸟（屌）”同音，当亦同源（均为县物）。然而圣洁的县物与污浊的县物自然不可以同语呼之，故因忌讳商城～由上声变为阴平〔tiau〕。

又，商城～与“穗”有别：已成熟尚未收割的（或已收割尚未脱粒的）叫“～子”，而刚出头尚未成熟的称“穗”，如“麦出穗了”、“稻出穗了”等。《说文》“穗”为“采”之重文，释作：“禾成秀也，人所以收。”“禾成秀”即“禾所成之秀”，正指长成的禾实。“人所以收”是说穗为人们将要收获的部分。

[欶]　《说文·欠部》：“～，吮也。”所角切。又口部：

① 高亨：《诗经今注》，上海古籍出版社1980年版，第207页。

"吮，~也。"二者互训。《通俗文》："含吸曰~。"今商城谓吮吸为~［suo］，阴平。如："她家小毛孩生下来几天了，还不会~妈头子（乳头）。""小孩子不要~手头子，不干净。"经籍中多作"嗽"，如《汉书·邓通传》："文帝尝痈痈，通常为上嗽吮之。"又《汝南先贤传》："蔡顺母生疮，出浓，顺以口嗽之。"今通常写作"嗍"。

[诧]《说文·言部》："~，沇州谓欺曰诧。"讬何切。《说文系传》："臣锴曰：谩欺之意也。"今商城谓骗为~［t'uo］，阴平。如："他~走了我伍拾块钱。""那家伙是个~子。""~子"即骗子。《汉语大字典》："《玉篇·言部》：'~，谩而不疑，兖州人谓欺曰~。'"① 误将引文当注文，犯了常识性错误。其实"~谩而不疑"出自《楚辞·九章·惜往日》："（或忠信而死节兮，）或讹谩而不疑。"王逸注："张仪诈欺，不能诛也。讹，一作~。"洪兴祖补注："讹、谩皆欺也。""它"、"也"同字，"~"、"讹"异体。《战国策·燕策》："寡人正不喜讹者之言。"《急就篇》："谩讹首匿愁勿聊。"颜师古注："谩讹，巧黠不实。"字均作"讹"。

[裋]《说文·衣部》："~，衣缝解也。"丈苋切。《急就篇》颜师古注："缝解谓之绽。"段注："许书无绽字，此即绽字也。"《礼记·内则》："衣裳绽裂。"郑注："绽犹解也。"今商城称衣缝解为"~线"。音转为阴声韵，读［tsa］，去声。如："裤子~线了"，"袖子~线了"。衣缝开裂，多因体胖衣瘦所致，所以容量过大撑破口袋等也叫~，如："别太装多了，要不就把布袋撑~了。"再引而申之，玻璃器皿、陶瓷器皿等有了裂缝亦

---

① 《汉语大字典》第六册，湖北辞书出版社、四川辞书出版社1989年版，第3957页。

称~。如："这个杯子~了，往外浸水。"

[羖]《说文·羊部》："~，夏羊牡曰~。"公户切。~即黑色公羊。但一本作"夏羊牝曰~。"《尔雅·释畜》亦言："夏羊牡羭、牝~。"郭注：牡羭，"黑羝也"。邢疏："其牡者名羭，即黑羝也。其牝者名~。"且今本《说文》~字上篆："羭，夏言牡曰羭"。《急就篇》颜注也说："~，夏羊之牝也。"依此，似乎~是母羊，羭才是公羊。实则搞颠倒了。《尔雅》文字有误，注疏者以误就误，后人因袭旧注，以致误改《说文》。对此经家多有辩证，段、朱、桂均以"夏羊牡曰~"为是。① 今商城仍称公羊为"羊~子"。且公牛称"水牯子"，"牯"即~之后起区别字。又，"羯"，《说文》"羊~犗也"，即阉割过的公羊。段注"羊~当作~羊"，《说文句读》、《说文校勘记》也如是说，其实古之"羊~"即今之"~羊"，正如古之"鸡公"、"城颍"为今之公鸡、颍城一样。

[䛫] 《说文·言部》："~，相误也。"古骂切。段注："《广韵》，'相~误也'~误盖同诖误。""诖"，《说文·言部》："误也。"古卖切。《集韵》："~，亦作诖。"《汉语大字典》第六册言部据此认为："~，同'诖'"。今按：诖、~二字，并非异体。"诖"字意思是搞坏、贻误，如：

> 《史记·吴王濞列传》："汉有贼臣……绝先帝功臣，进任奸宄，诖乱天下，欲危社稷。"

> 《汉书·文帝纪》："济北王背德反上，诖误吏民，为大逆。"颜师古注："诖亦误也。"

而~意思是相误，有两读。《原本玉篇残卷》："爪诈反，《说文》

---

① 参见《说文诂林》"羭"、"羖"、"羯"下诸说。

相误也。"①《广韵·祃》两读。一读古驾切，如前面段注所引；一读丑亚切，注"相误"。今商城正谓"相误"为～［ts'a］，去声。② 如："他的鞋穿～了"，是说左鞋误穿在右脚上，同时右鞋误穿在左脚上。"他俩的鞋穿～了"，是说甲误穿了乙的鞋，同时乙也误穿了甲的鞋。又如："他俩的提包拿～了"、"别把他们的衣服弄～了"等，可依此类推。《说文》"相误"之"误"与"诖误"之"误"并非同义，～与"诖"也各为一词。

（原载《语言论丛》第二辑，河南大学出版社 1992 年版）

---

① 《原本玉篇残卷》，中华书局 1985 年版，第 13、213 页。
② 商城 tʂ'、ts'不分，读 tʂ'为 ts'。

《说文解字·水部》补校

　　《说文解字》研究至清代达到高潮，出现了段、桂、王、朱四大家，四家都以注释《说文》而得名，但又都曾对《说文》下过一番校订工夫；《说文》的刊刻者，如孙星衍，在刊刻过程中也曾严加校核；不仅如此，还有一些学者专治《说文》校勘，如严可均"肆力十年"，撰成《说文校议》30卷，严章福又撰《说文校议议》30卷等。经过清代学者的共同努力，《说文》校勘工作看来已经很难再有大的突破。不过，清末以来又陆续发现一些资料，这是段、严等人未及看到的。如：

　　（1）唐写本《说文》木部残卷，为清末莫友芝所发现，存有《说文·木部》之半（188字），非常珍贵。

　　（2）《原本玉篇残卷》，发现于日本，共两千多字，这是未经孙强、陈彭年增删的《玉篇》，凡已见于《说文》的字尽加引用，而且基本上未作改动，虽也有传抄之误，但仍是校订《说文》的极好资料。

　　（3）慧琳《一切经音义》、希麟《续一切经音义》，为清末杨守敬得之于日本，尤其是《慧琳音义》，卷帙浩大，引《说文》处极多，有《说文》一字而引十数次者。只是慧琳所引，多不够严格，或凭记忆，或为隐括之词，故有同条数引而各不相同者，须细加甄别。

（4）日僧空海《篆隶万象名义》，多暗引原本《玉篇》，虽寥寥片语，往往尽得精华，是很重要的参考。

此外，敦煌文献中亦偶见《说文》引例，其他资料还有一些。靠这些资料，或可以发清儒之所未发，或可以匡清儒之误，或可补清儒之不足，或可验清儒之精微。因此，现在仍有必要在广泛搜集资料的基础上对《说文》重新加以校勘。而且，清儒校勘成果散见于各处，虽有《说文诂林》，却因卷帙太大而翻检不便，使得已有成果得不到充分利用（大概正因为如此，清儒已明确指出的大徐本中的错误之处，有些大型辞书还照常采用而不加辨别），可见清儒的校勘成果也需要加以总结。为此，河南大学中文系的同人集体撰写了《说文解字校理》，可望近期出版。这里抽出由本人承担的水部数条，以就教于方家同好。名"补校"者，补清儒之校也。

1. 泓，下深皃。从水，弘声。

按，《文选·吴都赋》李善注，《玄应音义》卷17、卷20，《慧琳音义》卷10、卷57、卷80引《说文》均作"下深大也"；《慧琳音义》卷55引作"深大皃"，卷80、卷97引作"深大也"，也都有一"大"字。可见《说文》原本释文中当有"大"。而且从词义来看，《尔雅·释诂》："弘，大也。""泓"是"弘"的孳乳字，也应有大义。

2. 滴，水注也。从水，啇声。

丁福保《说文解字诂林》"滴"下注云："福保案：《慧琳音义》三卷十四页、三十卷七页、二十九卷三页'滴'注引《说文》皆作'水爨注也'，盖古本有'爨'字，今夺宜补。"今按，《慧琳音义》卷7、卷10、卷19、卷49、卷80所引也都有"爕"字，知丁氏所说可从。而且，《说文》"爕，漏流也"，"注，灌也"；"滴"是漏流下注之义，与二字之义都相关；《说文》"爕、滴、注"列在一起，而"滴"处在二者中间，有承上启下的作用。这也说明《说文》原本"滴"的说解中的确该有"爕"字。

3. 淒，云雨起也。从水，妻声。诗曰"有渰淒淒"。

《初学记》卷1、《太平御览》卷8引作"雨云起也"，段注据此将"云雨"改作"雨云"，并认为"雨云谓欲雨之云"，桂馥、朱骏声、王筠等也都有类似看法。今按，《原本玉篇残卷》引作"雨寒起之"，也是"雨"字居首，可证段说，惟"寒"、"之"乃"云（雲）"、"也"之形误。

4. 瀑，疾雨也。一曰沫也。一曰：瀑，资也。从水，暴声。《诗》曰"终风且瀑"。

"资"字《说文系传》作"霣"，段玉裁认为大徐"资"乃"霣"字之误。今按，《原本玉篇残卷》、《文选·江赋》李善注、《慧琳音义》卷41、《希麟音义》卷1所引均作"霣"。《说文·雨部》："霣，雨也，齐人谓雷为霣"。可见段氏所改是完全正确的。

5. 潦，雨水大皃。从水，寮声。

段注改作"雨大也"，所据乃《诗经·采蘩》正义、《文选·赠顾彦先》李善注、《玄应音义》所引，并解释道，"雨水谓雨下之水也"。今按，《原本玉篇残卷》、《文选·长笛赋》李善注、《文选·思友人赋》李善注、《慧琳音义》卷19也都引作"雨大也"，《文选·南都赋》李善注引作"雨大"而脱"也"

字，可见《说文》原来确当作"雨大也"。

6. 潒，雨流霤下。从水，蒙声。

按，《原本玉篇残卷》、《文选·七命》李善注、《慧琳音义》卷20、卷24皆引作"霤下皃"，大概原本如此。因为"霤"本义是指从屋檐往下流淌的雨水，名词，"霤下"即屋水下流，前面不必再有"雨流"二字；而有"皃"说明"潒"是表示状貌的形容词，《说文》此篆前后之字都是表状貌的字词，此篆亦当如此，而且《说文系传》也有"皃"字。

7. 潅，灌也。从水，隺声。

按，《说文》紧挨此篆前后的"渥"和"洽"均释作"霑也"，知此篆也该是霑濡之义。《说文句读》注意到这一点，解释说："灌乃浸灌滋润之谓，与'沃，灌也'不同，自'浍'以下七字同义。"实际上，《原本玉篇残卷》引《说文》作"沾也"，而上篆"渥"也引作"沾也"，可知此"沾"即"霑"。《篆隶万象名义》亦释作"沾"。因此《说文》原本当作"霑也"。王筠若能见到《原本玉篇残卷》，定不必绕此一圈，替大徐本开脱。

8. 溓，薄水也。一曰中绝小水。从水，兼声。

段注改作"溓溓，薄仌也，或曰中绝小水，又曰淹也。从水，兼声。溓，或从廉。"除"一"改"或"无关紧要外，关键的变动有四处：字头、仌、又曰、或体。主要依据是：(1)《说文系传》"溓，薄冰也"；(2)《文选·寡妇赋》"水溓溓以微凝"李善注引作"溓溓，薄冰也"；(3)《楼攻愧集·答赵崇宪书》载晁以道曰："唐本曰：'薄冰也，或曰中绝小水。又曰淹也。或从廉。徐本缺濂字。'"段氏此说清儒多予采纳。今按，段说尚可怀疑：首先是字头，李善要注的是"溓溓"，引《说文》时将单字临时改作复词也是有可能的。其次是"仌（冰）"，"冰"有俗体作"氷"，"氷"与"水"形近易混。但《说文》冰字作"仌"而不作"氷"，释义时也是如此，如"冻，仌也"、"澌，流仌也"，因此"水"易于误成"氷"而"仌"不易误成"水"，所以原本可能是"水"，而且更重要的是《原本玉篇残卷》、《慧琳音义》卷90、《广韵·添韵》、《韵会·盐韵》都引作"水"。《篆隶万象名义》"溓"也释作"薄水"而不云"薄冰"。再次，关于"又曰淹也"，《原本玉篇残卷》引完《说文》之后说："《苍颉篇》：'溓，淹也。'"如果《说文》原有"又曰淹也"，则不必舍之而更引《苍颉篇》。最后，关于或体，《原本玉篇残卷》"溓"字下列有"濂"字，曰："《字书》亦溓字也。"如果《说文》原有或体，按《原本玉篇残卷》通例应当指出。

9. 溲，浸沃也。从水，叟声。

段注据《国语补音》宋刊本所引改作"沃汰也"。今按，《原本玉篇残卷》引作"渍汰也"，《慧琳音义》卷38引作"渍沃也"，《篆隶万象名义》释作"清汰"。综合来看，以《原本玉篇残卷》所引为是。此篆及前面"汰、淅"诸字，字义都与淘洗有关，《诗经·大雅·生民》"释之叟叟"，毛传云："释，淅米也；叟叟，声也。"《经典释文》云："叟字又作溲，淘米声也。"这当是"溲"的引申义。而"沃"乃浇、灌之义，与洗汰无涉，当是"汰（汰）"字之误；"渍"与"浸"义近，与"清"形近，所以又有大徐和《篆隶万象名义》之误。

10. 𤀪，侧出泉也。从水，殸声。殸，籀文磬字。

按，《原本玉篇残卷》引作"侧酒出也"，《说文》此篆前后均言酒，此处不当言泉，所以《原本玉篇残卷》所引"酒"字是也。惟宋本《玉篇》释云"𤀪，出酒也"，当本原本《玉篇》而脱"侧"字，可推知《说文》原本当作"侧出酒也"。《篆隶万象名义》正释作"侧出酒"。此外，"殸，籀文磬字"五字系《说文系传》所无，而《说文·石部》"磬"篆下已言之，大概此处五字乃后人注释之辞。

（原载《古籍整理研究学刊》2000 年第 1 期）

后 记

　　在收集整理这些文章的时候,自然而然地会想到许多老师朋友,心中有一股暖意在涌动,有温馨有幸福,有崇敬有感激。自己每迈开一小步几乎都与恩师挚友的引导、扶持分不开。

　　感谢高中阶段的语文老师陶维明先生和大学阶段的古汉语老师魏清源先生,这是最先让我对古汉语产生兴趣的老师。感谢硕士阶段的四位导师:博学多才的于安澜(海晏)先生、一丝不苟的赵天吏先生、宽厚仁爱的张启焕先生、睿智健谈的吴君恒先生。于先生、赵先生、张先生已经仙逝了,但教诲犹在耳旁。现在就仿佛能够看到,1985 年陪同于先生在武汉参加纪念黄侃先生学术讨论会时,于先生一反常态,倔劲大发,执意让我帮他退掉会上安排的套间而住进普通标准间的情形……感谢博士生阶段的导师,开明洒脱的胡奇光先生、谦和儒雅的孙锡信先生。

　　感谢博士后阶段的导师江蓝生先生。我入站后由江先生带着一起描写《刘知远诸宫调》的语法系统,后来又一起合写《句式省缩与相关的逆语法化倾向》,这都是很难得的学习机会,能够有机会跟随江先生进行系统的汉语语法史训练,实在是非常幸运的。

　　感谢丁邦新先生、贝罗贝先生,在香港科技大学和法国高等社会科学院访学期间,曾有幸得到他们的多方关照和具体指导。

　　在求学过程中让我终身受益的老师和朋友还有很多，如蒋绍愚先生、沈家煊先生、曹广顺先生、关爱和先生、张生汉先生、吴福祥先生等，难以一一列举，在此一并表示衷心的感谢。

　　感谢河南大学的栽培，同时感谢河南大学提供出版资助。

　　感谢本书的责编田文女士为本书出版所付出的辛苦。

杨永龙

2008 年 8 月